손에 잡히는
주역인해

주역인해목차

※ 책머리에 • 3
※ 원칙과 예외규정 • 5
※ 수정문 • 6

주역상경

1. 중천건重天乾 • 8
2. 중지곤重地坤 • 19
3. 수뢰둔水雷屯 • 26
4. 산수몽山水蒙 • 29
5. 수천수水天需 • 32
6. 천수송天水訟 • 35
7. 지수사地水師 • 38
8. 수지비水地比 • 41
9. 풍천소축風天小畜 • 44
10. 천택리天澤履 • 47

11. 지천태地天泰 • 50
12. 천지비天地否 • 53
13. 천화동인天火同人 • 56
14. 화천대유火天大有 • 59
15. 지산겸地山謙 • 62

16. 뇌지예雷地豫 • 65
17. 택뢰수澤雷隨 • 68
18. 산풍고山風蠱 • 71
19. 지택림地澤臨 • 74
20. 풍지관風地觀 • 77

21. 화뢰서합火雷噬嗑 • 80
22. 산화비山火賁 • 83
23. 산지박山地剝 • 86
24. 지뢰복地雷復 • 89
25. 천뢰무망天雷无妄 • 92
26. 산천대축山天大畜 • 95
27. 산뢰이山雷頤 • 98
28. 택풍대과澤風大過 • 101
29. 중수감重水坎 • 104
30. 중화리重火離 • 107

주역하경

31. 택산함澤山咸 • 111
32. 뇌풍항雷風恒 • 114
33. 천산돈天山遯 • 117
34. 뇌천대장雷天大壯 • 120
35. 화지진火地晉 • 123
36. 지화명이地火明夷 • 126
37. 풍화가인風火家人 • 129
38. 화택규火澤睽 • 132

| 39 | 수산건水山蹇 | • 135 |
| 40 | 뇌수해雷水解 | • 138 |

41	산택손山澤損	• 141
42	풍뢰익風雷益	• 144
43	택천쾌澤天夬	• 148
44	천풍구天風姤	• 152
45	택지취澤地萃	• 155
46	지풍승地風升	• 158
47	택수곤澤水困	• 161
48	수풍정水風井	• 164
49	택화혁澤火革	• 167
50	화풍정火風鼎	• 170

51	중뢰진重雷震	• 173
52	중산간重山艮	• 176
53	풍산점風山漸	• 179
54	뇌택귀매雷澤歸妹	• 182
55	뇌화풍雷火豊	• 185
56	화산려火山旅	• 188
57	중풍손重風巽	• 191
58	중택태重澤兌	• 194
59	풍수환風水渙	• 197
60	수택절水澤節	• 200

61	풍택중부風澤中孚	• 203
62	뇌산소과雷山小過	• 206
63	수화기제水火旣濟	• 209
64	화수미제火水未濟	• 212

계사전

- ※ 계사상전 • 216
- ※ 계사하전 • 242
- ※ 설괘전 • 269
- ※ 서괘전 • 282
- ※ 잡괘전 • 292

부록

- ※ 역전서 • 297
- ※ 역서 • 301
- ※ 신도태을경 • 306
- ※ 도록모음 • 313

  1/ 대성괘 이름 및
     찾는 법
  2/ 하도를 지고 나온 용마
  3/ 하도에 숫자를 배열함
  4/ 낙수에서 나온 신구
  5/ 낙서에 숫자를 배열함
  6/ 태극하도
  7/ 복희 64괘 방원도
  8/ 복희 선천 팔괘
  9/ 문왕 후천 팔괘

손에 잡히는 경전시리즈 [2] 손에 잡히는 **주역인해**

- **초판** 2008년 5월 31일　　- **2판5쇄** 2024년 5월 20일
- **저자** 대유연구소　　- **편집** 대유연구소　　- **발행인** 윤상철
- **발행처** 대유학당　　- **출판등록** 1993년 8월 2일 제 1-1561호
- **주소** 서울 성동구 아차산로 17길 48. SK V1 센터 1동 814호
- **전화** (02)2249-5630　 010-9727-5630
- **블로그** 대유학당 갑시다
- **유튜브** 대유학당 TV

- 여러분이 지불하신 책값은 좋은 책을 만드는데 쓰입니다.
- ISBN 978-89-6369-014-8 00140
- 값 10,000원

책 머 리 에

이 책은 주역을 공부하는 사람이 간편하고 편리하게 원문에 접근할 수 있도록 하기 위하여 편집한 것입니다. 그동안 대유학당에서는 주역에 대한 책을 여러권 출판했고, 그에 따라 주역원문에 대한 인식이 높아져 감을 피부로 느낄 수 있었습니다.

주역 원전의 해석에 대해서는 학자들마다 다소 다른 점이 있으나, 여기서는 주로 송宋나라의 대학자이자 주역을 의리학적인 면에서 풀이한 정자程子의 의견을 따름으로써 해석의 보편성을 기했습니다. 그러나 주역은 다방면으로 풀이할 수 있고 또 독특하고도 예외적인 면이 있으므로, 보편적인 해석만으로는 미흡한 면이 있습니다. 따라서 원문을 외우면서 그 속에 숨은 깊은 뜻을 연구한다면, 주역의 정미로운 뜻에 좀더 접근할 수 있으리라고 생각합니다.

그래서 『주역정음:周易正音』을 편집하던 경험을 살려, 원문 밑에 읽는 음을 표기하고 간단한 해석을 곁들여 휴대하기 쉽게 간편한 책으로 만듦으로써, 주역원문과 보다 친숙할 수 있도록 『주역인해:周易印解』라는 제목으로 출판하게 되었습니다.

어떤 분들은 원문만 싣지 원문에 한글음을 붙임으로써, 오히려 혼란스럽다고 하실지 모르지만, 주역의 원문은 읽는 음에 따라 해석이 달라지는 부분이 상당히 있고, 또 연문衍文 및 탈자脫字 오기誤記에 대한 의견을 제시함으로써 독자의 의견을 물을 수 있도록 편집한 것입니다. 아울러 『정전:程傳』의 서문인 역전서와 역서를 실었습니다.

97년에 이 책을 처음 발간했을 때 의외로 많은 분들이 격려와 사랑을 받았습니다. 그러나 다시 또 발간하기에는 여러 역량이 부족했는데, 1년 정도 절판이 된 기간에 많은 분들의 걱정과 항의(?)를 받고 이제 다시 수정해서 발간하게 되었습니다. 처음 발간했을 때와 마찬가지로 이 작은 책이 주역을 공부하는 사람들에게 많은 도움이 되어 소중한 아낌을 받았으면 하는 마음 간절합니다.

4336년 10월에 윤상철은 삼가 씁니다.

이 책은 다음과 같은 원칙과 예외 규정을 두었습니다.

1. 원문(주역경문)은 삼경정문三經正文(1986, 여강출판사 영인)을 저본으로 하였습니다.
2. 원문의 구절과 구절사이에 붙어 있는 현토음懸吐音의 표기는 삼경언해三經諺解(1983, 보경문화사 영인)를 저본으로 하되, 정자程子의 의견을 따라 현토 및 해석을 붙였습니다.
3. 원문을 수정한 곳이나 정자의 의견과 다른 부분은, 해석 밑에 ※표시를 하고 근거를 밝혀 두었습니다. 일러두기 끝부분에 수정란을 두어, 왜 달리 수정하고 해석하였는지를 표시했습니다.
4. 이 책의 구성은 주역의 경문(상경 및 하경) 및 십익十翼을 본문 삼아 앞에 두었고, 역전서易傳序 역서易序 및 신도태을경과 도면을 부록으로 하였습니다.
5. 땡이 토인 'ㅣ'는 주격으로 쓰일 때만 빼고 현대식 표기로 고쳤습니다. 예를 들면 'ㅣ오'→'요', 'ㅣ며'→'며' 등입니다.

수정문

이 책은 다음과 같은 내용에 있어 주역경문과 차이가 있습니다.
* 주역원문의 현토는 權陽村선생이 지었다는 설을 비롯해, 徐花潭 柳眞一齋 李栗谷선생 등이 지었다는 설이 있으나, 확실한 근거자료는 없다.

	쪽	원문	수정문	근거
주역 상경	22	主而有常	主利而有常	程傳
	56	同人曰	삭제	本義
	68	隨時之義	隨之時義	王肅本
	96	日閑輿衛	'日(왈)'→'日(일)'자로 읽고 해석	程傳·本義
	97	何天之衢니(효사) 何天之衢오(상전)	何天之衢오 何天之衢는	本義
주역 하경	149	壯于頄니 有凶이나 君子ㅣ 夬夬면 獨行遇雨하야 若濡有慍이나 无咎리라	壯于頄하야 有凶코 獨行遇雨니 君子는 夬夬 若濡有慍이면 无咎리라	程傳
	155	萃는 亨王假有廟니	萃는 王假有廟니	程傳·本義
	170	元吉亨하니라	元亨하니라	程傳·本義
	176	艮其止는	艮其背는	晁說之
계사 전	237	立成器하야	立象成器하야	蔡淵
	239	子曰 聖人이	子曰을 삭제	本義
	257	而微顯闡幽하며 開而當名하며	微顯而闡幽하며 當名하며	本義, 開字를 뺌
	263	~故曰爻요 ~故曰物이오 ~故曰文이요	~故로 曰爻요 ~故로 曰物이오 ~故로 曰文이요	金碩鎭
	265	能硏諸侯之慮를	能硏諸慮를	程傳
	269	天地定位하며	天地定位에	李達

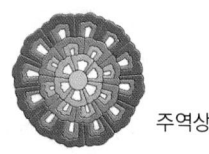
주역상경

| 乾上 |
| 乾下 |

重天乾(1)
중 천 건

乾은 **元**코 **亨**코 **利**코 **貞**하니라.
건   원   형   이   정

* 건은 원하고 형하고 이하고 정하니라.

初九는 **潛龍**이니 **勿用**이니라.
초구   잠룡   물용

九二는 **見龍在田**이니 **利見大人**이니라.
구이   현룡재전   이견대인

九三은 **君子**ㅣ **終日乾乾**하야 **夕惕若**하면 **厲**하나 **无咎**리라.
구삼   군자   종일건건   석척약   려   무구

九四는 **或躍在淵**하면 **无咎**리라.
구사   혹약재연   무구

九五는 **飛龍在天**이니 **利見大人**이니라.
구오   비룡재천   이견대인

上九는 **亢龍**이니 **有悔**리라.
상구   항룡   유회

用九는 **見群龍**호대 **无首**하면 **吉**하리라.
용구   견군룡   무수   길

* 초구는 못 속에 잠긴 용이니 쓰지 말지니라.
* 구이는 나타난 용이 밭에 있으니, 대인을 봄이 이로우니라.
* 구삼은 군자가 종일토록 굳건히 하다가 저녁이 되어서는 두려운 마음으로 반성하면, 위태로우나 허물은 없으리라.
* 구사는 혹 뛰어 올랐다가 다시 못에 돌아오면 허물이 없으리라.
* 구오는 나는 용이 하늘에 있으니, 대인을 봄이 이로우니라.
* 상구는 지나치게 높은 용이니, 뉘우침이 있으리라.

* 용구는 뭇 용을 보되 앞장서서 머리함이 없으면 길하리라.

象曰 大哉라 **乾元**이여! **萬物**이 **資始**하나니 **乃統天**이로다!
단왈 대재 건원 만물 자시 내통천

雲行雨施하야 **品物**이 **流形**하나니라.
운행우시 품물 유형

大明終始하면 **六位時成**하나니
대명종시 육위시성

時乘六龍하야 **以御天**하나니라.
시승육룡 이어천

乾道ㅣ 變化애 **各正性命**하나니
건도 변화 각정성명

保合大和하야 **乃利貞**하나니라.
보합대화 내이정

首出庶物애 **萬國**이 **咸寧**하나니라.
수출서물 만국 함녕

* 단에 말하길 크도다! 건의 원이여! 만물이 이에 바탕해서 비롯하나니, 건의 원으로써 하늘을 거느리도다! 구름이 일어나고 비가 베풀어져서 뭇 물건들이 형상을 이루어 나간다. 처음과 끝을 크게 밝히면 여섯 위(6효)가 때에 따라 이루어지니, 때에 맞춰 여섯 용을 타서 하늘을 어거하느니라.

건의 도가 변하고 화함에 각기 자기의 성명을 바르게 받으니, 보전시키고 합해서 크게 화합시킴으로써 이롭고 정고하게 되느니라. 뭇 물건에 머리로 나옴에 만국이 다 편안하느니라.

象曰 天行이 **健**하니 **君子ㅣ 以**하야 **自彊不息**하나니라.
상왈 천행 건 군자 이 자강불식

* 상에 말하길 하늘의 운행이 굳건하니, 군자가 본받아서 스스로 굳세게 하여 쉬지 않느니라.

潛龍勿用은 陽在下也요
잠룡물용　　양재하야

見龍在田은 德施普也요
현룡재전　　덕시보야

終日乾乾은 反復道也요
종일건건　　반복도야

或躍在淵은 進이 无咎也요
혹약재연　　진　무구야

飛龍在天은 大人造也요
비룡재천　　대인조야

亢龍有悔는 盈不可久也요
항룡유회　　영불가구야

用九는 天德은 不可爲首也라.
용구　천덕　　불가위수야

* '잠긴 용이니 쓰지 말라' 함은 양이 아래에 있기 때문이고, '나타난 용이 밭에 있음'은 덕의 베푸심이 넓음이며, '종일토록 굳건히 함'은 반복함을 도로써 함이고, '혹 뛰었다가 못에 돌아옴'은 나아감이 허물이 없는 것이며, '나는 용이 하늘에 있음'은 대인이 일을 하는 것이고, '지나치게 높은 용이니 뉘우침이 있으리라'는 가득찬 것은 오래가지 못함이며, '구를 씀(용구)'은 하늘의 강한 덕은 다투어 머리함이 옳지 않은 것이다.

건문언전 1절(괘사의 뜻을 밝힘)

文言曰 元者는 善之長也요 亨者는 嘉之會也요
문언왈　원자　선지장야　　형자　가지회야

利者는 義之和也요 貞者는 事之幹也니
이자　의지화야　　정자　사지간야

君子ㅣ 體仁이 足以長人이며 嘉會 足以合禮며
군자　체인　족이장인　　　가회　족이합례

利物이 足以和義며 貞固ㅣ 足以幹事니
이물　족이화의　　정고　족이간사

君子ㅣ 行此四德者라 故로 曰乾元亨利貞이라.
군자   행차사덕자   고   왈건원형이정

∗ 문언에 말하길 원은 착함의 어른이요, 형은 아름다움의 모임이요, 이는 의리로 조화됨이요, 정은 일의 줄기이니(일을 주관함이니), 군자는 인을 체득함이 사람의 어른이 되기에 충분하며, 모임을 아름답게 함이 예에 합함에 충분하며, 물건을 이롭게 함이 의리로 조화되기에 충분하며, 바르고 굳음이 일을 주관함에 충분하니, 군자는 이 네 가지 덕을 행하느니라. 그러므로 괘사에 말하길 '건원형이정'이라고 했다.

건문언전 2절(효사의 뜻을 밝힘)

初九曰 潛龍勿用은 何謂也오?
초구왈 잠룡물용   하위야

子ㅣ 曰 龍德而隱者也니 不易乎世하며 不成乎名하야
자   왈 용덕이은자야   불역호세   불성호명

遯世无悶하며 不見是而无悶하야 樂則行之하고
돈세무민   불견시이무민   낙즉행지

憂則違之하야 確乎其不可拔이 潛龍也라.
우즉위지   확호기불가발   잠룡야

∗ 초구에 말하길 '잠긴 용이니 쓰지 말라' 함은 무슨 말인가? 공자께서 말씀하시되 "용의 덕을 갖추었으되 숨어 있는 사람이니, 지조를 세상과 바꾸지 아니하며, 이름을 이루지 아니하여서, 세상을 피해 살아도 번민하지 아니하며, 옳음을 알아주지 않아도 번민함이 없어서, 즐거우면 행하고 근심스러우면 행하지 않아서, 그 뜻이 확고하여 뽑을 수 없는 것이 '잠긴 용'이다."

九二曰 見龍在田利見大人은 何謂也오?
구이왈 현룡재전이견대인   하위야

子ㅣ 曰 龍德而正中者也니 庸言之信하며 庸行之謹하야
자   왈 용덕이정중자야   용언지신   용행지근

閑邪存其誠하며 善世而不伐하며 德博而化니
한 사 존 기 성   선 세 이 불 벌   덕 박 이 화

易曰 見龍在田利見大人이라하니 君德也라.
역 왈 현 룡 재 전 이 견 대 인   군 덕 야

* 구이에 말하길 '나타난 용이 밭에 있으니 대인을 봄이 이로움'은 무슨 말인가?

 공자께서 말씀하시되, "용의 덕으로 정히 가운데 있는 사람이니, 평상시 말을 미덥게 하며 평상시 행실을 삼가하여, 간사함을 막고 그 정성을 보존하며, 세상을 착하게 해도 자랑하지 않으며, 덕을 넓게 펼쳐 교화시키니 역에 말하길 '나타난 용이 밭에 있으니 대인을 봄이 이로움'이라하니 인군의 덕이라."

九三曰 君子終日乾乾夕惕若厲无咎는 何謂也오?
구 삼 왈 군 자 종 일 건 건 석 척 약 려 무 구   하 위 야

子ㅣ 曰 君子ㅣ 進德修業하나니
자   왈 군 자   진 덕 수 업

忠信이 所以進德也오 修辭立其誠이 所以居業也라.
충 신   소 이 진 덕 야   수 사 입 기 성   소 이 거 업 야

知至至之라 可與幾也며 知終終之라 可與存義也니
지 지 지 지   가 여 기 야   지 종 종 지   가 여 존 의 야

是故로 居上位而不驕하며 在下位而不憂하나니
시 고   거 상 위 이 불 교   재 하 위 이 불 우

故로 乾乾하야 因其時而惕하면 雖危나 无咎矣리라.
고   건 건   인 기 시 이 척   수 위   무 구 의

* 구삼에 말하길 '군자가 종일토록 굳건히 하다가 저녁이 되어서는 두려운 마음으로 반성하면, 위태로우나 허물은 없음'은 무엇을 말하는가?

 공자께서 말씀하시되 "군자는 덕에 나아가며 업을 닦으니, 충성되고 미덥게 함이 덕에 나아가는 바요, 말을 닦고 그 정성을 세움이 업을 닦는 것이다. 이르러야 할 것을 알고 이르므로 은미한 기틀을 알아서 대처할 수 있으며, 마칠 줄을 알고 마치므로 더불어 의리를

보존할 수 있으니, 이런 까닭에 높은 자리에 있어도 교만하지 아니하며 낮은 자리에 있어도 근심하지 않으니, 그러므로 굳건하게 해서 그 때에 따라 두려운 마음을 가지고 반성하면 비록 위태하나 허물이 없으리라."

九四曰 或躍在淵无咎는 何謂也오?
구사왈 혹약재연무구   하위야

子ㅣ 曰 上下无常이 非爲邪也며 進退无恒이 非離群
자 왈 상하무상 비위사야   진퇴무항 비리군

也라. 君子進德修業은 欲及時也니 故로 无咎니라.
야   군자진덕수업은 욕급시야   고   무구

* 구사에 말하길 '혹 뛰어 올랐다가 다시 못에 돌아오면 허물이 없음'은 무엇을 말하는가?

공자께서 대답하시되 "오르고 내림에 항상함이 없음이 간사함을 하고자 함이 아니며, 나아가고 물러남에 항상함이 없음이 무리를 떠나려 함이 아니다. '군자가 덕에 나아가고 업을 닦음'은 때에 미치고자 함이니, 그러므로 허물이 없느니라."

九五曰 飛龍在天利見大人은 何謂也오?
구오왈 비룡재천이견대인 하위야

子ㅣ 曰 同聲相應하며 同氣相求하야
자 왈 동성상응   동기상구

水流濕하며 火就燥하며 雲從龍하며 風從虎라.
수류습   화취조   운종룡   풍종호

聖人이 作而萬物이 覩하나니 本乎天者는 親上하고
성인 작이만물 도   본호천자 친상

本乎地者는 親下하나니 則各從其類也니라.
본호지자 친하   즉각종기류야

* 구오에 말하길 '나는 용이 하늘에 있으니, 대인을 봄이 이로움'은 무엇을 말하는가?

공자께서 말씀하시되 "같은 소리는 서로 응하며 같은 기운끼리는 서로 구해서, 물은 젖은 데로 흐르며 불은 마른 데로 나아가며, 구름은 용을 좇으며 바람은 범을 따르느니라. 성인이 일어남에 만물이 바라보나니, 하늘에 근본한 것은 위를 친하고, 땅에 근본한 것은 아래를 친하나니, 곧 각기 그 류를 따르느니라."

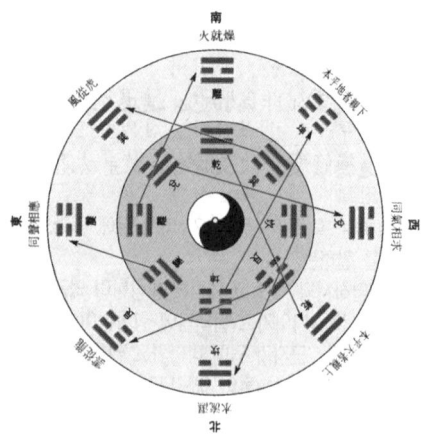

上九曰 亢龍有悔는 何謂也오?
상구 왈 항룡유회 하위야

子ㅣ 曰 貴而无位하며 高而无民하며
자 왈 귀이무위 고이무민

賢人이 在下位而无輔라 是以動而有悔也니라.
현인 재하위이무보 시이동이유회야

＊ 상구에 말하길 '지나치게 높은 용이니 뉘우침이 있으리라'는 무엇을 말하는가?

　공자께서 말씀하시되 "귀해도 지위가 없으며 높아도 백성이 없으며 어진 사람이 아래에 있어도 돕는 이가 없느니라. 그러므로 움직임에 뉘우침이 있느니라."

건문언전 3절(소상전의 뜻을 밝힘)

潛龍勿用은 下也요 見龍在田은 時舍也요
잠룡물용   하야   현룡재전   시사야

終日乾乾은 行事也요 或躍在淵은 自試也요
종일건건   행사야   혹약재연   자시야

飛龍在天은 上治也요 亢龍有悔는 窮之災也요
비룡재천   상치야   항룡유회   궁지재야

乾元用九는 天下ㅣ 治也라.
건원용구   천하   치야

* '잠긴 용이니 쓰지말라'는 아래에 있음이고, '나타난 용이 밭에 있음'은 때에 따라 그침이며, '종일토록 굳건하게 함'은 일을 행함이고, '혹 뛰어 올랐다가 못에 돌아옴'은 스스로 시험함이며, '나는 용이 하늘에 있음'은 위에서 다스림이고, '지나치게 높은 용이니 후회가 있음'은 궁해서 재앙이 되는 것이며, 건원이 구를 씀은 천하가 다스려짐이라.

건문언전 4절(소상전의 뜻을 다시 밝힘)

潛龍勿用은 陽氣潛藏이요 見龍在田은 天下ㅣ 文明이요
잠룡물용   양기잠장   현룡재전   천하   문명

終日乾乾은 與時偕行이요 或躍在淵은 乾道ㅣ 乃革이요
종일건건   여시해행   혹약재연   건도   내혁

飛龍在天은 乃位乎天德이요 亢龍有悔는 與時偕極이요
비룡재천   내위호천덕   항룡유회   여시해극

乾元用九는 乃見天則이라.
건원용구   내견천칙

* '잠긴 용이니 쓰지 말라'는 양의 기운이 잠겨 감추어 짐이고, '나타난 용이 밭에 있음'은 천하가 문명함이며, '종일토록 굳건하게 함'은 때와 더불어 함께 행함이고, '혹 뛰어 올랐다가 못에 돌아옴'은 건의 도가 바뀜이며, '나는 용이 하늘에 있음'은 하늘 덕을 갖춘 이가 높은 자리에 있음이고, '지나치게 높은 용이니 후회가 있음'은

때와 더불어 모두 극함이고, '건원이 구를 씀'은 하늘 법칙을 보게 되는 것이다.

건문언전 5절(괘사의 뜻을 다시 밝힘)

乾元者는 始而亨者也요 利貞者는 性情也라
건원자 시이형자야   이정자 성정야

乾始ㅣ 能以美利로 利天下라 不言所利하니 大矣哉라!
건시 능이미리 이천하 불언소리 대의재

* 건원은 시작해서 형통하는 것이고, 이정은 성과 정을 형성하는 것이다. 건의 시작이 능히 아름다운 이(利)로써 천하를 이롭게 하기 때문에 이로운 바를 특정지어 말하지 못하니 크도다!

大哉라 乾乎여! 剛健中正純粹ㅣ 精也요
대재 건호   강건중정순수 정야

六爻發揮는 旁通情也요 時乘六龍하야 以御天也니
육효발휘 방통정야 시승육룡 이어천야

雲行雨施라 天下平也라.
운행우시 천하평야

* 크도다! 건이여! 강하고 굳세며 중하고 정하며 순전하고 순수함이 정미롭고, 여섯 효가 발휘하는 것은 두루 뜻을 통함이고, 때로 여섯 용을 타서 하늘을 어거하니, 구름이 일어나고 비가 베풀어져서 천하가 평안하니라.

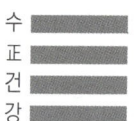

건문언전 6절(효사의 뜻을 다시 밝힘)

君子ㅣ 以成德爲行하나니 日可見之ㅣ 行也라
군자 이성덕위행 일가견지 행야

潛之爲言也는 隱而未見하며 行而未成이라
잠지위언야 은이미현 행이미성

是以君子ㅣ 弗用也하나니라.
시이군자 불용야

* 군자는 덕을 이룸으로써 행실을 삼나니, 날로 볼 수 있는 것이 행실이다. 잠룡의 '잠'자는 숨어서 나타나지 않으며, 행하여도 이루지 못하는 것이다. 이렇기 때문에 군자가 쓰지 않느니라.

君子│學以聚之하고 **問以辨之**하며
군자   학이취지   문이변지

寬以居之하고 **仁以行之**하나니
관이거지   인이행지

易曰 見龍在田利見大人이라하니 **君德也**라.
역왈 현룡재전이견대인   군덕야

* 군자가 배워서 모으고, 물어서 분별하며, 너그러운데 마음을 두고, 어짊으로써 행한다. 역에 말하길 '나타난 용이 밭에 있으니 대인을 봄이 이롭다'고 하니 임금의 덕이다.

九三은 **重剛而不中**하야 **上不在天**하며 **下不在田**이라
구삼   중강이부중   상부재천   하부재전

故로 **乾乾**하야 **因其時而惕**하면 **雖危**나 **无咎矣**리라.
고   건건   인기시이척   수위   무구의

* 구삼은 거듭 강하고 중에 처함이 아니어서, 위로는 하늘에 있지 않고 아래로는 밭에 있지 않다. 그러므로 굳건하게 노력해서 그 때에 따라서 두려운 마음을 가지고 반성하면 비록 위태하나 허물이 없으리라.

九四는 **重剛而不中**하야 **上不在天**하며 **下不在田**하며
구사   중강이부중   상부재천   하부재전

中不在人이라 **故**로 **或之**하니 **或之者**는 **疑之也**니
중부재인   고   혹지   혹지자   의지야

故로 **无咎**라.
고   무구

* 구사는 거듭 강하고 중이 아니어서 위로는 하늘에 있지 않으며, 아래로는 밭에 있지 않으며, 가운데로는 사람에 있지 않다. 그러므

로 '혹'이라하니, '혹'이란 것은 의심하는 것이다. 그러므로 허물이 없느니라.

夫大人者는 **與天地合其德**하며 **與日月合其明**하며
부대인자   여천지합기덕   여일월합기명

與四時合其序하며 **與鬼神合其吉凶**하야
여사시합기서   여귀신합기길흉

先天而天弗違하며 **後天而奉天時**하나니
선천이천불위   후천이봉천시

天且弗違은 **而況於人乎**며 **況於鬼神乎**여!
천차불위   이황어인호   황어귀신호

＊ 무릇 대인은 천지와 더불어 그 덕을 합하며, 일월과 더불어 그 밝음을 합하며, 사시와 더불어 그 차례를 합하며, 귀신과 더불어 그 길흉을 합해서, 하늘에 앞서해도 하늘이 어기지 아니하며, 하늘을 뒤따라해도 하늘의 때를 받드나니, 하늘도 또한 어기지 아니할진대 하물며 사람에게 있어서며 하물며 귀신에 있어서랴!

亢之爲言也는 **知進而不知退**하며 **知存而不知亡**하며
항지위언야   지진이부지퇴   지존이부지망

知得而不知喪이니 **其唯聖人乎**아!
지득이부지상   기유성인호

知進退存亡而不失其正者ㅣ **其唯聖人乎**인뎌!
지진퇴존망이불실기정자   기유성인호

＊ '항'이라는 말은 나아갈 줄은 알고 물러날 줄은 모르며, 존재할 줄은 알고 망할 줄은 모르며, 얻을 줄은 알고 잃을 줄은 모르니, 오직 성인 뿐이신가! 진퇴존망을 알아서 그 바름을 잃지 않는 자, 오직 성인뿐이시구나!

| 坤上
| 坤下

重地坤(2)
중 지 곤

坤은 **元**코 **亨**코 **利**코 **牝馬之貞**이니 **君子**의 **有攸往**이니라.
곤 원 형 이 빈마지정 군자 유유왕

先하면 **迷**하고 **後**하면 **得**하리니 **主利**하니라.
선 미 후 득 주리

西南은 **得朋**이요 **東北**은 **喪朋**이니 **安貞**하야 **吉**하니라.
서남 득붕 동북 상붕 안정 길

* 곤은 원하고 형하고 이하고 암말의 정함이니, 군자의 행하는 바다.

먼저 하면 아득해지고 뒤에 하면 얻게 되리니 이로움을 주관하게 되느니라.

서와 남은 벗을 얻고 동과 북은 벗을 잃으니, 마음으로부터 곧게 하니 길하니라.

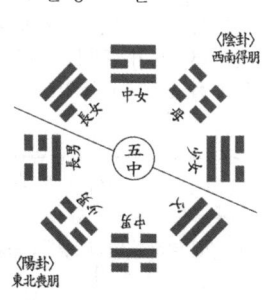

彖曰 至哉라 **坤元**이여! **萬物**이 **資生**하나니 **乃順承天**이니
단왈 지재 곤원 만물 자생 내순승천

坤厚載物이 **德合无疆**하며 **含弘光大**하야
곤후재물 덕합무강 함홍광대

品物이 **咸亨**하나니라.
품물 함형

* 단에 말하길 지극하도다! 곤의 원이여! 만물이 바탕하여 생겨난다. 이로써 순히 하늘의 도를 이으니, 곤의 만물을 싣는 두터운 덕이 끝이 없으며, 머금으며 넓으며 빛나며 커서 만물이 다 형통하느

니라.

牝馬는 地類니 行地无疆하며 柔順利貞이 君子攸行이라.
빈마   지류   행지무강   유순이정   군자유행
先하면 迷하야 失道하고 後하면 順하야 得常하리니
선   미   실도   후   순   득상
西南得朋은 乃與類行이요 東北喪朋은 乃終有慶하리니
서남득붕   내여유행   동북상붕   내종유경
安貞之吉이 應地无疆이니라.
안정지길   응지무강

* 암말은 땅에 있는 무리이니, 땅을 행함에 지경이 없으며, 유순하고 이정함이 군자의 행하는 바이다. 먼저 하면 아득해서 길을 잃고, 뒤에 하면 순해서 항상함을 얻으리니, 서와 남에서 벗을 얻음은 무리와 더불어 가게됨이고, 동과 북에서 벗을 잃음은 마침내 경사가 있게 될 것이니, 마음으로부터 곧게해서 길함이 땅의 끝없음에 대응되느니라.

象曰 地勢ㅣ 坤이니 君子ㅣ 以하야 厚德으로 載物하나니라.
상왈 지세   곤   군자   이   후덕   재물

* 상에 말하길 땅의 형세가 곤괘니, 군자가 본받아서 두터운 덕으로 만물을 싣느니라.

初六은 履霜하면 堅冰이 至하나니라.
초육   이상   견빙   지
象曰 履霜堅冰은 陰始凝也니
상왈 이상견빙   음시응야
馴致其道하야 至堅冰也하나니라.
순치기도   지견빙야

* 초육은 서리를 밟으면 굳은 얼음이 이르느니라.
 상에 말하길 '서리를 밟아 굳은 얼음'이라는 것은 음이 처음 엉김이니, 그 도를 길들여 이루어서 굳은 얼음에 이르게 하느니라.

六二는 直方大라 不習이라도 无不利하니라.
육이   직방대   불습   무불리

象曰 六二之動이 直以方也니
상왈 육이지동   직이방야

不習无不利는 地道ㅣ 光也라.
불습무불리   지도   광야

＊ 육이는 곧고 모나서 큰지라, 익히지 않아도 이롭지 않음이 없느니라.

 상에 말하길 육이의 행동이 곧고 방정하니, '익히지 않아도 이롭지 않음이 없다'는 것은 땅의 도가 빛남이라.

六三은 含章可貞이니 或從王事하야 无成有終이니라.
육삼   함장가정   혹종왕사   무성유종

象曰 含章可貞이나 以時發也요
상왈 함장가정   이시발야

或從王事는 知光大也라.
혹종왕사   지광대야

＊ 육삼은 빛남을 머금고 바르게 할 수 있으니, 혹 왕을 따라 일을 해서 이룸은 없어도 마침은 있게 되느니라.

 상에 말하길 '빛남을 머금고 바르게 하나' 때에 따라서는 발하는 것이고, '혹 왕을 따라 일을 함'은 앎이 빛나고 큼이라.

六四는 括囊이면 无咎며 无譽리라.
육사   괄낭   무구   무예

象曰 括囊无咎는 愼不害也라.
상왈 괄낭무구   신불해야

＊ 육사는 주머니를 잡아 매듯이 감추면 허물이 없으며 영예로움도 없으리라.

 상에 말하되 '주머니를 잡아 매듯이 감추면 허물이 없음'은 삼가 하면 해롭지 않은 것이다.

六五는 黃裳이면 元吉이리라.
육오 황상   원길

象曰 黃裳元吉은 文在中也라.
상왈 황상원길 문재중야

* 육오는 누런 치마면 크게 착하고 길하리라.
 상에 말하길 '누런 치마면 크게 착하고 길함'은 문채가 중에 있음이라.

上六은 龍戰于野하니 其血이 玄黃이로다.
상육 용전우야   기혈 현황

象曰 龍戰于野는 其道ㅣ 窮也라.
상왈 용전우야 기도 궁야

* 상육은 용이 들에서 싸우니, 그 피가 검고 누렇도다.
 상에 말하길 '용이 들에서 싸움'은 그 도가 궁한 것이다.

用六은 利永貞하니라.
용육 이영정

象曰 用六永貞은 以大終也라.
상왈 용육영정 이대종야

* 육을 씀(용육)은 영원토록 바르게 함이 이로우니라.
 상에 말하길 '육을 씀은 영원토록 바르게 함'은 큰 것으로써 마치게 되는 것이다.

곤문언전 1절(괘사의 뜻을 밝힘)

文言曰 坤은 至柔而動也ㅣ 剛하고 至靜而德方하니
문언왈 곤 지유이동야 강   지정이덕방

後得하야 主(利)而有常하며 含萬物而化ㅣ 光하니
후득   주 리 이유상   함만물이화 광

坤道ㅣ 其順乎인데! 承天而時行하나니라.
곤도 기순호   승천이시행

중지곤

* 문언에 말하길 곤은 지극히 유순하되 움직일 때는 강하고, 지극히 고요하되 덕이 방정하니, 뒤에 하면 얻게 돼서 (이로움을) 주관하여 항상함이 있으며, 만물을 머금어 조화가 빛나니, 곤의 도는 그 순한 것인제! 하늘을 이어 때로 행하느니라.

※ 원문에는 '主而有常'으로 되어 있으나, 「정전」에 의거해서 고쳤다.

곤문언전 2절(효사의 뜻을 밝힘)

積善之家는 必有餘慶하고 積不善之家는 必有餘殃하
적선지가 필유여경   적불선지가   필유여앙

나니 臣弑其君하며 子弑其父ㅣ 非一朝一夕之故라.
   신시기군   자시기부   비일조일석지고

其所由來者ㅣ 漸矣니 由辨之不早辨也니
기소유래자   점의   유변지부조변야

易曰 履霜堅冰至라하니 蓋言順也라.
역왈 이상견빙지   개언순야

* 착한 것을 쌓은 집은 반드시 남은 경사가 있고, 착하지 않은 것을 쌓은 집은 반드시 남은 재앙이 있나니, 신하가 그 임금을 죽이며, 자식이 그 아비를 죽임이 하루아침 하루저녁에 원인된 것이 아니다. 그 말미암아 온 바가 점차 커진 것이다. 분별할 것을 일찍 분별하지 못함으로 말미암은 것이니, 역에 말하길 '서리를 밟으면 굳은 얼음이 이른다'고 하니, 대개 순리대로 진행됨(삼가함)을 말함이다(초육효를 밝힘).

直은 其正也요 方은 其義也니
직   기정야   방   기의야

君子ㅣ 敬以直內하고 義以方外하야
군자   경이직내   의이방외

敬義立而德不孤하나니
경의립이덕불고

直方大不習无不利는 則不疑其所行也라.
직방대불습무불리   즉불의기소행야

＊ '직'은 바름이요 '방'은 의로운 것이니, 군자가 공경함으로써 안을 곧게하고 의리로써 밖을 방정하게 해서, 공경과 의리가 섬에 덕이 외롭지 아니하나니 '곧고 방정해서 커지니, 익히지 않아도 이롭지 않음이 없다'는 것은 즉 그 행하는 바를 의심하지 않는 것이다 (육이효를 밝힘).

陰雖有美나 **含之**하야 **以從王事**하야 **弗敢成也**니
음수유미   함지   이종왕사   불감성야
地道也며 **妻道也**며 **臣道也**니
지도야   처도야   신도야
地道는 **无成而代有終也**니라.
지도   무성이대유종야

＊ 음이 비록 아름다움이 있으나 머금어서 왕의 일을 따라하여 감히 이루지는 못했다. 땅의 도며 지어미의 도며 신하의 도니, 땅의 도는 이룸은 없되 (천도를) 이어서 마침이 있느니라(육삼효를 밝힘).

天地變化하면 **草木이 蕃**하고 **天地閉**하면 **賢人이 隱**하나니
천지변화   초목 번   천지폐   현인 은
易曰 括囊无咎无譽라하니 **蓋言謹也**라.
역왈 괄낭무구무예   개언근야

＊ 천지가 변화하면 초목이 번성하고, 천지가 닫히면 현인이 숨나니, 역에 말하길 '주머니를 잡아 매듯이 감추면 예로움도 없고 허물이 없다'하니 대개 삼가함을 말함이라(육사효를 밝힘).

君子ㅣ 黃中通理하야 **正位居體**하야
군자 황중통리   정위거체
美在其中而暢於四支하며 **發於事業**하나니 **美之至也**라.
미재기중이창어사지   발어사업   미지지야

＊ 군자가 중덕이 누렇게 문채나고 이치에 통하며, 바른자리에 몸을 거하여, 아름다움이 그 가운데 있어 사지에 빛나며 사업에서 발휘하나니, 아름다움의 지극함이라(육오효를 밝힘).

陰疑於陽하면 **必戰**하나니
음의어양   필전

爲其嫌於无陽也라 **故**로 **稱龍焉**하고
위기혐어무양야   고   칭용언

猶未離其類也라 **故**로 **稱血焉**하니
유미리기류야   고   칭혈언

夫玄黃者는 **天地之雜也**니 **天玄而地黃**하니라.
부현황자   천지지잡야   천현이지황

＊ 음이 양을 의심하면 반드시 싸운다. 자신에게 양이 없음을 의심함이라 그러므로 용이라 일컫고, 오히려 그 동류를 떠나지 못하는지라 그러므로 혈(피)이라고 일컫는다. 무릇 '검고 누렇다'는 것은 하늘과 땅의 섞임이니 하늘은 검고 땅은 누렇느니라(상육효를 밝힘).

坎上 震下 水雷屯(3)
　　　　　　　수 뢰 둔

屯은 元亨코 利貞하니 勿用有攸往이요 利建侯하니라.
둔　원형　이정　　물용유유왕　　이건후

* 둔은 크게 형통하고 바르게 함이 이로우니, 스스로 나아가지 말고 제후를 세움이 이로우니라.

彖曰 屯은 剛柔ㅣ 始交而難生하며 動乎險中하니
단왈 둔　강유　시교이난생　　동호험중

大亨貞은 雷雨之動이 滿盈일새라.
대형정　뇌우지동　만영

天造草昧에는 宜建侯요 而不寧이니라.
천조초매　　의건후　이불녕

* 단에 말하길 둔은 강과 유가 처음 사귀어 어렵게 나오며, 험한 데서 움직이니, 크게 형통하고 바르게 하려는 것은 천둥치고 비가 내리는 움직임이 가득하기 때문이다. 하늘의 운이 시작되어 어두울 때는 마땅히 제후를 세워야 하고, 편안히 하지 않느니라.

象曰 雲雷ㅣ 屯이니 君子ㅣ 以하야 經綸하나니라.
상왈 운뢰　둔　　군자　이　　경륜

* 상에 말하길 구름과 우레가 둔괘니, 군자가 본받아서 나라를 잘 다스리느니라.

初九는 磐桓이니 利居貞하며 利建侯하니라.
초구　반환　　이거정　　　이건후

象曰 雖磐桓하나 志行正也며
상왈 수반환　　지행정야

以貴下賤하니 **大得民也**로다.
이 귀 하 천   대 득 민 야

* 초구는 머뭇거림이니, 바른 데 거함이 이로우며 제후(보필할 자)를 세움이 이로우니라.

　상에 말하길 비록 머뭇거리나 뜻이 바른 것을 행하는데 있으며, 귀함으로써 천한 이에게 낮추니 크게 백성을 얻도다.

六二는 **屯如邅如**하며 **乘馬班如**하니 **匪寇**면 **婚媾**리니
육 이   둔 여 전 여   승 마 반 여   비 구   혼 구

女子ㅣ **貞**하야 **不字**라 **十年**에야 **乃字**로다.
여 자   정   부 자   십 년   내 자

象曰 六二之難은 **乘剛也**요 **十年乃字**는 **反常也**라.
상 왈 육 이 지 난   승 강 야   십 년 내 자   반 상 야

* 육이는 어렵고 걷기 어려우며 말을 탔다가 내리니, 도적이 아니면 청혼하러 온다. 여자가 곧아서 시집가지 않다가 십년 만에야 올바른 짝에게 시집가도다.

　상에 말하길 육이의 어려움은 강한 것을 탔음이요, '십년만에 시집감'은 떳떳한 법칙으로 돌아옴이라.

六三은 **卽鹿无虞**라 **惟入于林中**이니
육 삼   즉 록 무 우   유 입 우 임 중

君子ㅣ **幾**하야 **不如舍**니 **往**하면 **吝**하리라.
군 자   기   불 여 사   왕   인

象曰 卽鹿无虞는 **以從禽也**요
상 왈 즉 록 무 우   이 종 금 야

君子舍之는 **往**하면 **吝窮也**라.
군 자 사 지   왕   인 궁 야

* 육삼은 사슴을 쫓음에 몰잇꾼이 없느니라. 오직 숲속으로 들어감이니, 군자가 기미를 보아 그치는 것만 같지 못하니, 가면 인색하리라.

　상에 말하길 '사슴을 쫓는 데 몰잇꾼이 없다'는 것은 새를 쫓음이

요, '군자가 그치는 것'은 가면 인색하고 궁하기 때문이다.

六四는 乘馬班如니 求婚媾하야
육사   승마반여   구혼구
往하면 吉하야 无不利하리라.
왕   길   무불리
象曰 求而往은 明也라.
상왈 구이왕   명야

* 육사는 말을 탔다가 내리니, 청혼을 구하여 가면 길해서 이롭지 않음이 없으리라. 상에 말하길 구해서 가는 것은 밝은 것이다.

九五는 屯其膏니 小貞이면 吉코 大貞이면 凶하리라.
구오   둔기고   소정   길   대정   흉
象曰 屯其膏는 施ㅣ 未光也라.
상왈 둔기고   시   미광야

* 구오는 고택이 베풀어지기 어려우니, 조금 바르게 하면 길하고 크게 바르게 하려면 흉하리라.

상에 말하길 '고택이 베풀어지기 어렵다'는 것은 베풂이 빛나지 못함이라.

上六은 乘馬班如하야 泣血漣如로다.
상육   승마반여   읍혈연여
象曰 泣血漣如어니 何可長也리오?
상왈 읍혈연여   하가장야

* 상육은 말을 탔다가 내려서 피눈물이 흐르도다.

상에 말하길 '피눈물이 흐르는 듯 하다' 하니 어찌 가히 오래 가리요?

☲ 艮上 山水蒙(4)
坎下 산 수 몽

蒙은 **亨**하니 **匪我ㅣ 求童蒙**이라 **童蒙**이 **求我**니
몽 형   비아 구동몽   동몽   구아

初筮어든 **告**하고 **再三**이면 **瀆**이라.
초서   곡   재삼   독

瀆則不告이니 **利貞**하니라.
독즉불곡   이정

* 몽은 형통하다. 내가 어리고 몽매한 이를 찾는 것이 아니라 어리고 몽매한 이가 나를 찾아옴이니, 처음 점치거든 알려주고 두 번 세 번 하면 더럽히는 것이다. 더럽히면 알려주지 말아야하니, 바르게 함이 이로우니라.

象曰 蒙은 **山下有險**하고 **險而止ㅣ 蒙**이라.
단왈 몽   산하유험   험이지 몽

蒙亨은 **以亨行**이니 **時中也**요 **匪我求童蒙童蒙求我**는
몽형   이형행   시중야   비아구동몽동몽구아

志應也요 **初筮告**은 **以剛中也**요
지응야   초서곡   이강중야

再三瀆瀆則不告은 **瀆蒙也**일새니 **蒙以養正**이 **聖功也**라.
재삼독독즉불곡   독몽야   몽이양정   성공야

* 단에 말하길 몽은 산 아래 험한 것이 있고 험해서 그치는 것이 몽이다.

'몽은 형통함'은 형통하게 나가는 것이니 때에 맞춰 중도를 행함이고, '내가 어리고 몽매한 이를 찾음이 아니라 어리고 몽매한 이가 나를 찾음'은 뜻이 서로 응함이고, '처음 점치거든 알려줌'은 강하고 중도로써 함이요, '두 번 세 번하면 더럽히는 것이니, 더럽히면

알려주지 말라' 함은 몽매함을 더럽히기 때문이니, 몽매한 것을 바른 것으로 기름이 성인이 되는 공이다.

象曰 山下出泉이 蒙이니
상왈 산하출천 몽

君子ㅣ 以하야 果行하며 育德하나니라.
군자 이 과행 육덕

* 상에 말하길 산 아래 샘이 솟아나는 것이 몽괘니, 군자가 본받아서 과감히 행하며 덕을 기르느니라.

初六은 發蒙호대 利用刑人하야 用說桎梏이니 以往이면
초육 발몽 이용형인 용탈질곡 이왕

吝하리라. 象曰 利用刑人은 以正法也라.
인 상왈 이용형인 이정법야

* 초육은 몽매함을 계발하되 사람에게 형벌을 쓴 후 질곡을 벗기는 방법이 이로우니, 형벌로써만 해나가면 인색하리라.
상에 말하길 '이용형인'은 법을 바로함이라.

九二는 包蒙이면 吉하고 納婦면 吉하리니 子ㅣ 克家로다.
구이 포몽 길 납부 길 자 극가

象曰 子克家는 剛柔ㅣ 接也라.
상왈 자극가 강유 접야

* 구이는 몽매함을 감싸면 길하고, 지어미를 들이면 길하리니, 자식이 집을 다스리도다.
상에 말하길 '자식이 집을 다스림'은 강과 유가 만남이라.

六三은 勿用取女니 見金夫하고 不有躬하니
육삼 물용취녀 견금부 불유궁

无攸利하니라.
무유리

象曰 勿用取女는 行이 不順也라.
상왈 물용취녀 행 불순야

* 육삼은 여자를 취하지 말지니, 돈이 많은 사내를 보고 몸을 간수하지 못하니 이로울 바가 없느니라.
  상에 말하길 '여자를 취하지 말라' 함은 행실이 순하지 않음이라.

六四는 困蒙이니 吝토다.
육사 곤몽 인
象曰 困蒙之吝은 獨遠實也라.
상왈 곤몽지린 독원실야

* 육사는 곤한 몽이니 인색하도다.
  상에 말하길 '곤한 몽이니 인색함'은 홀로 실(양)에서 멀기 때문이다.

六五는 童蒙이니 吉하니라.
육오 동몽 길
象曰 童蒙之吉은 順以巽也일새라.
상왈 동몽지길 순이손야

* 육오는 어린 몽매함이니 길하니라.
  상에 말하길 어린 몽매함의 길함은 순하고 겸손하기 때문이다.

上九는 擊蒙이니 不利爲寇요 利禦寇하니라.
상구 격몽 불리위구 이어구
象曰 利用禦寇는 上下ㅣ 順也라.
상왈 이용어구 상하 순야

* 상구는 몽매함을 쳐야하니 도적이 됨은 이롭지 않고, 도적을 막음이 이로우니라.
  상에 말하길 '도적 막는 것이 이로움'은 위와 아래가 순함이라.

䷄ 坎上 乾下 水天需(5)
수 천 수

需는 有孚하야 光亨코 貞吉하니 利涉大川하니라.
수 유부   광형 정길   이섭대천

* 수는 믿음이 있어서 빛나서 형통하고 바르게 해서 길하니 큰 내를 건넘(큰 일을 함)이 이로우니라.

彖曰 需는 須也니 險이 在前也니 剛健而不陷하니
단왈 수 수야 험 재전야   강건이불함

其義ㅣ 不困窮矣라. 需有孚光亨貞吉은 位乎天位하야
기의   불곤궁의   수유부광형정길   위호천위

以正中也오 利涉大川은 往有功也라.
이정중야 이섭대천   왕유공야

* 단에 말하기를 수는 기다리는 것이니, 험한 것이 앞에 있으니, 강건하되 빠지지 않으니, 그 의리가 곤궁하지 않다.

'수는 믿음이 있어서 빛나서 형통하고 바르게 해서 길함'은 하늘 자리에 자리해서 바르고 중정한 도로 하기 때문이고, '큰 내를 건넘이 이로움'은 일을 해서 공이 있음이라.

象曰 雲上於天이 需니 君子ㅣ 以하야 飮食宴樂하나니라.
상왈 운상어천   수 군자   이   음식연락

* 상에 말하기를 구름이 하늘에 오르는 것이 수괘니, 군자가 본받아서 마시고 먹으며 잔치 벌여 즐기느니라.

初九는 需于郊라 利用恒이니 无咎리라.
초구   수우교   이용항   무구

象曰 需于郊는 不犯難行也요
상왈 수우교 불범난행야

利用恒无咎는 未失常也라.
이용항무구 미실상야

* 초구는 들에서 기다림이라. 항상하게 함이 이로워서 허물이 없으리라.

 상에 말하기를 '들에서 기다리는 것'은 어려운 것을 범하여 행하지 않음이고, '항상하게 함이 이로워서 허물이 없다'는 것은 상도를 잃지 않음이라.

九二는 需于沙라 小有言하나 終吉하리라.
구이 수우사 소유언 종길

象曰 需于沙는 衍으로 在中也니
상왈 수우사 연 재중야

雖小有言하나 以吉로 終也리라.
수소유언 이길 종야

* 구이는 모래에서 기다림이라. 조금 말을 들으나 마침내 길하리라.

 상에 말하기를 '모래에서 기다린다'는 것은 너그러움으로 가운데 있음이니, 비록 조금 말을 들으나 길함으로써 마치리라.

九三은 需于泥니 致寇至리라.
구삼 수우니 치구지

象曰 需于泥는 災在外也라
상왈 수우니 재재외야

自我致寇하니 敬愼이면 不敗也리라.
자아치구 경신 불패야

* 구삼은 진흙에서 기다림이니, 도적이 오게 됨을 이루리라.

 상에 말하기를 '진흙에서 기다린다' 함은 재앙이 바깥에 있는 것이다. 나때문에 도적을 오게 했으니 공경하고 삼가면 패망하지 않으리라.

六四는 **需于血**이니 **出自穴**이로다.
육사   수우혈   출자혈

象曰 需于血은 **順以聽也**라.
상왈 수우혈   순이청야

* 육사는 피에서 기다림이니 구멍으로부터 나오도다.
 상에 말하기를 '피에서 기다림'은 순하게 들음이라.

九五는 **需于酒食**이니 **貞**코 **吉**하니라.
구오   수우주식   정   길

象曰 酒食貞吉은 **以中正也**라.
상왈 주식정길   이중정야

* 구오는 술과 음식으로 기다림이니 바르고 길하니라.
 상에 말하기를 '주식정길'은 중정하기 때문이다.

上六은 **入于穴**이니 **有不速之客三人**이 **來**하리니
상육   입우혈   유불속지객삼인   래

敬之면 **終吉**이리라.
경지   종길

象曰 不速之客來敬之終吉은 **雖不當位**나 **未大失也**라.
상왈 불속지객래경지종길   수부당위   미대실야

* 상육은 구멍에 들어감이니, 청하지 않은 손님 세 사람이 오리니, 공경하면 마침내 길하리라.
 상에 말하기를 '청하지 않은 손님이 와서 공경해서 마침내 길하다' 함은, 비록 위는 마땅치 않으나 크게 잃지는 아니함이라.

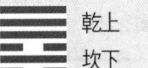

乾上 坎下 天水訟(6)
천 수 송

訟은 **有孚**나 **窒**하야 **惕**하니 **中**은 **吉**코 **終**은 **凶**하니
송 유부 질 척 중 길 종 흉

利見大人이요 **不利涉大川**하니라.
이 견 대 인 불 리 섭 대 천

* 송은 믿음을 두나 막혀서 두려우니, 중도로 함은 길하고 끝까지 함은 흉하니, 대인을 봄이 이롭고 큰 내를 건넘이 이롭지 아니하니라.

象曰 訟은 **上剛下險**하야 **險而健**이 **訟**이라. **訟有孚窒惕**
단왈 송 상강하험 험이건 송 송유부질척

中吉은 **剛來而得中也**요 **終凶**은 **訟不可成也**요
중길 강래이득중야 종흉 송불가성야

利見大人은 **尙中正也**요 **不利涉大川**은 **入于淵也**라.
이 견 대 인 상중정야 불리섭대천 입우연야

* 단에 말하길 송은 위는 강하고 아래는 험해서, 험하면서 굳셈이 송이다.

'송유부질척중길'은 강이 와서 중을 얻음이고, '끝까지 함이 흉하다' 함은 송사는 끝까지 할 수 없는 것이며, '대인을 봄이 이로움'은 대인은 중정을 숭상하기 때문이고, '큰 내를 건넘이 이롭지 않음'은 험한 못으로 들어가게 되기 때문이다.

象曰 天與水ㅣ 違行이 **訟**이니
상왈 천여수 위행 송

君子ㅣ 以하야 **作事謀始**하나니라.
군 자 이 작 사 모 시

＊ 상에 말하길 하늘과 물이 어긋나게 가는 것이 송괘니, 군자가 본받아서 일을 만듦에 처음부터 계획을 잘 세우느니라.

初六은 不永所事면 小有言하나 終吉이리라.
초육   불영소사   소유언   종길

象曰 不永所事는 訟不可長也니
상왈 불영소사   송불가장야

雖小有言이나 其辯이 明也라.
수소유언   기변   명야

＊ 초육은 일하는(송사) 바를 길게하지 않으면, 조금 말을 들으나 마침내 길하리라.

상에 말하기를 '일하는 바를 길게하지 않음'은 송사를 길게 할 수 없음이니, 비록 조금 말을 들으나 그 분별이 밝은 것이다.

九二는 不克訟이니 歸而逋하야 其邑人이 三百戶면
구이   불극송   귀이포   기읍인   삼백호

无眚하리라. 象曰 不克訟하야 歸逋竄也니
무생   상왈 불극송   귀포찬야

自下訟上이 患至ㅣ 掇也리라.
자하송상   환지   철야

＊ 구이는 송사를 이기지 못함이니, 돌아가 도망가서 그 읍사람이 삼백 호면(낮추고 작게 처신하면) 재앙이 없으리라.

상에 말하기를 송사를 이기지 못해서 돌아가 피해 숨음이니, 아래에 있는 사람이 위와 송사하는 것이 환난을 취하는 것과 같으리라.

六三은 食舊德하야 貞하면 厲하나 終吉이리니
육삼   식구덕   정   려   종길

或從王事하야 无成이로다.
혹종왕사   무성

象曰 食舊德하니 **從上**이라도 **吉也**리라.
상왈 식구덕   종상   길야

* 육삼은 옛 덕을 지켜서 바르게 하면, 위태로우나 마침내 길하리니, 혹 왕의 일에 종사하여 이룸이 없도다.

 상에 말하기를 옛 덕을 지키니 위를 따르더라도 길하리라.

九四는 **不克訟**이라. **復卽命**하야 **渝**하야 **安貞**하면 **吉**하리라.
구사   불극송   복즉명   유   안정   길

象曰 復卽命渝安貞은 **不失也**라.
상왈 복즉명유안정   불실야

* 구사는 송사를 이기지 못함이라. 돌아와 명(바른 이치)을 따라서 나아가 변혁해서 편안하고 바르게 하면 길하리라.

 상에 말하기를 '돌아와 명(바른 이치)을 따라서 나아가 변혁해서 편안하고 바르게 함'은 잃지 않는 것이다.

九五는 **訟**애 **元吉**이라.
구오   송   원길

象曰 訟元吉은 **以中正也**라.
상왈 송원길   이중정야

* 구오는 송사에 크게 착하고 길하니라.

 상에 말하기를 '크게 착하고 길함'은 중정하기 때문이다.

上九는 **或錫之鞶帶**라도 **終朝三褫之**리라.
상구   혹석지반대   종조삼치지

象曰 以訟受服이 **亦不足敬也**라.
상왈 이송수복   역부족경야

* 상구는 혹 반대(띠)를 주더라도 조회를 마치는 동안 세 번 빼앗으리라.

 상에 말하기를 '송사로써 관복을 받음'이 또한 공경할 만한 것이 못 된다.

坤上 坎下 地水師(7)
지 수 사

師는 貞이니 丈人이라아 吉코 无咎하리라.
사 정 장인 길 무구

* 사는 바르게 함이니 장인이라야 길하고 허물이 없으리라.

彖曰 師는 衆也요 貞은 正也니 能以衆正하면
단왈 사 중야 정 정야 능이중정

可以王矣리라. 剛中而應하고 行險而順하니
가이왕의 강중이응 행험이순

以此毒天下而民이 從之하니 吉코 又何咎矣리오?
이차독천하이민 종지 길 우하구의

* 단에 말하기를 '사'는 무리요 '정'은 바름이니, 무리를(무리로써) 바르게 할 수 있으면, 이로써 왕노릇 할 수 있으리라. 강건하면서도 중도로 하고 응원하는 이 있으며 험함을 행하되 순리로써 한다. 이 때문에 천하를 고통스럽게 해도 백성이 좇아오니 길하고 또 무슨 허물이리오?

象曰 地中有水ㅣ 師니 君子ㅣ 以하야 容民畜衆하나니라.
상왈 지중유수 사 군자 이 용민휵중

* 상에 말하기를 땅 속에 물이 있는 것이 사괘니, 군자가 본받아서 백성을 포용하고 무리를 기르느니라.

初六은 師出以律이니 否면 臧이라도 凶하니라.
초육 사출이율 부 장 흉

象曰 師出以律이니 失律하면 凶也리라.
상왈 사출이율 실률 흉야

* 초육은 군사를 내는데 율법으로써 함이니, 그렇지 않으면 이기더라도 흉하니라.

상에 말하기를 '군사를 냄에 율법으로써 함'이니 율법을 잃으면 흉하리라.

九二는 在師하야 中할새 吉코 无咎하니 王三錫命이로다.
구이   재사   중   길 무구   왕삼석명

象曰 在師中吉은 承天寵也요
상왈 재사중길   승천총야

王三錫命은 懷萬邦也라.
왕삼석명   회만방야

* 구이는 군사를 쓰는데 중도로 해서 하기 때문에 길하고 허물이 없으니, 왕이 세 번 명을 주다.

상에 말하기를 '군사를 쓰는데 중도로 해서 하기 때문에 길함'은 하늘의 총애를 받음이요, '왕이 세 번 명을 줌'은 만방을 품음이라.

六三은 師或輿尸면 凶하리라.
육삼   사혹여시   흉

象曰 師或輿尸면 大无功也리라.
상왈 사혹여시   대무공야

* 육삼은 군사에 대한 일을 혹 여럿이 주장하면 흉하리라.

상에 말하기를 '군사에 대한 일을 혹 여럿이 주장함'이면 크게 공이 없으리라.

六四는 師左次니 无咎로다.
육사   사좌차   무구

象曰 左次无咎는 未失常也라.
상왈 좌차무구   미실상야

* 육사는 군사가 진영으로 물러남이니 허물이 없도다.

상에 말하기를 '진영으로 물러나 허물이 없음'은, 상도를 잃음이 아니다.

六五는 田有禽이어든 利執言하니 无咎리라.
육오   전유금   이집언   무구

長子ㅣ 帥師니 弟子ㅣ 輿尸하면 貞이라도 凶하리라.
장자   솔사   제자   여시   정   흉

象曰 長子帥師는 以中行也요
상왈 장자솔사   이중행야

弟子輿尸는 使不當也라.
제자여시   사부당야

＊ 육오는 밭에 새가 있거든(적이 나라에 침입하면) 임금의 말(전쟁의 불가피함을 밝히는)을 받들어 치는 것이 이로우니 허물이 없으리라. 장자가 군사를 거느리는 것이니 차자들이 여럿이 주장하면 바르더라도 흉하리라.

　상에 말하기를 '장자가 군사를 거느람'은 중도로써 행하는 것이고, '차자들이 여럿이 주장함'은 군사를 부림이 마땅치 못한 것이다.

上六은 大君이 有命이니 開國承家애 小人勿用이니라.
상육   대군   유명   개국승가   소인물용

象曰 大君有命은 以正功也요
상왈 대군유명   이정공야

小人勿用은 必亂邦也일새라.
소인물용   필란방야

＊ 상육은 대군(임금)이 (상과 벼슬의) 명을 내림이니, 나라를 열고 가문을 이음에 소인을 쓰지 말 것이니라.

　상에 말하기를 '대군이 명을 내림'은 이로써 공을 바르게 함이요, '소인을 쓰지 말라' 함은 반드시 나라를 어지럽히기 때문이다.

坎上 坤下 水地比(8)
수지비

比는 **吉**하니 **原筮**호대 **元永貞**이면 **无咎**리라.
비 길 원서 원영정 무구

不寧이어야 **方來**니 **後**면 **夫**라도 **凶**이리라.
불녕 방래 후 부 흉

* 비는 길하니 살펴서 결정하되, 원하고 영하고 정하면 허물이 없으리라. 편안치 못하여야 바야흐로 오는 것이니 뒤에 오면 대장부라도 흉하리라.

彖曰 比는 **吉也**며 **比**는 **輔也**니 **下ㅣ 順從也**라.
단왈 비 길야 비 보야 하 순종야

原筮元永貞无咎는 **以剛中也**요
원서원영정무구 이강중야

不寧方來는 **上下ㅣ 應也**요 **後夫凶**은 **其道ㅣ 窮也**라.
불녕방래 상하 응야 후부흉 기도 궁야

* 단에 말하기를 비는 길한 것이며, 비는 돕는 것이니 아랫 사람이 순히 따르는 것이다. '살펴서 결정하되 원하고 영하고 정하면 허물이 없음'은 강으로써 중도로 했기 때문이고, '편치 못하여야 오는 것'은 위와 아래가 응하는 것이며, '뒤에 오면 대장부라도 흉함'은 그 도가 궁한 것이다.

象曰 地上有水ㅣ 比니
상왈 지상유수 비

先王이 **以**하야 **建萬國**하고 **親諸侯**하니라.
선왕 이 건만국 친제후

* 상에 말하기를 땅 위에 물이 있음이 비괘니, 선왕이 본받아서

만국을 세우고 제후를 친하게 하니라.

初六는 **有孚比之**라아 **无咎**리니
초육   유부비지   무구

有孚| **盈缶**면 **終**애 **來有他吉**하리라.
유부   영부   종   래유타길

象曰 比之初六은 **有他吉也**니라.
상왈 비지초육   유타길야

* 초육은 믿음있게 도와야 허물이 없으리니, 믿음이 순박해서 질그릇에 가득차면, 끝에 가서 다른 길함을 오게 하리라.

 상에 말하기를 비괘의 초육은 다른 길함이 있느니라.

六二는 **比之自內**니 **貞**하야 **吉**토다.
육이   비지자내   정   길

象曰 比之自內는 **不自失也**라.
상왈 비지자내   부자실야

* 육이는 안으로부터 도움이니 바르게 해서 길하도다.

 상에 말하기를 '안으로부터 도움'은 스스로 자신의 돕는 도를 잃지 않는 것이다.

六三은 **比之匪人**이라.
육삼   비지비인

象曰 比之匪人이 **不亦傷乎**아!
상왈 비지비인   불역상호

* 육삼은 도울 사람이 아닌데 도움이라. 상에 말하기를 '도울 사람이 아닌데 도움'이 또한 상하지 않겠는가!

六四는 **外比之**하니 **貞**하야 **吉**토다.
육사   외비지   정   길

象曰 外比於賢은 **以從上也**라.
상왈 외비어현   이종상야

* 육사는 밖으로 도우니 바르게 해서 길하도다.
 상에 말하기를 바깥으로 어진 이를 도움은 위를 따름이다.

九五는 **顯比**니 **王用三驅**에 **失前禽**하며
구오　현비　　왕용삼구　　실전금

邑人不誡니 **吉**토다.
읍인불계　　길

象曰 顯比之吉은 **位正中也**요 **舍逆取順**이
상왈 현비지길　　위정중야　　사역취순

失前禽也요 **邑人不誡**는 **上使** | **中也**일새라.
실전금야　　읍인불계　　상사　중야

* 구오는 나타나게 돕는 것이니, 왕이 세 군데로 모는 법을 씀에 앞의 새를 잃으며, 읍사람이 경계하지 않으니 길하도다.
 상에 말하기를 '나타나게 도와서 길함'은 위(位)가 정히 가운데 함이요, 거스리는 것을 버리고 순히하는 것을 취함이 '앞의 새를 잃음'이요, '읍사람이 경계하지지 않음'은 윗사람의 부림이 중도로 하기 때문이다.

上六은 **比之无首**니 **凶**하니라.
상육　 비지무수　　흉

象曰 比之无首 | **无所終也**니라.
상왈 비지무수　　무소종야

* 상육은 돕는 데 처음으로 나섬이 없으니 흉하니라.
 상에 말하기를 '돕는 데 앞장서지 못함'은 좋은 끝이 없느니라.

```
☴ 巽上
☰ 乾下
```
風天小畜(9)
풍천소축

小畜은 **亨**하니 **密雲不雨**는 **自我西郊**일새니라.
소축 형   밀운불우   자아서교

* 소축은 형통하니 빽빽이 구름끼고 비가 오지 않는 것은, 내가 서쪽 들로부터 하기 때문이다.

彖曰 小畜은 **柔**ㅣ **得位而上下**ㅣ **應之**할새 **曰小畜**이라.
단왈 소축   유   득위이상하   응지   왈소축

健而巽하며 **剛中而志行**하야 **乃亨**하니라.
건이손   강중이지행   내형

密雲不雨는 **尚往也**요 **自我西郊**는 **施未行也**라.
밀운불우   상왕야   자아서교   시미행야

* 단에 말하기를 소축은 유가 위(位)를 얻고 위와 아래가 응했기 때문에 소축이라고 한 것이다.

 굳세고 공손하며 강한 것이 중도로하고 뜻이 행해져서 형통하니라. '빽빽이 구름끼고 비가 오지 않음'은 아직도 올라가고 있음이요, '내가 서쪽 들로부터 함'은 베풀음이 행해지지 못함이다.

象曰 風行天上이 **小畜**이니
상왈 풍행천상   소축

君子ㅣ **以**하야 **懿文德**하나니라.
군자   이   의문덕

* 상에 말하기를 바람이 하늘 위에 부는 것이 소축괘니, 군자가 본받아서 학문과 덕을 아름답게 하나니라.

初九는 復이 自道어니 何其咎리오? 吉하니라.
초구 복 자도   하기구   길

象曰 復自道는 其義吉也라.
상왈 복자도   기의길야

* 초구는 회복함이 도로부터 함이니 무슨 허물이리오? 길하니라.

  상에 말하기를 '회복함이 도로부터 한다' 함은 그 의리가 길한 것이다.

九二는 牽復이니 吉하니라.
구이   견복   길

象曰 牽復은 在中이라 亦不自失也라.
상왈 견복   재중   역부자실야

* 구이는 이끌어 회복함이니 길하니라.

  상에 말하기를 이끌어 회복함은 가운데(중도)에 있기 때문이며, 또한 스스로 잃지 않는 것이다.

九三은 輿說輻이며 夫妻反目이로다.
구삼   여탈복   부처반목

象曰 夫妻反目은 不能正室也라.
상왈 부처반목   불능정실야

* 구삼은 수레의 바큇살을 벗김이며 부부가 반목함이로다.

  상에 말하기를 '부부가 반목함'은 집안을 바르게 하지 못함이라.

六四는 有孚면 血去코 惕出하야 无咎리라.
육사   유부   혈거   척출   무구

象曰 有孚惕出은 上合志也라.
상왈 유부척출   상합지야

* 육사는 믿음을 두면 피(험한 것)가 사라져가고 두려움에서 나와서 허물이 없으리라.

  상에 말하기를 '믿음을 두며 두려움에서 나옴'은 위와 뜻이 합함이라.

九五는 有孚라 攣如하야 富以其隣이로다.
구오   유부   연여   부이기린

象曰 有孚攣如는 不獨富也라.
상왈 유부연여   부독부야

* 구오는 믿음이 있다. 서로 이끌어서 부(富)를 그 이웃으로써 (같이) 하도다.

  상에 말하기를 '믿음이 있다. 서로 이끌음'은 홀로 부하지 않는 것이다.

上九는 旣雨旣處는 尙德하야 載니 婦ㅣ 貞이면 厲하리라.
상구   기우기처   상덕   재   부   정   려

月幾望이니 君子ㅣ 征이면 凶하리라.
월기망   군자   정   흉

象曰 旣雨旣處는 德이 積載也요
상왈 기우기처   덕   적재야

君子征凶은 有所疑也니라.
군자정흉   유소의야

* 상구는 이미 비오고 이미 그침은 덕을 숭상해서 가득참이니, 지어미가 고집하면 위태하리라. 달이 거의 보름이니 군자가 가면 흉하리라.

  상에 말하기를 '이미 비오고 이미 그친다' 함은 덕이 쌓여 가득한 것이요, '군자가 가면 흉하다'는 것은 의심하는 바가 있음이라.

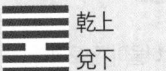

天澤履(10)
천택리

履虎尾라도 **不咥人**이라 **亨**하니라.
이호미 부질인 형

* 호랑이 꼬리를 밟더라도 사람을 물지 않음이라 형통하니라.

象曰履는 **柔履剛也**니 **說而應乎乾**이라
단왈리 유리강야 열이응호건

是以履虎尾不咥人亨이라.
시이이호미부질인형

剛中正으로 **履帝位**하야 **而不疚**면 **光明也**라.
강중정 이제위 이불구 광명야

* 단에 말하기를 리(履)괘는 유(☱)가 강(☰)에게 밟힘이니, 기뻐서 건에 응하는 지라. 이 때문에 '호랑이 꼬리를 밟아도 사람을 물지 않아 형통함'이라. 강하고 중도로 하며 바름으로 제위(帝位)를 밟아서 병폐가 없으면 빛나고 밝을 것이다.

象曰 上天下澤이 **履**니
상왈 상천하택 이

君子 | **以**하야 **辯上下**하야 **定民志**하나니라.
군자 이 변상하 정민지

* 상에 말하기를 위에 하늘이 있고 아래 못이 있는 것이 리괘니, 군자가 본받아서 위와 아래를 분별하여 백성의 뜻을 정하게 하느니라.

初九는 **素履**로 **往**하면 **无咎**리라.
초구 소리 왕 무구

象曰 素履之往은 獨行願也라.
상왈 소리지왕   독행원야

* 초구는 본래 밟은대로 가면 허물이 없으리라.
  상에 말하기를 '본래 밟은대로 감'은 홀로 원하는 것을 행함이라.

九二는 履道ㅣ 坦坦하니 幽人이라아 貞코 吉하리라.
구이   이도   탄탄   유인   정 길

象曰 幽人貞吉은 中不自亂也라.
상왈 유인정길   중부자란야

* 구이는 밟는 길이 탄탄하니 은거해서 도를 닦는 사람이라야 바르고 곧아서 길하리라.
  상에 말하기를 '은거해서 도를 닦는 사람이라야 바르고 곧아서 길함'은 마음(中)이 스스로 어지럽지 않음이라.

六三은 眇能視며 跛能履라.
육삼   묘능시   파능리

履虎尾하야 咥人이니 凶하고 武人이 爲于大君이로다.
이호미   질인   흉   무인   위우대군

象曰 眇能視는 不足以有明也요
상왈 묘능시   부족이유명야

跛能履는 不足以與行也요 咥人之凶은 位不當也요
파능리   부족이여행야   질인지흉   위부당야

武人爲于大君은 志剛也라.
무인위우대군   지강야

* 육삼은 애꾸가 능히 보며 절름발이가 능히 밟음이라. 호랑이 꼬리를 밟아서 사람을 무니 흉하고, 무인(武人)이 임금(大君)이 되도다.
  상에 말하기를 '애꾸가 능히 봄'은 밝지 못함이고, '절름발이가 능히 밟음'은 더불어 갈 수 없음이, '사람을 물어서 흉함'은 위가 마땅치 않음이고, '무인이 임금이 된다'는 것은 뜻이 강함이라.

九四는 履虎尾니 愬愬이면 終吉이리라.
　구사　　이호미　삭삭　　　종길

象日 愬愬終吉은 志行也라.
　상왈　삭삭종길　　지행야

✽ 구사는 호랑이 꼬리를 밟음이니, 조심 조심하면 마침내 길하리라.
　상에 말하기를 '조심 조심하면 마침내 길함'은 뜻이 가는 데 있기 때문이다.

九五는 夬履니 貞이라도 厲하리라.
　구오　　쾌리　　정　　　　려

象日 夬履貞厲는 位正當也일새라.
　상왈　쾌리정려　　위정당야

✽ 구오는 쾌쾌하게 밟음이니 바름을 얻어 행하더라도 위태하리라.
　상에 말하기를 '쾌쾌하게 밟는 것이니, 바름을 얻어 행하더라도 위태함'은 위가 바르고 정당하기 때문이다.

上九는 視履하야 考祥호대 其旋이면 元吉이리라.
　상구　　시리　　　고상　　　기선　　　원길

象日 元吉在上이 大有慶也니라.
　상왈　원길재상　　대유경야

✽ 상구는 밟아온 것을 봐서 상서로운 것을 살피되 두루 잘 했으면 크게 착하고 길하리라.
　상에 말하기를 크게 착하고 길해서 위에 있음은 크게 경사가 있음이라.

```
☷ 坤上
☰ 乾下
```
地天泰(11)
지 천 태

泰는 小ㅣ 往코 大ㅣ 來하니 吉하야 亨하나라.
태   소   왕   대   래   길   형

* 태는 작은 것(음)이 가고 큰 것(양)이 오니, 길해서 형통하니라.

象曰 泰小往大來吉亨은 則是天地ㅣ 交而萬物이
단왈 태소왕대래길형   즉시천지   교이만물

通也며 上下ㅣ 交而其志ㅣ 同也라.
통야   상하   교이기지   동야

內陽而外陰하며 內健而外順하며 內君子而外小人하니
내양이외음   내건이외순   내군자이외소인

君子道ㅣ 長하고 小人道ㅣ 消也라.
군자도   장   소인도   소야

* 단에 말하길 '태가 작은 것이 가고 큰 것이 와서 길하고 형통하다' 함은 하늘과 땅이 사귀어 만물이 통하며, 위와 아래가 사귀어 그 뜻이 같음이라. 안은 양이고 밖은 음이며, 안은 굳세고 바깥은 순하며, 군자는 안에 있고 소인은 밖에 있으니, 군자의 도가 자라나고 소인의 도는 사라지는 것이다.

象曰 天地交ㅣ 泰니 后ㅣ 以하야 財成天地之道하며
상왈 천지교   태   후   이   재성천지지도

輔相天地之宜하야 以左右民하나니라.
보상천지지의   이좌우민

* 상에 말하길 천지(하늘과 땅)가 사귀는 것이 태괘니, 후(여임금)가 본받아서 천지의 도를 마름질하여 이루며, 천지의 마땅함을 도움으로써 백성을 다스리느니라.

初九는 拔茅茹라. 以其彙로 征이니 吉하니라.
초구 발모여   이기휘 정   길

象曰 拔茅征吉은 志在外也라.
상왈 발모정길   지재외야

＊ 초구는 띠 뿌리를 뽑는 것 같다. 그 무리와 함께 가는 것이니 길하니라.
  상에 말하기를 '발모정길'은 뜻이 바깥에 있는 것이다.

九二는 包荒하며 用馮河하며 不遐遺하며 朋亡하면
구이   포황   용빙하   불하유   붕망

得尙于中行하리라.
득상우중행

象曰 包荒得尙于中行은 以光大也라.
상왈 포황득상우중행   이광대야

＊ 구이는 거친 것을 포용하며, 걸어서 하수를 건너는 용기를 쓰며, 먼 것을 버리지 않으며, 붕당을 없애면, 중도로 행함에 합치됨을 얻을 것이다.
  상에 말하기를 '포황득상우중행'은 빛나고 큼이다.

九三은 无平不陂며 无往不復이니 艱貞이면 无咎하야
구삼   무평불피   무왕불복   간정   무구

勿恤이라도 其孚라. 于食애 有福하리라.
물휼   기부   우식   유복

象曰 无往不復은 天地際也라.
상왈 무왕불복   천지제야

＊ 구삼은 평평한 것은 기울어지지 않음이 없으며 간 것은 돌아오지 않는 것이 없으니, 어렵게 생각하고 바르게 하면 허물이 없어서, 근심하지 않더라도 미덥다. 먹는 데 복이 있으리라.
  상에 말하기를 '간 것은 돌아오지 않는 것이 없다'고 한 것은 하늘과 땅이 사귀는 것이다.

六四는 翩翩히 不富以其鄰하야 不戒以孚로다.
육사 편편 불부이기린   불계이부

象曰 翩翩不富는 皆失實也요 不戒以孚는 中心願也라.
상왈 편편불부 개실실야 불계이부 중심원야

* 육사는 빠르게 날아 부유하지 않아도 그 이웃이 같이 해서, 경계하라는 말을 하지 않아도 믿는도다.

　상에 말하길 '빠르게 날아 부유하지 않음'은 다 실질을 잃음이요, '경계하지 않아도 믿는 것'은 중심으로 원하기 때문이다.

六五는 帝乙歸妹니 以祉며 元吉이리라.
육오   제을귀매   이지   원길

象曰 以祉元吉은 中以行願也라.
상왈 이지원길 중이행원야

* 육오는 제을이 누이를 시집보냄이니, 복이 있으며 크게 착하고 길할 것이다.

　상에 말하기를 '복이 있으며 크게 착하고 길할 것이다'는 중도로 함으로써 원하는 것을 행함이다.

上六은 城復于隍이라.
상육   성복우황

勿用師요 自邑告命이니 貞이라도 吝하니라.
물용사 자읍고명   정   인

象曰 城復于隍은 其命이 亂也라.
상왈 성복우황 기명 난야

* 상육은 성이 무너져 터에 돌아옴이라. 군사를 쓰지 말아야 하고, 읍(마음)으로부터 명령을 고함이니, 바르고 굳게 하더라도 인색하니라.

　상에 말하기를 '성이 무너져 터로 돌아왔다' 함은 그 명령이 어지러워 짐이라.

☰	乾上	**天地否(12)**
☷	坤下	천 지 비

否之匪人이니 **不利君子貞**하니 **大往小來**니라.
비지비인   불리군자정   대왕소래

* 비(否)는 사람의 도가 아니니, 군자의 바름이 이롭지 않으니, 큰 것(양)이 가고 작은 것(음)이 오느니라.

彖曰 否之匪人不利君子貞大往小來는 則是天地ㅣ
단왈 비지비인불리군자정대왕소래   즉시천지

不交而萬物이 不通也며 **上下ㅣ 不交而天下ㅣ 无邦也**라.
불교이만물 불통야   상하 불교이천하   무방야

內陰而外陽하며 **內柔而外剛**하며 **內小人而外君子**하니
내음이외양   내유이외강   내소인이외군자

小人道ㅣ 長하고 **君子道ㅣ 消也**라.
소인도 장   군자도   소야

* 단에 말하기를 괘사의 '비지비인 불리군자정 대왕소래'는 곧 하늘과 땅이 사귀지 않아 만물이 통하지 않으며, 위와 아래가 사귀지 않아 천하에 나라가 없는 것이다.

 안은 음이고 밖은 양이 있으며, 안에 유가 있고 밖에 강이 있으며, 안에는 소인이 있고 바깥에는 군자가 있으니, 소인의 도가 자라나고 군자의 도는 사라지는 것이다.

象曰 天地不交ㅣ 否니
상왈 천지불교   비

君子ㅣ 以하야 **儉德辟難**하야 **不可榮以祿**이니라.
군자   이   검덕피난   불가영이록

* 상에 말하기를 하늘과 땅이 사귀지 않는 것이 비괘니, 군자가

본받아서 덕을 검소하게 하고 어려운 것을 피해서, 녹(벼슬)으로써 영화롭게 하지 말 것이니라.

初六은 拔茅茹라. 以其彙로 貞이니 吉하야 亨하니라.
초육   발모여   이기휘   정   길   형

象曰 拔茅貞吉은 志在君也라.
상왈 발모정길   지재군야

* 초육은 띠뿌리를 뽑는 것과 같다. 그 무리로써 바르게 함이니 길해서 형통하니라.
  상에 말하기를 '발모정길'은 뜻이 임금에게 있음이라.

六二는 包承이니 小人은 吉코 大人은 否니 亨이라.
육이   포승   소인   길 대인   비 형

象曰 大人否亨은 不亂群也라.
상왈 대인비형   불란군야

* 육이는 감싸고 받드는 것이니, 소인은 길하고 대인은 비색하게 함이니 도에는 형통하니라.
  상에 말하기를 '대인은 비색하게 해서 형통함'은 무리 속에 어지럽게 섞이지 않는 것이다.

六三은 包ㅣ 羞로다.
육삼   포   수

象曰 包羞는 位不當也일새라.
상왈 포수   위부당야

* 육삼은 감싼 것이 부끄럽도다.
  상에 말하기를 '감싼 것이 부끄러움'은 지위가 마땅치 않기 때문이다.

九四는 有命이면 无咎하야 疇ㅣ 離祉리라.
구사   유명   무구   주   리지

象曰 有命无咎는 志行也라.
상왈 유명무구 지행야

* 구사는 군명(君命 또는 天命)이 있으면 허물이 없어 동료가 복을 받을 것이다.

  상에 말하기를 '군명이 있으면 허물이 없음'은 뜻이 행하는 것이다.

九五는 休否라. 大人의 吉이니 其亡其亡이라아
구오 휴비 대인 길 기망기망

繫于苞桑이리라.
계우포상

象曰 大人之吉은 位ㅣ 正當也일새라.
상왈 대인지길 위 정당야

* 구오는 비색한 것을 그치게 함이라. 대인의 길한 것이니 그 망할 듯 망할 듯 해야 우묵한 뽕나무에 매리라.

  상에 말하기를 '대인의 길함'은 지위가 바르고 마땅하기 때문이다.

上九는 傾否니 先否코 後喜로다.
상구 경비 선비 후희

象曰 否終則傾하나니 何可長也리오?
상왈 비종즉경 하가장야

* 상구는 비색한 것이 기울어지니, 먼저는 비색하고 뒤에는 기뻐하도다.

  상에 말하기를 비색한 것이 마치면 기울어지나니, 어찌 오래갈 수 있으리오?

䷌ 乾上 離下 天火同人(13)
천 화 동 인

同人于野면 **亨**하리니 **利涉大川**이며 **利君子**의 **貞**하니라.
동인우야 형   이섭대천   이군자 정

* 광활한 들에서 사람들과 같이 하면 형통하리니, 큰 내를 건넘이 이로우며 군자의 바른 도로 함이 이로우니라.

彖曰 同人은 **柔**ㅣ **得位**하며
단 왈 동 인   유   득 위

得中而應乎乾할새 **曰同人**이라.
득중이응호건   왈동인

(同人曰) 同人于野亨利涉大川은 **乾行也**요
         동인우야형이섭대천   건행야

文明以健하고 **中正而應**이 **君子正也**니
문명이건   중정이응   군자정야

唯君子아 **爲能通天下之志**하나니라.
유군자   위능통천하지지

* 단에 말하기를 동인은 유(陰)가 위(位)를 얻으며, 중(中)을 얻어서 건에 응했기 때문에 동인이라 한 것이다. '동인우야형이섭대천'은 건(乾)의 도를 행함이고, 문명해서 굳세고, 중정해서 응원함이 군자의 바른 것이니, 오직 군자라야 천하의 뜻을 통할 수 있느니라.

※ "(同人曰)" 부분은 연문이므로 삭제하는 것이 맞다.

象曰 天與火ㅣ **同人**이니
상왈 천여화   동인

君子ㅣ **以**하야 **類族**으로 **辨物**하나니라.
군자   이   유족   변물

* 상에 말하기를 하늘과 불이 동인(同人)괘니, 군자가 본받아서 류와 족으로 물건을 분별하나니라.

初九는 同人于門이니 无咎리라.
초구 동인우문 무구

象日 出門同人을 又誰咎也리오?
상왈 출문동인 우수구야

* 초구는 동인을 문 밖에서 함이니 허물이 없으리라.
 상에 말하기를 문에 나가 동인함을 또 누가 허물하리오?

六二는 同人于宗이니 吝토다.
육이 동인우종 인

象日 同人于宗이 吝道也라.
상왈 동인우종 인도야

* 육이는 동인을 일가끼리(宗親) 함이니 인색하도다.
 상에 말하기를 '동인을 일가끼리 함'이 인색한 도리이다.

九三은 伏戎于莽하고 升其高陵하야 三歲不興이로다.
구삼 복융우망 승기고릉 삼세불흥

象日 伏戎于莽은 敵剛也요 三歲不興이어니 安行也리오?
상왈 복융우망 적강야 삼세불흥 안행야

* 구삼은 군사를 숲에 매복시키고, 그 높은 언덕에 올라가서 삼년을 일어나지 못하도다.
 상에 말하기를 '군사를 숲속에 매복시킴'은 적이 강함이요, '삼년을 일어나지 못함'이니 무엇을 행할 수 있겠는가?

九四는 乘其墉호대 弗克攻이니 吉하니라.
구사 승기용 불극공 길

象日 乘其墉은 義弗克也요 其吉은 則困而反則也라.
상왈 승기용 의불극야 기길 즉곤이반칙야

* 구사는 그 담에 오르되 능히 치지 않음이니 길하니라.

상에 말하기를 '그 담에 오름'은 의리가 이기지 못함이요, 그 길함은 곤해서 법칙에 돌아옴이라.

九五는 **同人**이 **先號咷而後笑**니 **大師克**이라아 **相遇**로다.
구오 동인 선호도이후소 대사극   상우

象曰 同人之先은 **以中直也**요 **大師相遇**는 **言相克也**라.
상왈 동인지선 이중직야 대사상우 언상극야

* 구오는 동인이 먼저는 울부짖고 뒤에는 웃으니, 큰 군사로 이겨야 서로 만날 것이다.

상에 말하기를 동인의 '먼저는 울부짖고 뒤에는 웃음'은 중도로 하고 바르게만(直) 하기 때문이요, '큰 군사로 서로 만난다'는 것은 서로 이김을 말한 것이다.

上九는 **同人于郊**니 **无悔**니라.
상구 동인우교 무회

象曰 同人于郊는 **志未得也**라.
상왈 동인우교 지미득야

* 상구는 동인을 먼 들에서 함이니 뉘우침이 없느니라.

상에 말하기를 '동인을 먼 들에서 함'은 뜻을 얻지 못한 것이다.

火天大有(14)
화천대유

離上
乾下

大有는 **元亨**하니라.
대유   원형

* 대유는 크게 착하고 형통하니라.

彖曰 大有는 **柔**ㅣ **得尊位**하고 **大中而上下**ㅣ **應之**할새
단왈 대유   유   득존위   대중이상하   응지

曰大有니 **其德**이 **剛健而文明**하고 **應乎天而時行**이라
왈대유   기덕   강건이문명   응호천이시행

是以元亨하니라.
시이원형

* 단에 말하길 대유는 유(陰)가 높은 자리를 얻고 크게 가운데 하며 위와 아래가 응해서 대유라고 했으니, 덕이 강건하고 문명하며 하늘에 응해서 때로 행한다. 이 때문에 '크게 착하고 형통'하니라.

象曰 火在天上이 **大有**니
상왈 화재천상   대유

君子ㅣ **以**하야 **遏惡揚善**하야 **順天休命**하나니라.
군자   이   알악양선   순천휴명

* 상에 말하기를 불이 하늘 위에 있는 것이 대유괘니, 군자가 본받아서 악한 것을 막고 착한 것을 드날려서 하늘의 아름다운 명을 따르느니라.

初九는 **无交害**니 **匪咎**나 **艱則无咎**리라.
초구   무교해   비구   간즉무구

象曰 大有初九는 无交害也라.
상왈 대유초구　무교해야

* 초구는 해로운 것을 사귐이 없으니 허물이 아니나, 어렵게 하면 허물이 없으리라.

　상에 말하기를 대유의 초구는 해로운 것을 사귀지 않음이라.

九二는 大車以載니 有攸往하야 无咎리라.
구이　대거이재　유유왕　　무구

象曰 大車以載는 積中不敗也라.
상왈 대거이재　적중불패야

* 구이는 큰 수레로 실음이니, 일을 해 나가도 허물이 없으리라.

　상에 말하기를 '큰 수레로 실음'은 가운데에 쌓아서 잘못되지 않는 것이다.

九三은 公用亨于天子니 小人은 弗克이니라.
구삼　공용형우천자　 소인　 불극

象曰 公用亨于天子는 小人은 害也리라.
상왈 공용형우천자　 소인　 해야

* 구삼은 공이 천자께서 형통하도록 함이니 소인은 하지 못할 것이니라.

　상에 말하기를 '공이 천자께서 형통하도록 함'은 소인은 해로울 것이다.

九四는 匪其彭이면 无咎리라.
구사　비기방　　무구

象曰 匪其彭无咎는 明辨晢也라.
상왈 비기방무구　명변제야

* 구사는 너무 성대하지 않게 하면 허물이 없으리라.

　상에 말하길 '너무 성대하지 않게 하면 허물이 없음'은 분별하는 지혜가 밝은 것이다.

六五는 厥孚ㅣ 交如니 威如면 吉하리라.
육오   궐부   교여   위여   길

象曰 厥孚交如는 信以發志也요
상왈 궐부교여   신이발지야

威如之吉은 易而无備也일새라.
위여지길   이이무비야

* 육오는 그 믿음이 서로 사귀는 것이니 위엄있게 하면 길하리라.
  상에 말하기를 '그 믿음이 서로 사귄다'는 것은 믿음으로 뜻을 발한 것이고, '위엄있게 해서 길함'은 안이해지면 갖춤이 없을 것이기 때문이다.

上九는 自天祐之라 吉无不利로다.
상구   자천우지   길무불리

象曰 大有上吉은 自天祐也라.
상왈 대유상길   자천우야

* 상구는 하늘로 부터 돕는지라, 길해서 이롭지 않음이 없도다.
  상에 말하기를 대유의 상구가 길한 것은 하늘로부터 도운 것이다.

䷎ 坤上 艮下 地山謙(15)
지 산 겸

謙은 亨하니 君子ㅣ 有終이니라.
겸 형 군자 유종

* 겸은 형통하니 군자가 마침이 있느니라.

象曰 謙亨은 天道ㅣ 下濟而光明하고
단왈 겸형 천도 하제이광명

地道ㅣ 卑而上行이라.
지도 비이상행

天道는 虧盈而益謙하고 地道는 變盈而流謙하고
천도 휴영이익겸 지도 변영이유겸

鬼神은 害盈而福謙하고 人道는 惡盈而好謙하나니
귀신 해영이복겸 인도 오영이호겸

謙은 尊而光하고 卑而不可踰니 君子之終也라.
겸 존이광 비이불가유 군자지종야

* 단에 말하기를 '겸은 형통하다'는 것은, 하늘의 도(기운)가 내려가 사귀어서 광명하고 땅의 도가 낮춤으로써 올라가 행함이라.

하늘의 도는 가득찬 것을 이지러지게 하며 겸손한 데는 더해주고, 땅의 도는 가득찬 것을 변하게 하며 겸손한 데로 흐르고, 귀신은 가득찬 것을 해롭게 하며 겸손함에는 복되게 하고, 사람의 도는 가득찬 것을 미워하고 겸손한 것을 좋아하나니, 겸은 높아도 빛나고 낮아도 넘지 못하니 군자의 마침이다.

象曰 地中有山이 謙이니
상왈 지중유산 겸

君子ㅣ 以하야 裒多益寡하야 稱物平施하나니라.
군자 이 부다익과 칭물평시

* 상에 말하기를 땅 속에 산이 있는 것이 겸괘니, 군자가 본받아서 많은 것을 덜어 적은 데 더해서, 물건을 저울질하여 베풂을 고르게 하느니라.

初六은 謙謙君子니 用涉大川이라도 吉하니라.
초육 겸겸군자 용섭대천 길

象曰 謙謙君子는 卑以自牧也라.
상왈 겸겸군자 비이자목야

* 초육은 겸손하고 또 겸손한 군자니 큰 내를 건너더라도 길하니라.
 상에 말하기를 '겸손하고 또 겸손한 군자'는 낮춤으로써 스스로를 기르는 것이다.

六二는 鳴謙이니 貞코 吉하니라.
육이 명겸 정 길

象曰 鳴謙貞吉은 中心得也라.
상왈 명겸정길 중심득야

* 육이는 겸손함을 울림이니 바르고 굳어서 길하니라.
 상에 말하기를 '겸손함을 울림이니 바르고 굳어서 길함'은 중심(마음속)에 얻은 것이다.

九三은 勞謙이니 君子ㅣ 有終이니 吉하니라.
구삼 노겸 군자 유종 길

象曰 勞謙君子는 萬民의 服也라.
상왈 노겸군자 만민 복야

* 구삼은 공로가 있고 겸손함이니 군자가 마침이 있으니 길하니라.
 상에 말하기를 '공로 있고 겸손한 군자'는 만 백성이 승복함이라.

六四는 无不利撝謙이니라.
육사　무불리휘겸

象曰 无不利撝謙은 不違則也라.
상왈 무불리휘겸　불위칙야

* 육사는 겸손함을 베풀어 폄에 이롭지 않음이 없느니라.

　상에 말하기를 '겸손함을 베풀어 폄에 이롭지 않음이 없음'은 법칙에 어긋나지 않음이라.

六五는 不富以其鄰이니 利用侵伐이니 无不利하리라.
육오　불부이기린　　이용침벌　　　무불리

象曰 利用侵伐은 征不服也라.
상왈 이용침벌　정불복야

* 육오는 부유하지 않고도 이웃이 같이 하는 것이다. 승복하지 않는 자를 정벌함이 이로우니 이롭지 않음이 없으리라.

　상에 말하기를 '승복하지 않는 자를 정벌함이 이로움'은 승복하지 않는 것을 치는 것이다.

上六은 鳴謙이니 利用行師하야 征邑國이니라.
상육　명겸　　이용행사　　　정읍국

象曰 鳴謙은 志未得也니 可用行師하야 征邑國也라.
상왈 명겸　지미득야　가용행사　　　정읍국야

* 상육은 우는 겸이니 군사를 동원해서 읍국(사사로움)을 침이 이로우니라.

　상에 말하기를 '우는 겸'은 뜻을 얻지 못한 것이니, 군사를 동원해서 읍국을 치는 것이 옳을 것이다.

```
☷☳  震上    雷地豫(16)
     坤下      뇌 지 예
```

豫는 利建侯行師하니라.
예   이건후행사

* 예는 제후를 세우고 군사를 행함이 이로우니라.

彖曰 豫는 剛應而志行하고 順以動이 豫라.
단왈 예   강응이지행   순이동   예

豫順以動故로 天地도 如之온 而況建侯行師乎여!
예순이동고   천지   여지   이황건후행사호

天地 | 以順動이라 故로 日月이 不過而四時 | 不忒하고
천지 이순동   고   일월   불과이사시   불특

聖人이 以順動이라 則刑罰이 淸而民이 服하나니
성인   이순동   즉형벌   청이민   복

豫之時義 | 大矣哉라!
예지시의   대의재

* 단에 말하기를 예는 강한 것이 응원해서 뜻이 행해지고, 순하게 움직임이 예다.

　예가 순하게 움직이기 때문에 하늘과 땅도 같이 하는데, 하물며 제후를 세우고 군사를 행하는 것이랴! 하늘과 땅이 순한 것으로써 움직이기 때문에, 해와 달이 지나치지 않아서 사시가 어긋나지 않고, 성인이 순한 것으로써 움직이기 때문에, 형벌이 맑아서 백성이 복종하나니, 예의 때와 의의가 크도다!

象曰 雷出地奮이 豫니 先王이 以하야
상왈 뇌출지분   예   선왕   이

作樂崇德하야 殷薦之上帝하야 以配祖考하니라.
작악숭덕　　　은천지상제　　　이배조고

* 상에 말하기를 우레가 땅에서 나와 떨치는 것이 예괘니, 선왕이 본받아서 음악을 지어 공덕을 높여 성대히 상제께 천신함으로써 조상을 배향하느니라.

初六은 鳴豫니 凶하니라.
초육　명예　　흉

象曰 初六鳴豫는 志窮하야 凶也라.
상왈 초육명예　　지궁　　흉야

* 초육은 즐거움에 겨워 우는 것이니 흉하니라.
　상에 말하기를 '초육의 즐거워 우는 것'은 뜻이 궁극해서 흉한 것이다.

六二는 介于石이라 不終日이니 貞코 吉하니라.
육이　 개우석　　 부종일　　 정　길

象曰 不終日貞吉은 以中正也라.
상왈 부종일정길　　이중정야

* 육이는 절개가 돌이라, 날을 마치지 않으니 굳고 바르고 길하니라.
　상에 말하기를 '날을 마치지 않으니 굳고 바르고 길함'은 중정하기 때문이다.

六三은 盱豫라. 悔며 遲하야도 有悔리라.
육삼　우예　　 회　 지　　　 유회

象曰 盱豫有悔는 位不當也일새라.
상왈 우예유회　　위부당야

* 육삼은 쳐다보며 즐거워함이라. 뉘우침이 있으며, 더디게 하여도 후회가 있으리라.
　상에 말하기를 '우예유회'는 위가 당치 않기 때문이다.

九四는 由豫라. 大有得이니 勿疑면 朋이 盍簪하리라.
구사   유예   대유득   물의 붕 합잠

象曰 由豫大有得은 志大行也라.
상왈 유예대유득   지대행야

* 구사는 즐거움이 있게 하는 것이다. 크게 얻음이 있으니, 의심치 말면 벗이 비녀를 합하듯 하리라.

 상에 말하기를 '즐거움이 있게 하는 것이다. 크게 얻음이 있다' 함은 뜻이 크게 행해지는 것이다.

六五는 貞호대 疾하나 恒不死로다.
육오   정   질   항불사

象曰 六五貞疾은 乘剛也요 恒不死는 中未亡也라.
상왈 육오정질   승강야   항불사   중미망야

* 육오는 바르되 병들으나 항상 죽지 않도다.

 상에 말하길 '육오가 바르되 병들음'은 강을 탔기 때문이요, '항상 죽지 않음'은 중이 없어지지 아니함이라.

上六은 冥豫니 成하나 有渝면 无咎리라.
상육   명예   성   유유   무구

象曰 冥豫在上이어니 何可長也리오?
상왈 명예재상   하가장야

* 상육은 즐거움에 어두워졌으나, 변함이 있으면 허물이 없으리라.

 상에 말하기를 즐거움에 어두워 위에 있으니, 어떻게 오래갈 수 있으리오?

兌上	**澤雷隨**(17)
震下	택 뢰 수

隨는 元亨하니 利貞이라 无咎리라.
수   원형   이정   무구

* 수는 크게 형통하니 바르게 함이 이로우니라. 허물이 없으리라.

彖曰 隨는 剛來而下柔하고 動而說이 隨니
단왈 수   강래이하유   동이열   수

大亨코 貞하야 无咎하야
대형   정   무구

而天下ㅣ 隨時하나니 隨之時義ㅣ 大矣哉라!
이천하   수시   수지시의   대의재

* 단에 말하기를 수괘는 강이 와서 유보다 아래하고, 움직임에 기뻐함이 수니, 크게 형통하고 바르게 해서 허물이 없어서 천하가 때를 따르나니, 수의 때와 의가 크도다!

※ 왕숙본에 근거하여 원문에 "隨時之義"로 되어 있던 것을
  "隨之時義"로 고쳐 넣었다.

象曰 澤中有雷ㅣ 隨니
상왈 택중유뢰   수

君子ㅣ 以하야 嚮晦入宴息하나니라.
군자   이   향회입연식

* 상에 말하기를 못 속에 우레가 있는 것이 수니, 군자가 본받아서 어두움을 향해서 들어가 잔치하고 쉬느니라.

初九는 官有渝니 貞이면 吉하니 出門交면 有功하리라.
초구   관유유   정   길   출문교   유공

象曰 官有渝에 從正이면 吉也니
상왈 관유유　종정　　길야

出門交有功은 不失也라.
출문교유공　　불실야

* 초구는 주장하고 지키던 것에 변함이 있으니 바르게 하면 길하니, 문 밖에 나가서 사귀면 공이 있으리라.

　상에 말하기를 '지키던 것에 변동이 있음'에 바름을 좇으면 길할 것이니, '문 밖에 나가 사귀면 공이 있다' 함은 (바름을) 잃지 아니함이다.

六二는 係小子면 失丈夫하리라.
육이　　계소자　　실장부

象曰 係小子면 弗兼與也리라.
상왈　계소자　　불겸여야

* 육이는 소자에게 매이면 장부를 잃으리라.
　상에 말하기를 '소인에게 매이면' 겸하여 더불지 못하리라.

六三은 係丈夫하고 失小子하니 隨에 有求를 得하나
육삼　　계장부　　　실소자　　　수　　유구　　득

利居貞하니라.
이거정

象曰 係丈夫는 志舍下也라.
상왈　계장부　　지사하야

* 육삼은 장부를 따르고 소자를 잃으니, 따름에 구하는 것을 얻으나, 바른 데 거처함이 이로우니라.
　상에 말하기를 '장부를 따름'은 뜻이 아랫 것을 버림이라.

九四는 隨에 有獲이면 貞이라도 凶하니
구사　　수　　유획　　　정　　　　흉

有孚코 在道코 以明이면 何咎리오?
유부　　재도　　이명　　　하구

象曰 隨有獲은 其義ㅣ 凶也요 有孚在道는 明功也라.
상왈 수유획   기의   흉야   유부재도   명공야

＊ 구사는 따르는 도에 얻으려는 것이 있으면 바르게 하더라도 흉하니, 믿음을 두고, 도에 벗어나지 않고, 밝음으로써 하면 무슨 허물이리오?

 상에 말하기를 '따르는 도에 얻으려는 것이 있음'은 그 의의가 흉하고, '믿음을 두고 도에 벗어나지 않음'은 명철한 공이다.

九五는 孚于嘉니 吉하니라.
구 오   부우가   길

象曰 孚于嘉吉은 位正中也일새라.
상왈 부우가 길   위정중야

＊ 구오는 아름다운 것을 성실하게 함이니 길하니라.

 상에 말하기를 '아름다운 것을 성실하게 해서 길함'은, 위가 정히 가운데 했기 때문이다.

上六은 拘係之오 乃從維之니 王用亨于西山이로다.
상 육   구계지   내종유지   왕용형우서산

象曰 拘係之는 上窮也라.
상왈 구계지   상궁야

＊ 상육은 붙들어 매고 좇아서 얽음이니, 왕이 서산에서 형통하도다.

 상에 말하기를 '붙들어 맨다'는 것은 위에서 궁극해진 것이다.

山風蠱(18)
산풍고

☰ 艮上
☴ 巽下

蠱는 元亨하니 **利涉大川**이니
고 원형 이섭대천

先甲三日하며 **後甲三日**이니라.
선갑삼일 후갑삼일

* 고괘는 크게 착하고 형통하니 큰 내를 건넘이 이로우니, 갑으로 먼저 사흘하며 갑으로 뒤에 사흘하니라.

象曰 蠱는 剛上而柔下하고 **巽而止**ㅣ **蠱**라.
단왈 고 강상이유하   손이지   고

蠱ㅣ 元亨하야 **而天下ㅣ 治也**요
고 원형   이천하 치야

利涉大川은 往有事也요
이섭대천   왕유사야

先甲三日後甲三日은 終則有始ㅣ 天行也라.
선갑삼일후갑삼일   종즉유시 천행야

* 단에 말하기를 고괘는 강(양)이 올라가고 유(음)가 내려오며, 공손해서 그쳐있는 것이 고다. 고괘가 크게 착하고 형통해서 천하가 다스려짐이요, '큰 내를 건넘이 이롭다'는 것은 나가서 일이 있는 것이요, '선갑삼일후갑삼일'은 마치면 시작함이 있는 것이 하늘의 운행함이다.

象曰 山下有風이 蠱니
상왈 산하유풍   고

君子ㅣ 以하야 **振民**하며 **育德**하나니라.
군자   이   진민   육덕

* 상에 말하기를 산 아래 바람이 있는 것이 고괘니, 군자가 본받아서 백성을 진작시키고 덕을 기르느니라.

初六은 幹父之蠱니 有子면 考ㅣ 无咎하리니 厲하야아
초육　간부지고　　유자　　고　　무구　　　　려

終吉이리라.
종 길

象曰 幹父之蠱는 意承考也라.
상왈　간부지고　　의승고야

* 초육은 아버지의 일을 주관함이니, 아들이 있으면 죽은 아버지가 허물이 없을 것이니, 위태롭게 여기고 조심해야 마침내 길할 것이다.

  상에 말하기를 '아버지의 일을 주관함'은 뜻이 죽은 아버지를 이음이라.

  ※ 여기서 고(일)는 허물어지고 엉크러져 잘못된 것을 의미하므로, 아버지의 일을 주관한다는 것은, 아버지가 잘못한 일을 승계해서 바르게 다스린다는 뜻이다.

九二는 幹母之蠱니 不可貞이니라.
구이　　간모지고　　불가정

象曰 幹母之蠱는 得中道也라.
상왈　간모지고　　득중도야

* 구이는 어머니의 일을 주관함이니 곧게만 할 수 없느니라.
  상에 말하기를 '구이가 어머니의 일을 주관함'은 중도를 얻은 것이다.

九三은 幹父之蠱니 小有悔나 无大咎리라.
구삼　간부지고　　소유회　　무대구

象曰 幹父之蠱는 終无咎也니라.
상왈　간부지고　　종무구야

* 구삼은 아버지의 일을 주관함이니, 조금 뉘우침이 있으나 큰 허

물은 없으리라.

상에 말하기를 '아버지의 일을 주관함'은 마침내 허물이 없느니라.

六四는 裕父之蠱니 往하면 見吝하리라.
육사   유부지고   왕   견린

象曰 裕父之蠱는 往앤 未得也라.
상왈 유부지고   왕   미득야

* 육사는 아버지의 일을 너그럽게 함이니, 나가면 인색하게 되리라.

상에 말하기를 '아버지의 일을 너그럽게 함'은 나감엔 얻지 못함이라.

六五는 幹父之蠱니 用譽리라.
육오   간부지고   용예

象曰 幹父用譽는 承以德也라.
상왈 간부용예   승이덕야

* 육오는 아버지의 일을 주관함이니 명예로우리라.

상에 말하기를 '아버지의 일을 주관하여 명예가 있음'은 덕으로써 이은 것이다.

上九는 不事王侯하고 高尚其事로다.
상구   불사왕후   고상기사

象曰 不事王侯는 志可則也라.
상왈 불사왕후   지가칙야

* 상구는 왕과 후를 섬기지 않고 그 일을 높이 숭상하도다.

상에 말하기를 '왕과 후를 섬기지 않는다'는 것은 뜻이 가히 본받을만 하다.

䷒ 坤上 兌下 地澤臨(19)
지 택 림

臨은 **元亨**코 **利貞**하니 **至于八月**하얀 **有凶**하리라.
림   원 형   이 정   지 우 팔 월   유 흉

* 임은 크게 형통하고 바르게 함이 이로우니, 팔월에 이르러서는 흉함이 있으리라.

彖曰 臨은 **剛浸而長**하며 **說而順**하고
단 왈 림   강 침 이 장   열 이 순

剛中而應하야 **大亨以正**하니 **天之道也**라.
강 중 이 응   대 형 이 정   천 지 도 야

至于八月有凶은 **消不久也**라
지 우 팔 월 유 흉   소 불 구 야

* 단에 말하기를 임은 강(양)이 점차로 자라며, 기뻐하고 순하며 강이 가운데 있고 응원이 있어서, 크게 형통하고 바름으로써 하니 하늘의 도라. '팔월에 이르러서 흉함이 있다' 함은 사라져서 오래가지 못하기 때문이다.

象曰 澤上有地ㅣ **臨**이니
상 왈 택 상 유 지   림

君子ㅣ **以**하야 **教思**ㅣ **无窮**하며 **容保民**이 **无疆**하나니라.
군 자   이   교 사   무 궁   용 보 민   무 강

* 상에 말하기를 못 위에 땅이 있는 것이 임괘니, 군자가 본받아서 가르치려는 생각이 끝이 없으며, 백성을 포용해서 보호함이 끝이 없느니라.

初九는 咸臨이니 貞하야 吉하니라.
초구　　함림　　　정　　길

象曰 咸臨貞吉은 志行正也라.
상왈 함림정길　　지행정야

* 초구는 (양이 음을) 느껴 임함이니 바르게 해서 길하니라.

　　상에 말하기를 '느껴 임함이니 바르게 해서 길함'은 뜻이 바름을 행함이라.

九二는 咸臨이니 吉하야 无不利하리라.
구이　　함림　　　길　　　무불리

象曰 咸臨吉无不利는 未順命也라.
상왈 함림길무불리　　　미순명야

* 구이는 (양이 음을) 느껴 임함이니, 길해서 이롭지 않음이 없으리라.

　　상에 말하기를 '함림길무불리'는 명령에 순히 하는 것이 아니다.

六三은 甘臨이라 无攸利하니 旣憂之라 无咎리라.
육삼　　감림　　　무유리　　　기우지　　무구

象曰 甘臨은 位不當也요 旣憂之하니 咎不長也리라.
상왈 감림　　위부당야　　기우지　　　구부장야

* 육삼은 쾌락에 젖어 달게 임함이라. 이로울 것이 없으니, 이미 근심하는지라 허물이 없으리라.

　　상에 말하기를 '쾌락에 젖어 달게 임함'은 지위가 마땅치 않은 것이고, 이미 근심하니 허물이 오래가지 않으리라.

六四는 至臨이니 无咎하니라.
육사　　지림　　　무구

象曰 至臨无咎는 位當也일새라.
상왈 지림무구　　위당야

* 육사는 지극하게 임함이니, 허물이 없느니라.

　　상에 말하기를 '지극히 임해서 허물이 없음'은 지위가 마땅하기 때문이다.

六五는 知臨이니 大君之宜니 吉하니라.
육오 지림   대군지의   길

象曰 大君之宜는 行中之謂也라.
상왈 대군지의   행중지위야

* 육오는 지혜로 임함이니, 임금(대군)의 마땅함이니 길하니라.
  상에 말하기를 '임금(대군)의 마땅함'은 중도를 행함을 말한다.

上六은 敦臨이니 吉하야 无咎하니라.
상육 돈림   길   무구

象曰 敦臨之吉은 志在內也라.
상왈 돈림지길   지재내야

* 상육은 돈독하게 임함이니, 길해서 허물이 없느니라.
  상에 말하기를 '돈독히 임해서 길함'은 뜻이 안에 있는 양에게 있음이라.

```
☴ 巽上
☷ 坤下
```
風地觀(20)
풍지관

觀은 盥而不薦이면 有孚하야 顒若하리라.
관   관이불천   유부   옹약

* 관괘는 세수하고 제사를 올리지 않았을 때 같이 하면, 믿음이 있어서 우러러 볼 것이다.

彖曰 大觀으로 在上하야 順而巽하고
단왈 대관   재상   순이손

中正으로 以觀天下니
중정   이관천하

觀盥而不薦有孚顒若은 下ㅣ 觀而化也라.
관관이불천유부옹약   하   관이화야

觀天之神道而四時ㅣ 不忒하니
관천지신도이사시   불특

聖人이 以神道設敎而天下ㅣ 服矣니라.
성인   이신도설교이천하   복의

* 단에 말하기를 크게 보여줌으로 위에 있어서, 순하고 공손하며 중정으로써 천하에 보여줌이니, '관괘는 세수하고 제사를 올리지 않았을 때 같이 하면, 믿음이 있어서 우러러 봄'은 아랫 사람이 보고 교화되는 것이다.

하늘의 신묘한 도를 보면 사시가 어긋나지 않으니, 성인이 이것을 본받아서 신묘한 도로써 가르침을 베풂에 천하가 굴복하느니라.

象曰 風行地上이 觀이니
상왈 풍행지상   관

先王이 **以**하야 **省方觀民**하야 **設敎**하니라.
　선왕　이　　　성방관민　　　설교

* 상에 말하기를 바람이 땅 위에 행하는 것이 관괘니, 선왕이 본받아서 사방을 살피고 백성을 관찰해서 가르침을 베푸느니라.

初六은 **童觀**이니 **小人**은 **无咎**요 **君子**는 **吝**이니라.
　초육　　동관　　　소인　　무구　　군자　　인

象曰 初六童觀은 **小人道也**라.
상왈 초육동관　　소인도야

* 초육은 어린 아이의 봄이니, 소인은 허물이 없고 군자는 인색하니라.

　상에 말하기를 초육의 '어린 아이의 봄'은 소인의 도이다.

六二는 **闚觀**이니 **利女貞**하니라.
　육이　　규관　　　이여정

象曰 闚觀女貞이 **亦可醜也**니라.
상왈 규관여정　　역가추야

* 육이는 엿보는 관이니, 여자의 바름이 이로우니라.

　상에 말하기를 '엿보는 여자의 바름'이 또한 추하니라.

六三은 **觀我生**하야 **進退**로다.
　육삼　　관아생　　　진퇴

象曰 觀我生進退하니 **未失道也**라.
상왈 관아생진퇴　　　미실도야

* 육삼은 나의 생김새(행동 및 치적)를 관찰해서 나아가고 물러나도다.

　상에 말하기를 '나의 생긴 것을 봐서 진퇴'하니 도를 잃지 않은 것이다.

六四는 **觀國之光**이니 **利用賓于王**하니라.
　육사　　관국지광　　　이용빈우왕

象曰 觀國之光은 尙賓也라.
상 왈 관 국 지 광   상 빈 야

* 육사는 나라의 도덕과 문화의 빛남을 봄이니, 왕에게 벼슬하는 것이 이로우니라.

상에 말하길 '나라의 도덕과 문화의 빛남을 봄'은 벼슬함을 원하고 사모함이라.

九五는 觀我生호대 **君子**면 **无咎**리라.
구 오   관 아 생   군 자   무 구

象曰 觀我生은 觀民也라.
상 왈 관 아 생   관 민 야

* 구오는 나의 생김새를 보되 군자면 허물이 없으리라.

상에 말하길 '나의 생김새를 봄'은 백성을 살펴 보는 것이다.

上九는 觀其生호대 **君子**면 **无咎**리라.
상 구   관 기 생   군 자   무 구

象曰 觀其生은 志未平也라.
상 왈 관 기 생   지 미 평 야

* 상구는 그 생김새를 보되 군자면 허물이 없으리라.

상에 말하기를 '그 생김새를 봄'은 뜻이 평안히 있지 못하는 것이다.

離上 震下 火雷噬嗑(21)
화뢰서합

噬嗑은 亨하니 利用獄하니라.
서합 형   이용옥

* 서합은 형통하니 형벌과 옥사(獄事)를 쓰는데 이로우니라.

象曰 頤中有物일새 曰噬嗑이니 噬嗑하야 而亨하니라.
단왈 이중유물   왈서합   서합   이형

剛柔ㅣ 分하고 動而明하고 雷電이 合而章하고
강유 분   동이명   뇌전   합이장

柔得中而上行하니 雖不當位나 利用獄也니라.
유득중이상행   수부당위   이용옥야

* 단에 말하기를 턱 가운데 물건이 있기 때문에 서합(씹어 합한다)이라 한 것이니, 씹어 합하여 형통하니라. 강(양)과 유(음)가 나뉘고, 움직이고 밝으며, 우레와 번개가 합쳐져 빛나고, 유가 중을 얻어서 위로 가니, 비록 위는 마땅하지 않으나 형벌과 옥사를 쓰는데 이로우니라.

象曰 雷電이 噬嗑이니 先王이 以하야 明罰勅法하니라.
상왈 뇌전   서합   선왕   이   명벌칙법

* 상에 말하기를 우레와 번개가 서합괘니, 선왕이 본받아서 벌을 밝히고 법령을 신칙하니라.

初九는 屨校하야 滅趾니 无咎하니라.
초구   구교   멸지   무구

象曰 屨校滅趾는 不行也라.
상왈 구교멸지   불행야

* 초구는 죄가 작을때 형틀을 신겨서 발꿈치를 멸해서 커지지 않도록 하니 허물이 없느니라.

상에 말하기를 '형틀을 신겨 발꿈치를 멸함'은 커지지 못하게 함이라.

六二는 噬膚호대 滅鼻니 无咎하니라.
육이　서부　　멸비　무구

象曰 噬膚滅鼻는 乘剛也일새라.
상왈 서부멸비　승강야

* 육이는 살을 씹되 코를 멸하게 함이니(악한 사람을 중하게 처벌함) 허물이 없느니라.

상에 말하기를 '살을 씹되 코를 멸하게 함'은 강한 것을 탔기 때문이다.

六三은 噬腊肉하다가 遇毒이니 小吝이나 无咎리라.
육삼　서석육　　　우독　　소린　　무구

象曰 遇毒은 位不當也일새라.
상왈 우독　위부당야

* 육삼은 말린 고기를 씹다가 독을 만남이니, 조금 인색하나 허물이 없으리라. 상에 말하기를 '독을 만남'은 지위가 마땅하지 못하기 때문이다.

九四는 噬乾胏하야 得金矢나 利艱貞하니 吉하리라.
구사　서간치　　　득금시　이간정　　　길

象曰 利艱貞吉은 未光也라.
상왈 이간정길　미광야

* 구사는 마른 고기를 씹어서 쇠(金)와 화살을 얻으나, 어렵게 여기고 조심하고 바르게 함이 이로우니 길하리라.

상에 말하기를 '어렵게 여기고 바르게 해서 길함'은 빛나지 못함이다.

※ 쇠와 화살:구사가 강하고 바르게 행동하는 것을 비유.

六五는 噬乾肉하야 得黃金이니 貞厲면 无咎리라.
　　　　서간육　　득황금　　　정려　무구

象曰 貞厲无咎는 得當也일새라.
　　　정려무구　　득당야

* 육오는 마른 고기를 씹어서 황금을 얻으니, 바르고 위태롭게 여기면 허물이 없으리라.

　상에 말하기를 '바르고 위태롭게 여기면 허물이 없음'은 마땅함을 얻었기 때문이다.

上九는 何校하야 滅耳니 凶토다.
　상구　　하교　　멸이　　흉

象曰 何校滅耳는 聰不明也일새라.
　　　하교멸이　　총불명야

* 상구는 형틀을 씌워서 귀를 멸하니 흉하도다.

　상에 말하기를 '형틀을 씌워서 귀를 멸함'은 귀가 밝지 못했기 때문이다.

䷕ 艮上 離下 山火賁(22)
산 화 비

賁는 **亨**하니 **小利有攸往**하니라.
비   형   소리유유왕

* 비는 형통하니 나아가는 것이 조금 이로우니라.

彖曰 賁亨은 **柔**ㅣ **來而文剛故**로 **亨**하고
단왈 비형   유   래이문강고   형

分剛하야 **上而文柔故**로 **小利有攸往**하니 **天文也**요
분강   상이문유고   소리유유왕   천문야

文明以止하니 **人文也**니 **觀乎天文**하야 **以察時變**하며
문명이지   인문야   관호천문   이찰시변

觀乎人文하야 **以化成天下**하나니라.
관호인문   이화성천하

* 단에 말하기를 '비는 형통하니'라고 한 것은, 유(☲)가 와서 강(☶)을 무늬한 까닭에 형통하고, 강(☶)을 나누어 올라가서 유(☲)를 무늬한 까닭에 가는 것이 조금 이로우니 천문(자연의 무늬)이고, 문명해서 그치니 인문(인위적인 무늬)이니, 천문을 봐서 때의 변함을 살피며, 인문을 봐서 천하를 교화하여 이루게 하나니라.

象曰 山下有火ㅣ **賁**니
상왈 산하유화   비

君子ㅣ **以**하야 **明庶政**호대 **无敢折獄**하나니라.
군자   이   명서정   무감절옥

* 상에 말하기를 산 아래 불이 있는 것이 비괘니, 군자가 본받아서 뭇 정사를 밝히되 옥사를 판결하는 데 함부로 하지 않느니라.

初九는 賁其趾니 舍車而徒로다.
초구　비기지　사거이도

象曰 舍車而徒는 義弗乘也라.
상왈　사거이도　의불승야

* 초구는 그 발꿈치(행실)를 꾸밈이니 수레를 버리고 걷도다.
  상에 말하기를 '수레를 버리고 걸어감'은 의리때문에 타지 않음이라.

六二는 賁其須로다.
육이　비기수

象曰 賁其須는 與上興也라.
상왈　비기수　여상흥야

* 육이는 그 수염을 꾸미도다(겉만 꾸민다).
  상에 말하기를 '그 수염을 꾸밈'은 위(上)와 더불어 일어나는 것이다(수염은 붙어 있는데 따라 움직이고 자주적으로 움직이는 것이 아니다).

九三은 賁如ㅣ 濡如하니 永貞하면 吉하리라.
구삼　비여　유여　　영정　　　길

象曰 永貞之吉은 終莫之陵也니라.
상왈　영정지길　종막지릉야

* 구삼은 꾸밈이 윤택하니, 오래하고 바르게 하면 길하리라.
  상에 말하기를 '오래하고 바르게 해서 길함'은 마침내 능멸하지 못하는 것이다.

六四는 賁如ㅣ 皤如하며 白馬ㅣ 翰如하니
육사　비여　파여　　　백마　한여

匪寇면 婚媾리라.
비구　혼구

象曰 六四는 當位疑也니 匪寇婚媾는 終无尤也라.
상왈　육사　당위의야　비구혼구　종무우야

＊ 육사는 꾸미는 것이 희며 흰 말이 나는 듯 하니, 도적이 아니면 혼인하려는 것이다.

상에 말하기를 육사는 당한 위(位)가 의심스러운 것이니, '도적이 아니면 청혼한다'는 것은 마침내 허물함이 없는 것이다.

六五는 賁于丘園이니 束帛이 戔戔이면 吝하나 終吉이리라.
육오 비우구원   속백   잔잔   인   종길

象曰 六五之吉은 有喜也라.
상왈 육오지길   유희야

＊ 육오는 언덕과 동산에게 꾸밈을 얻으니(가까이 있는 어진이에게 도움을 받는 것이니), 묶은 비단이 자잘하면 인색하나 마침내 길하리라.

상에 말하기를 '육오의 길함'은 기쁨이 있음이라.

上九는 白賁면 无咎리라.
상구   백비 무구

象曰 白賁无咎는 上得志也라.
상왈 백비무구   상득지야

＊ 상구는 소박하게 꾸미면 허물이 없으리라.

상에 말하기를 '소박하게 꾸미면 허물이 없음'은 위에 있으면서 뜻을 얻음이라.

艮上 坤下 山地剝(23)
산 지 박

剝은 **不利有攸往**하니라.
박 불리유유왕

* 박은 나아가는 것이 이롭지 않으니라.

彖曰 剝은 **剝也**니 **柔**ㅣ **變剛也**니
단왈 박 박야 유 변강야

不利有攸往은 **小人**이 **長也**일새라.
불리유유왕 소인 장야

順而止之는 **觀象也**니 **君子**ㅣ **尙消息盈虛**ㅣ **天行也**라.
순이지지 관상야 군자 상소식영허 천행야

* 단에 말하기를 박은 깎는 것이니 유(음)가 강(양)을 변하게 함이니, '가는 것이 이롭지 않다'고 한 것은 소인이 자라기 때문이다. 순하게 해서 그치는 것은 박괘의 상을 관찰함이니, 군자가 사그러지고 불어나고 차고 비는 이치를 따르는 것은 하늘의 운행과 합치되는 것이다.

象曰 山附於地ㅣ **剝**이니
상왈 산부어지 박

上이 **以**하야 **厚下**하야 **安宅**하나니라.
상 이 후하 안택

* 상에 말하기를 산이 땅에 붙어 있는 것이 박괘니, 윗사람(임금)이 본받아서 아래를 두텁게 해서 집을 편안하게 하느니라.

初六은 **剝牀以足**이니 **蔑貞**이라 **凶**토다.
초육 박상이족 멸정 흉

象曰 剝牀以足은 **以滅下也**라.
상왈 박상이족   이멸하야

* 초육은 상의 다리를 깎음이니 바른 것을 멸함이라. 흉하다.
  상에 말하기를 '상의 다리를 깎는다'는 것은 아래를 멸하는 것이다.

六二는 **剝牀以辨**이니 **蔑貞**이라 **凶**토다.
육이   박상이변   멸정   흉

象曰 剝牀以辨은 **未有與也**일새라.
상왈 박상이변   미유여야

* 육이는 상의 판을 깎음이니, 바른 것을 멸함이라. 흉하다.
  상에 말하기를 '상의 판을 깎는 것'은 더부는 이가 없기 때문이다.

六三은 **剝之无咎**니라.
육삼   박지무구

象曰 剝之无咎는 **失上下也**일새라.
상왈 박지무구   실상하야

* 육삼은 (음이 양을) 깎는 허물이 없느니라.
  상에 말하기를 '깎는 허물이 없다' 함은 위와 아래의 동료를 따르지 않고 잃었기 때문이다.

六四는 **剝牀以膚**니 **凶**하니라.
육사   박상이부   흉

象曰 剝牀以膚는 **切近災也**라.
상왈 박상이부   절근재야

* 육사는 상을 깎아 피부까지 옴이니 흉하니라.
  상에 말하기를 '상을 깎아 피부까지 옴'은 재앙이 절박하게 가까운 것이다.

六五는 貫魚하야 以宮人寵이면 无不利리라.
육오   관어   이궁인총   무불리

象曰 以宮人寵은 終无尤也리라.
상왈 이궁인총   종무우야

* 육오는 고기를 꿰어서(음 또는 소인들을 통솔해서) 궁인과 같이 총애를 얻으면 이롭지 않음이 없으리라.

 상에 말하기를 '궁인과 같이 총애를 얻음'은 마침내 허물이 없으리라.

上九는 碩果不食이니 君子는 得輿하고 小人은 剝廬리라.
상구   석과불식   군자는 득여   소인   박려

象曰 君子得輿는 民所載也요
상왈 군자득여   민소재야

小人剝廬는 終不可用也라.
소인박려   종불가용야

* 상구는 큰 과실은 먹지 않으니, 군자는 수레로 모셔지고 소인은 집을 깎아 망치리라.

 상에 말하기를 '군자는 수레로 모셔진다'는 것은 백성이 존경해서 싣는 바요, '소인은 집을 깎아 망친다'는 것은 마침내 쓰지 못함이라.

| 坤上 |
| 震下 |

地雷復(24)
지 뢰 복

復은 **亨**하니 **出入**에 **无疾**하야 **朋來**라아 **无咎**리라.
복   형   출입   무질   붕래   무구

反復其道하야 **七日**에 **來復**하니 **利有攸往**이니라.
반복기도   칠일   래복   이유유왕

* 복은 형통하니, 나고 들음에 병이 없어서 벗이 와야 허물이 없으리라. 그 도를 반복해서 칠일에 와서 회복하니, 나아가는 것이 이로우니라.

彖曰 復亨은 **剛反**이니 **動而以順行**이라
단왈 복형   강반   동이이순행

是以出入无疾朋來无咎니라.
시이출입무질붕래무구

反復其道七日來復은 **天行也**요
반복기도칠일래복   천행야

利有攸往은 **剛長也**ㄹ새니 **復**애 **其見天地之心乎**인뎌!
이유유왕   강장야   복   기견천지지심호

* 단에 말하기를 복이 형통함은 강이 돌아옴이니, 움직여 순하게 나아가는 것이다.
  이렇기 때문에 '나고 들음에 병이 없어서 벗이 와야 허물이 없는 것'이다. '그 도를 반복해서 칠일에 와서 회복함'은 하늘의 운행함이요, '가는 것이 이로움'은 강이 자라기 때문이니, 복괘에서 천지의 마음을 볼 것인져!

象曰 雷在地中이 **復**이니 **先王**이 **以**하야
상왈 뇌재지중   복   선왕   이

至日에 **閉關**하야 **商旅**ㅣ **不行**하며 **后不省方**하나니라.
지일   폐관   상려   불행   후불성방

* 상에 말하기를 우레가 땅 속에 있는 것이 복괘니, 선왕이 본받아서 동짓날에 관문을 닫아서 장사치와 여행자가 다니지 못하게 하며, 후(임금)가 지방을 순찰하지 않느니라.

初九는 **不遠復**이라. **无祗悔**니 **元吉**하니라.
초구   불원복   무지회   원길

象曰 不遠之復은 **以脩身也**라.
상왈 불원지복   이수신야

* 초구는 머지 않아 회복할 것이다. 후회하는 데 이르지 않을 것이니, 크게 착하고 길하다. 상에 말하기를 '머지 않아 회복한다'고 함은 몸을 닦기 때문이다.

六二는 **休復**이니 **吉**하니라.
육이   휴복   길

象曰 休復之吉은 **以下仁也**라.
상왈 휴복지길   이하인야

* 육이는 아름답게 회복함이니 길하니라.
  상에 말하기를 '아름답게 회복해서 길함'은, 어진 이에게 낮추기 때문이다.

六三은 **頻復**이니 **厲**하나 **无咎**리라.
육삼   빈복   려   무구

象曰 頻復之厲는 **義无咎也**니라.
상왈 빈복지려   의무구야

* 육삼은 자주 회복함이니, 위태하나 허물이 없으리라.
  상에 말하기를 '자주 회복해서 위태함'은, 의리가 허물이 없느니라.

六四는 **中行**호대 **獨復**이로다.
육사 중행 독복

象曰 中行獨復은 **以從道也**라.
상왈 중행독복 이종도야

* 육사는 (음의) 중심에서 행하되 홀로 회복하도다.

상에 말하기를 '중심에서 행하되 홀로 회복한다' 함은 도를 따르기 때문이다.

六五는 **敦復**이니 **无悔**하니라.
육오 돈복 무회

象曰 敦復无悔는 **中以自考也**라.
상왈 돈복무회 중이자고야

* 육오는 돈독하게 회복함이니 후회가 없느니라.

상에 말하기를 '회복하는 데 돈독해서 후회가 없는 것'은, 중도로써 자신의 덕을 이루기 때문이다.

上六은 **迷復**이라 **凶**하니
상육 미복 흉

有災眚하야 **用行師**면 **終有大敗**하고
유재생 용행사 종유대패

以其國이면 **君**이 **凶**하야 **至于十年**히 **不克征**하리라.
이기국 군 흉 지우십년 불극정

象曰 迷復之凶은 **反君道也**일새라.
상왈 미복지흉 반군도야

* 상육은 회복하는데 헤맴이라 흉하니, 재앙이 있어서 군사를 움직이면 마침내 크게 패하고, 나라를 다스리면 임금이 흉해서 십 년에 이르도록 능히 나가지 못하리라.

상에 말하기를 '회복하는데 헤매서 흉하다'는 것은, 임금의 도에 반대되기 때문이다.

天雷无妄(25)
천뢰무망

乾上 / 震下

无妄은 **元亨**하고 **利貞**하니 **其匪正**이면 **有眚**할새
무망   원형   이정   기비정   유생

不利有攸往하니라.
불리유유왕

* 무망은 크게 형통하고 바르게 함이 이로우니, 바르지 않으면 재앙이 있기 때문에 나아가는 것이 이롭지 않으니라.

彖曰 无妄은 **剛**이 **自外來而爲主於內**하니
단왈 무망   강   자외래이위주어내

動而健하고 **剛中而應**하야 **大亨以正**하니 **天之命也**라.
동이건   강중이응   대형이정   천지명야

其匪正有眚不利有攸往은 **无妄之往**이 **何之矣**리오?
기비정유생불리유유왕   무망지왕   하지의

天命不祐를 **行矣哉**아!
천명불우   행의재

* 단에 말하기를, 무망은 강(양)이 밖으로부터 와서 안에서 주인이 되니, 움직이면서 굳세고, 강건하고 중도로하며 응원이 있어서 바르게 함으로써 크게 형통하니, 하늘이 명령한 것이다. '바르지 못하면 재앙이 있으니 가는 것이 이롭지 않다'는 것은, 무망의 감이 어디로 가리오? 천명이 돕지 않는 것을 행하겠는가!

象曰 天下雷行하야 **物與无妄**하니
상왈 천하뢰행   물여무망

先王이 **以**하야 **茂對時**하야 **育萬物**하니라.
선왕   이   무대시   육만물

* 상에 말하기를 하늘 아래 우레가 쳐서 물건마다 망령됨이 없음을 주니, 선왕이 본받아서 성대하게 때에 대처해서 만물을 기르느니라.

初九는 无妄이니 往에 吉하리라.
초구 무망   왕   길

象曰 无妄之往은 得志也라.
상왈 무망지왕   득지야

* 초구는 망령됨이 없으니, 나아가는데 길하리라.
 상에 말하기를 망령됨이 없이 나아감은, 뜻을 얻으리라.

六二는 不耕하야 穫하며 不菑하야 畬니 則利有攸往하니라.
육이   불경   확   불치   여   즉이유유왕

象曰 不耕穫은 未富也라.
상왈 불경확   미부야

* 육이는 갈지 않고 거두며, 밭을 일구지 않아도 삼 년된 좋은 밭이 되니, 나아가는 것이 이로우니라.
 상에 말하기를 '갈지 않아도 얻음'은, 부유하게 하려 하지 않음이라.

六三은 无妄之災니 或繫之牛하나 行人之得이 邑人之
육삼   무망지재   혹계지우   행인지득   읍인지

災로다. 象曰 行人得牛ㅣ 邑人災也라.
재   상왈 행인득우   읍인재야

* 육삼은 무망의 재앙이니, 혹 소를 끌고 갔으나 행인의 얻음이 읍사람의 재앙이로다.
 상에 말하기를 행인이 소를 얻음이 읍사람의 재앙이다.

九四는 可貞이니 无咎리라.
구사   가정   무구

象曰 可貞无咎는 固有之也일새라.
상왈 가정무구   고유지야

* 구사는 바르고 굳게 할 수 있으니, 허물이 없으리라.
  상에 말하기를 '바르고 굳게 할 수 있어 허물이 없음'은 굳게 지키기 때문이다.

九五는 无妄之疾은 勿藥이면 有喜리라.
구오   무망지질   물약   유희

象曰 无妄之藥은 不可試也니라.
상왈 무망지약   불가시야

* 구오는 무망의 병은 약을 쓰지 않으면 기쁨이 있으리라.
  상에 말하기를 '무망의 약'은 시험하는 것이 옳지 않느니라.

上九는 无妄에 行이면 有眚하야 无攸利하니라.
상구   무망   행   유생   무유리

象曰 无妄之行은 窮之災也라.
상왈 무망지행   궁지재야

* 상구는 망령됨이 없는데 나아가면, 재앙이 있어서 이로움이 없느니라.
  상에 말하기를 '무망의 나아감'은 궁극해져서 재앙이 있는 것이다.

䷙ 艮上 乾下　山天大畜(26)
　　　　　　　산 천 대 축

大畜은 **利貞**하니 **不家食**하면 **吉**하니 **利涉大川**하니라.
대축　　이정　　　불가식　　　길　　　이섭대천

* 대축은 바르고 굳게 함이 이로우니, 집에서 먹지 않으면 길하니, 큰 내를 건넘이 이로우니라(큰 일을 하는데 이롭다).

彖曰 大畜은 **剛健**코 **篤實**코 **輝光**하야 **日新其德**이니
단왈 대축　　강건　　독실　　휘광　　　일신기덕

剛上而尙賢하고 **能止健**이 **大正也**라.
강상이상현　　　능지건　　대정야

不家食吉은 **養賢也**요 **利涉大川**은 **應乎天也**라.
불가식길　　양현야　　이섭대천　　응호천야

* 단에 말하기를 대축은 강건하고 독실하며 빛나서 날로 그 덕을 새롭게 함이니, 강한 것이 위에 올라가 있으니 어진이를 높이는 것이고, 강건한 것을 그치게 할 수 있음이 크게 바르게 하는 것이다. '집에서 먹지 않으면 길함'은 어진이를 기른다는 것이고, '큰 내를 건넘이 이로움'은 하늘의 응원을 받는 것이다.

象曰 天在山中이 **大畜**이니
상왈 천재산중　　대축

君子ㅣ **以**하야 **多識前言往行**하야 **以畜其德**하나니라.
군자　　이　　　다식전언왕행　　　이축기덕

* 상에 말하기를 하늘이 산 속에 있는 것이 대축괘니, 군자가 본받아서 예전의 말과 지나간 행동을 많이 앎으로써 그 덕을 쌓느니라.

初九는 有厲리니 利已니라.
초구　유려　　　이이

象曰 有厲利已는 不犯災也라.
상왈 유려이이　불범재야

* 초구는 위태함이 있으리니, 그치는 것이 이로우니라.

　상에 말하기를 '위태함이 있으리니 그치는 것이 이롭다'는 것은, 재앙을 범하지 않음이라.

九二는 輿說輹이로다.
구이　여탈복

象曰 輿說輹은 中이라 无尤也라.
상왈 여탈복　중　　무우야

* 구이는 수레의 바큇살을 벗김이로다.

　상에 말하기를 '수레의 바큇살을 벗긴다'는 것은 중도로 하기 때문에 허물이 없는 것이다.

九三은 良馬逐이니 利艱貞하니 曰閑輿衛면
구삼　양마축　　이간정　　　일한여위

利有攸往하리라.
이유유왕

象曰 利有攸往은 上이 合志也일새라.
상왈 이유유왕　　상　합지야

* 구삼은 좋은 말로 쫓아감이니, 어렵게 여기고 바르게 함이 이로우니, 날마다 수레 모는 것과 호위하는 것을 익히면 나아가는 것이 이로우리라.

　상에 말하기를 '나아가는 것이 이롭다'는 것은, 윗 사람이 뜻을 합하기 때문이다.

　　※ 원문에는 "왈한여위(曰閑輿衛)"로 되어 있으나, 『정전』이
　　　나 『본의』에 "일한여위(日閑輿衛)"로 읽고 해석해야 맞다고
　　　하였다.

六四는 **童牛之牿**이니 **元吉**하니라.
육사　동우지곡　　　원길

象曰 六四元吉은 **有喜也**라.
상왈 육사원길　　　유희야

* 육사는 송아지의 콧두레니, 크게 착하고 길하니라.
  상에 말하기를 육사가 크게 착하고 길한 것은, 기쁨이 있음이라.

六五는 **豶豕之牙**니 **吉**하니라.
육오　분시지아　　길

象曰 六五之吉은 **有慶也**라.
상왈 육오지길　　　유경야

* 육오는 불 깐 돼지의 어금니니, 길하니라.
  상에 말하기를 '육오의 길함'은 경사가 있음이라.

上九는 **何天之衢**오? **亨**하니라.
상구　하천지구　　　형

象曰 何天之衢는 **道**ㅣ **大行也**라.
상왈 하천지구　　　도　대행야

* 상구는 어찌 하늘의 거리인가? 형통하니라.
  상에 말하기를 '어찌 하늘의 거리인가'는 도가 크게 행해지는 것이다.

  ※ 원문 효사에는 "何天之衢니"로 되어 있던 것을 "何天之衢오"로 고치고, 상전의 "何天之衢오"는 朱子本義에 근거하여 "何天之衢는"으로 수정하였다.

| 艮上 |
| 震下 |

山雷頤(27)
산 뢰 이

頤는 **貞**하면 **吉**하니 **觀頤**하며 **自求口實**이니라.
이 정 길   관이   자구구실

* 이는 바르게 하면 길하니, 길러지는 것을 보며 자신을 기르는 도를 구하느니라.

彖曰 頤貞吉은 **養正則吉也**니
단 왈 이정길   양정즉 길야

觀頤는 **觀其所養也**요 **自求口實**은 **觀其自養也**라.
관 이   관기소양야   자구구실   관기자양야

天地 | 養萬物하며 **聖人**이 **養賢**하야 **以及萬民**하나니
천지   양만물   성인   양현   이급만민

頤之時 | 大矣哉라!
이지시   대의재

* 단에 말하기를 '이가 바르게 하면 길하다'는 것은 바른 것을 기르면 길하다는 것이니, '길러지는 것을 본다'는 것은 남이 길러지는 바를 보는 것이고, '자신을 기르는 도를 구한다'는 것은 자신을 기름을 관찰하는 것이다. 천지가 만물을 기르며, 성인이 어진 이를 길러서 만 백성에게 미치게 하니, 이의 때가 크도다!

象曰 山下有雷 | 頤니
상왈 산하유뢰   이

君子 | 以하야 **愼言語**하며 **節飮食**하나니라.
군자   이   신언어   절음식

* 상에 말하기를 산 아래 우레가 있는 것이 이괘니, 군자가 본받아서 언어를 삼가고 음식을 절제하느니라.

初九는 **舍爾靈龜**하고 **觀我**하야 **朶頤**니 **凶**하니라.
　　초구　　사이영귀　　　　관아　　　　타이　　흉

象曰 觀我朶頤하니 **亦不足貴也**로다.
　상왈 관아타이　　　　역부족귀야

* 초구는 네 신령스러운 거북이를 놓아두고 나를 보고서 턱을 벌림이니, 흉하니라.

　상에 말하기를 '나를 보고서 턱을 벌림'이니, 또한 귀하지 못하도다.

六二는 **顚頤**라 **拂經**이니 **于丘**에 **頤**하야 **征**하면 **凶**하리라.
　　육이　　전이　　불경　　　우구　　　이　　　　정　　　　흉

象曰 六二征凶은 **行**이 **失類也**라.
　상왈 육이정흉　　행　　　실류야

* 육이는 거꾸로 기름이라, 법도에 어긋나니, 언덕(상구)에 기르려해서 가면 흉하리라.

　상에 말하기를 '육이가 가서 흉함'은, 행함이 동류를 잃었기 때문이다.

六三은 **拂頤貞**이라 **凶**하야 **十年勿用**이라 **无攸利**하니라.
　　육삼　　불이정　　　　흉　　　십년물용　　　　무유리

象曰 十年勿用은 **道**ㅣ **大悖也**라.
　상왈 십년물용　　도　　대패야

* 육삼은 기르는 바름을 거스린 것이다. 흉해서 십 년을 쓰지 못한다. 이로운 바가 없느니라.

　상에 말하기를 '십 년을 쓰지 못한다'는 것은, 도가 크게 거스려진 것이다.

六四는 **顚頤**나 **吉**하니 **虎視耽耽**하며 **其欲逐逐**하면
　　육사　　전이　　　길　　　　호시탐탐　　　　　기욕축축

无咎리라.
　무구

象曰 顚頤之吉은 上施ㅣ 光也일새니라.
　상왈 전이지길　　상시　광야

* 육사는 거꾸로 기르나 길하니, 호랑이가 탐탐하게 보는 것 같이 하며, 그 하고자 함을 쫓고 또 쫓으면 허물이 없으리라.
　상에 말하기를 거꾸로 기르는 데 길함은, 윗사람(육사)으로서의 베풀음이 빛나기 때문이다.

六五는 拂經이나 居貞하면 吉하려니와 不可涉大川이니라.
　육오　 불경　　 거정　　 길　　　　불가섭대천

象曰 居貞之吉은 順以從上也일새라.
　상왈 거정지길　　순이종상야

* 육오는 상도에 어긋나나 바르게 거처하면 길하지만, 큰 내를 건널 수는 없느니라.
　상에 말하기를 바른 데 거처해서 길하다는 것은, 순히해서 위를 따르기 때문이다.

上九는 由頤니 厲하면 吉하니 利涉大川하니라.
　상구　 유이니　려　　　 길　　이섭대천

象曰 由頤厲吉은 大有慶也라.
　상왈 유이려길　　대유경야

* 상구는 기름이 있게 하는 자니, 위태롭게 여기면 길하니 큰 내를 건넘이 이로우니라.
　상에 말하기를 '기름이 있게 하는 자니, 위태롭게 여기면 길함'은 크게 경사가 있는 것이다.

☱ 兌上 ☴ 巽下   澤風大過(28)
택풍대과

大過는 棟이 橈니 利有攸往하야 亨하니라.
대과 동 요 이유유왕 형

* 대과는 기둥이 흔들리니, 나아가는 것이 이로와서 형통하니라.

彖曰 大過는 大者ㅣ 過也요 棟橈는 本末이 弱也라.
단왈 대과 대자 과야 동요 본말 약야

剛過而中하고 巽而說行이라.
강과이중 손이열행

利有攸往하야 乃亨하니 大過之時ㅣ 大矣哉라!
이유유왕 내형 대과지시 대의재

* 단에 말하기를 대과는 큰 것이 지나친 것이고, '기둥이 흔들린다'는 것은, 근본과 끝이 약한 것이다. 강한 것이 지나쳤으나 가운데 하였고, 공손하고 기쁨으로 행하기 때문에 나아가는 것이 이로와서 형통하게 되니, 대과의 때가 크도다!

象曰 澤滅木이 大過니
상왈 택멸목 대과

君子ㅣ 以하야 獨立不懼하며 遯世无悶하나니라.
군자 이 독립불구 돈세무민

* 상에 말하기를 못에 물이 많아 오히려 나무를 멸함이 대과니, 군자가 본받아서 홀로 서도 두려워하지 않으며, 세상을 멀리해도 번민하지 않느니라.

初六은 藉用白茅니 无咎하니라.
초육 자용백모 무구

象曰 藉用白茅는 柔在下也라.
상왈 자용백모   유재하야

* 초육은 까는 데 흰 띠를 쓰니, 허물이 없느니라.

 상에 말하기를 '까는 데 흰 띠를 씀'은, 유(柔)가 아래에 있는 것이다.

九二는 枯楊이 生稊하며 老夫ㅣ 得其女妻니
구이   고양   생제   노부   득기여처

无不利하니라.
무불리

象曰 老夫女妻는 過以相與也라.
상왈 노부여처   과이상여야

* 구이는 마른 버들이 뿌리가 나며, 늙은 지아비가 젊은 아내를 얻으니, 이롭지 않음이 없느니라.

 상에 말하기를 '늙은 지아비가 젊은 아내를 얻는 것'은, 지나침으로써 서로 더부는 것이다.

九三은 棟이 橈니 凶하니라.
구삼   동 요 흉

象曰 棟橈之凶은 不可以有輔也일새라.
상왈 동요지흉   불가이유보야

* 구삼은 기둥이 흔들리니, 흉하니라.

 상에 말하기를 '기둥이 흔들려서 흉함'은, 도울 수 없기 때문이다.

九四는 棟隆이니 吉커니와 有它면 吝하리라.
구사   동륭   길   유타   인

象曰 棟隆之吉은 不橈乎下也일새라.
상왈 동륭지길   불요호하야

* 구사는 기둥이 높아짐이니 길하거니와, 다른 것이 있으면 인색하리라.

상에 말하기를 '기둥이 높아져서 길하다'는 것은, 아래에서 흔들리지 않기 때문이다.

九五는 **枯楊**이 **生華**하며 **老婦**ㅣ **得其士夫**니
구오   고양   생화   노부   득기사부

无咎나 **无譽**리라.
무구   무예

象曰 枯楊生華ㅣ **何可久也**며 **老婦士夫**ㅣ
상왈 고양생화   하가구야   노부사부

亦可醜也로다.
역가추야

* 구오는 마른 버들이 꽃을 피우며 늙은 지어미가 젊은 지아비를 얻음이니, 허물이 없으나 명예도 없으리라.
  상에 말하기를 '마른 버들이 꽃을 핀 것'이 어찌 오래갈 수 있으며, '늙은 지어미와 젊은 지아비'도 또한 추한 것이다.

上六은 **過涉滅頂**이라 **凶**하니 **无咎**하니라.
상육   과섭멸정   흉   무구

象曰 過涉之凶은 **不可咎也**니라.
상왈 과섭지흉   불가구야

* 상육은 지나치게 건너다 이마를 멸함이라. 흉하니 허물할 데 없느니라.
  상에 말하길 '지나치게 건너서 흉함'은 허물할 데가 없느니라.

䷜ 坎上 坎下 重水坎(29)
중 수 감

習坎은 **有孚**하야 **維心亨**이니 **行**하면 **有尚**이리라.
습감 유부   유심형   행   유상

* 습감(거듭된 감)은 믿음이 있어서 오직 마음이 형통하니, 나아가면 가상함이 있을 것이다.

彖曰 習坎은 **重險也**니
단왈 습감   중험야

水ㅣ **流而不盈**하며 **行險而不失其信**이니
수   유이불영   행험이불실기신

維心亨은 **乃以剛中也**요 **行有尚**은 **往有功也**라.
유심형   내이강중야   행유상   왕유공야

天險은 **不可升也**요 **地險**은 **山川丘陵也**니
천험   불가승야   지험   산천구릉야

王公이 **設險**하야 **以守其國**하나니 **險之時用**이 **大矣哉**라!
왕공   설험   이수기국   험지시용   대의재

* 단에 말하기를 '습감'은 거듭 험한 것이니, 물이 흘러가되 가득 차지 않으며, 험한 데를 가도 그 믿음을 잃지 않으니, '오직 마음이 형통하다'는 것은, 강하고 중도로 하기 때문이며, '나아가면 가상함이 있다'는 나아가면 공이 있는 것이다.

하늘의 험함은 오를 수 없고, 땅의 험한 것은 산과 내와 언덕이니, 왕(王公)이 험한 것을 설치해서 그 나라를 지키나니, 험한 것의 때와 씀이 크도다!

象曰 水ㅣ **洊至**ㅣ **習坎**이니
상왈 수   천지   습감

君子ㅣ 以하야 常德行하며 習敎事하나니라.
군자 이 상덕행 습교사

* 상에 말하기를 물이 거듭 이르는 것이 습감(감괘)이니, 군자가 본받아서 덕행을 항상하게 하고, 가르치는 일을 계속하느니라.

初六은 習坎에 入于坎窞이니 凶하니라.
초육 습감 입우감담 흉

象曰 習坎入坎은 失道라 凶也라.
상왈 습감입감 실도 흉야

* 초육은 습감에 험한 구덩이로 들어감이니, 흉하니라.
  상에 말하기를 '습감에 구덩이에 들어감'은, 길(道)을 잃은 것이니 흉하다.

九二는 坎에 有險하나 求를 小得하리라.
구이 감 유험 구 소득

象曰 求小得은 未出中也일새라.
상왈 구소득 미출중야

* 구이는 감의 때에 험함이 있으나, 구하는 것을 조금 얻으리라.
  상에 말하기를 '구하는 것을 조금 얻는다'는 것은, 가운데서 나오지 못했기 때문이다.

六三은 來之에 坎坎하며 險에 且枕하야 入于坎窞이니
육삼 래지 감감 험 차침 입우감담

勿用이니라.
물용

象曰 來之坎坎은 終无功也리라.
상왈 래지감감 종무공야

* 육삼은 오고 감에 구덩이와 구덩이며, 험한 것에 또 베개하여 험한 구덩이로 들어가니, 쓰지 말아야 하니라.
  상에 말하기를 '오고 감에 구덩이와 구덩이'라는 것은, 끝내 공이 없을 것이다.

六四는 樽酒와 簋貳를 用缶하고 納約自牖면
육사　준주　궤이　용부　　납약자유

終无咎하리라.
종무구

象日 樽酒簋貳는 剛柔際也일새라.
상왈 준주궤이　강유제야

* 육사는 한 동이의 술과 두 대그릇의 밥을 질그릇을 받침그릇으로 사용하여, 간략하게 드리되 창문(밝음이 통하는 곳)으로부터 하면, 마침내 허물이 없으리라.

상에 말하기를 '한 동이의 술과 두 대그릇의 밥'은 강과 유가 사귀는 것이다.

九五는 坎不盈이니 祗旣平하면 无咎리라.
구오　감불영　　지기평　　무구

象日 坎不盈은 中이 未大也라.
상왈 감불영　중　미대야

* 구오는 구덩이가 차지 못했으니, 이미 평평한 데 이르면 허물이 없으리라.

상에 말하기를 '감불영'은, 중도(中道)가 크지 못한 것이다.

上六은 係用徽纆하야 寘于叢棘하야 三歲라도 不得이니
상육　계용휘묵　　　치우총극　　　삼세　　　부득

凶하니라.
흉

象日 上六失道는 凶三歲也리라.
상왈 상육실도　흉삼세야

* 상육은 노끈으로 묶어서 가시 덩쿨에 두어서, 삼 년이 되도록 얻지 못하니 흉하니라.

상에 말하기를 '상육이 도를 잃음'은 삼 년을 흉할 것이다.

䷝ 離上 / 離下 重火離(30)
중 화 리

離(리)는 **利貞**(이정)하니 **亨**(형)하니 **畜牝牛**(휵빈우)하면 **吉**(길)하리라.

* 리는 바르게 함이 이로우니, 형통하니, 암소를 기르면(온순하게 하면) 길하리라.

彖曰 離(단왈 리)는 **麗也**(리야)니 **日月**(일월)이 **麗乎天**(이호천)하며
百穀草木(백곡초목)이 **麗乎土**(이호토)하니
重明(중명)으로 **以麗乎正**(이리호정)하야 **乃化成天下**(내화성천하)하나니라.
柔(유)ㅣ **麗乎中正故**(이호중정고)로 **亨**(형)하니 **是以畜牝牛吉也**(시이휵빈우길야)라.

* 단에 말하기를 리는 걸리는 것이니, 해와 달이 하늘에 걸리며, 백 가지 곡식과 초목이 땅에 걸리니, 거듭된 밝음으로써 바른 데 걸려서 천하를 변화시키고 이루느니라.
 부드러운 것이 중정한 데 걸린 까닭에 형통하니, 이로써 '암소를 길러서 길한 것'이다.

象曰 明兩(상왈 명량)이 **作離**(작리)하니
大人(대인)이 **以**(이)하야 **繼明**(계명)하야 **照于四方**(조우사방)하나니라.

* 상에 말하기를 밝음이 두 번 함이 리괘를 만드니, 대인이 본받아서 밝음을 이어서 사방을 비추느니라.

初九는 履ㅣ 錯然하니 敬之면 无咎리라.
초구　리　착연　　경지　무구

象曰 履錯之敬은 以辟咎也라.
상왈 이착지경　이피구야

* 초구는 발자취가 뒤섞였으니, 공경하면 허물이 없으리라.
　상에 말하기를 '발자취가 뒤섞여 공경스럽게 하는 것'은, 이로써 허물을 피하는 것이다.

六二는 黃離니 元吉하니라.
육이　황리　원길

象曰 黃離元吉은 得中道也라.
상왈 황리원길　득중도야

* 육이는 누렇게(중도에) 걸림이니, 크게 착하고 길하니라.
　상에 말하기를 '누렇게 걸림이니, 크게 착하고 길함'은 중도를 얻었기 때문이다.

九三은 日昃之離니 不鼓缶而歌면 則大耋之嗟라
구삼　일측지리　불고부이가　즉대질지차

凶하리라.
흉

象曰 日昃之離ㅣ 何可久也리오?
상왈 일측지리　하가구야

* 구삼은 날이 기울어질 때의 걸림이니, 질그릇을 치고 노래하지 않으면 크게 기울어지는 (큰 노인의) 슬픔이 있을 것이다. 흉하리라.
　상에 말하기를 '날이 기울어질 때의 걸림'이 어떻게 오래 갈 수 있겠는가?

九四는 突如其來如라 焚如니 死如며 棄如니라.
구사　돌여기래여　분여　사여　기여

象曰 突如其來如는 无所容也니라.
상왈 돌여기래여　무소용야

* 구사는 갑자기 오는 것이라 타오르니, 죽으며 버리니라.
　상에 말하기를 '갑자기 온다'는 것은 용납될 바 없는 것이다.

六五는 出涕沱若하며 **戚嗟若**이니 **吉**하리라.
육오　출체타약　　척차약　　길

象曰 六五之吉은 離王公也일새라.
상왈 육오지길　이왕공야

* 육오는 눈물 나옴이 물흐르는 듯하며, 슬퍼서 탄식함이니, 길하리라.
　상에 말하기를 '육오의 길함'은 왕(王公)의 자리에 걸렸기 때문이다.

上九는 王用出征이면 **有嘉**니 **折首**코 **獲匪其醜**면
상구　왕용출정　　유가　절수　획비기추

无咎리라.
무구

象曰 王用出征은 以正邦也라.
상왈 왕용출정　이정방야

* 상구는 왕이 나아가서 치면 아름다움이 있을 것이니, 괴수를 끊고, 잡는 것이 그 졸개가 아니면 허물이 없으리라.
　상에 말하기를 '왕이 나아가서 침'은 이로써 나라를 바로하는 것이다.

주역하경

兌上 艮下 澤山咸 (31)
택산함

咸은 亨하니 **利貞**하니 **取女**면 **吉**하리라.
함 형 이정 취녀 길

* 함은 형통하니, 바르게 함이 이로우니, 여자를 취하면 길하리라.

彖曰 咸은 感也니
단왈 함 감야

柔上而剛下하야 **二氣ㅣ 感應以相與**하야
유상이강하 이기 감응이상여

止而說하고 **男下女**라 **是以亨利貞取女吉也**니라.
지이열 남하녀 시이형이정취녀길야

天地ㅣ 感而萬物이 化生하고
천지 감이만물 화생

聖人이 感人心而天下ㅣ 和平하나니
성인 감인심이천하 화평

觀其所感而天地萬物之情을 可見矣리라!
관기소감이천지만물지정 가견의

* 단에 말하기를 함은 느끼는 것이니, 유(上六)가 올라가고 강(九三)은 내려와서, 두 기운이 감응하고 서로 더불어서, 그쳐서 기뻐하고 남자가 여자의 아래에 있다. 이 때문에 '형통하니, 바르게 함이 이로우니, 여자를 취하면 길한 것'이다.

하늘과 땅이 감응해서 만물이 화생하고, 성인이 사람의 마음을 감동시켜 천하가 화평하나니, 그 감응하는 바를 관찰하면 천지와 만물의 뜻을 볼 수 있을 것이다!

象曰 山上有澤이 咸이니
상왈 산상유택　함

君子┃以하야 虛로 受人하나니라.
군자　이　　허　수인

* 상에 말하기를 산 위에 못이 있는 것이 함괘이니, 군자가 본받아서 마음을 비워서 사람을 받아들이니라.

初六은 咸其拇라.
초육　함기무

象曰 咸其拇는 志在外也라.
상왈 함기무　지재외야

* 초육은 엄지 발가락에 느끼는 것이다.
　상에 말하기를 '엄지발가락에 느낌'은 뜻이 바깥에(구사에게) 있음이라.

六二는 咸其腓면 凶하니 居하면 吉하리라.
육이　함기비　흉　　거　　길

象曰 雖凶居吉은 順하면 不害也라.
상왈 수흉거길　순　　불해야

* 육이는 장딴지에 느끼면 흉하니, 머물러 있으면 길하리라.
　상에 말하기를 '비록 흉하나 머물러 있으면 길한 것'은, 순히하면 해롭지 않은 것이다.

九三은 咸其股라. **執其隨**니 **往**하면 **吝**하리라.
구삼　함기고　　집기수　왕　　인

象曰 咸其股는 亦不處也니 **志在隨人**하니
상왈 함기고　역불처야　　지재수인

所執이 下也라.
소집　하야

* 구삼은 넓적다리에 느낌이라. 따르는 데만 집착하니, 가면 인색하리라.

상에 말하기를 '넓적다리에 느낌'은 또한 그쳐있지 않는 것이니, 뜻이 사람을 따르는 데 있으니 집착하는 바가 비천한 것이다.

九四는 **貞**이면 **吉**하야 **悔** | **亡**하리니 **憧憧往來**면
구 사   정   길   회   망   동 동 왕 래

朋從爾思라.
붕 종 이 사

象曰 貞吉悔亡은 **未感害也**요
상 왈 정 길 회 망   미 감 해 야

憧憧往來는 **未光大也**라.
동 동 왕 래   미 광 대 야

* 구사는 바르게 하면 길해서 후회가 없어질 것이니, 자주 자주 가고 오면 벗이 네 뜻을 따르리라.

상에 말하기를 '바르게 하면 길해서 후회가 없다' 함은 느껴서 해가 되지 않는 것이고, '자주 자주 가고 옴'은 빛나고 크지는 못한 것이다.

九五는 **咸其脢**니 **无悔**리라.
구 오   함 기 매   무 회

象曰 咸其脢는 **志末也**일새라.
상 왈 함 기 매   지 말 야

* 구오는 등심에 느낌이니 후회가 없으리라.

상에 말하기를 '등심에 느낌'은, 뜻이 얕고 말초적인 것이기 때문이다.

上六은 **咸其輔頰舌**이라.
상 육   함 기 보 협 설

象曰 咸其輔頰舌은 **滕口說也**라.
상 왈 함 기 보 협 설   등 구 설 야

* 상육은 볼과 뺨과 혀로 느끼는 것이다.

상에 말하기를 '볼과 뺨과 혀에 느낌'은, 입과 말에 오른 것이다.

| 震上 |
| 巽下 |

雷風恒(32)
뇌 풍 항

恒은 **亨**하야 **无咎**하니 **利貞**하니 **利有攸往**하니라.
항   형   무구   이정   이유유왕

* 항은 형통해서 허물이 없으니, 바르고 굳게함이 이로우니, 나아가는 것이 이로우니라.

彖曰 恒은 **久也**니 **剛上而柔下**하고 **雷風**이 **相與**하고
단왈 항 구야   강상이유하   뇌풍 상여

巽而動하고 **剛柔** ㅣ **皆應**이 **恒**이니
손이동   강유   개응 항

恒亨无咎利貞은 **久於其道也**니
항형무구이정   구어기도야

天地之道 ㅣ **恒久而不已也**니라.
천지지도   항구이불이야

利有攸往은 **終則有始也**일새니라.
이유유왕   종즉유시야

日月이 **得天而能久照**하며 **四時** ㅣ **變化而能久成**하며
일월 득천이능구조   사시   변화이능구성

聖人이 **久於其道而天下** ㅣ **化成**하나니
성인 구어기도이천하   화성

觀其所恒而天地萬物之情을 **可見矣**리라!
관 기 소항 이 천지만물지정   가견의

* 단에 말하기를 항은 오래하는 것이니, 강한 것(九四)이 올라가고 유한 것(初六)이 내려오며, 우레와 바람이 서로 더불어 하고, 공손해서 움직이며, 강과 유가 다 응하는 것이 항이니, '항이 형통해서 허물이 없고 굳고 바름이 이롭다' 함은, 그 도에 항구하게 함이

니, 천지의 도가 항구해서 그치지 않느니라. '나아가는 것이 이롭다'는 것은, 마치면 시작이 있기 때문이다. 해와 달이 하늘의 도를 얻어서 오래 비출 수 있으며, 사시가 변화해서 오래도록 만물을 이룰 수 있으며, 성인이 그 도에 항구해서 천하가 교화해서 이루어지니, 그 항구한 바를 보면 천지 만물의 뜻을 볼 수 있을 것이다!

象曰 雷風이 恒이니 君子ㅣ 以하야 立不易方하나니라.
상왈 뇌풍 항 군자 이 입불역방

* 상에 말하기를 우레와 바람이 항괘니, 군자가 본받아서 항구한 도를 확립해 서서 방소를 바꾸지 않느니라.

初六은 浚恒이라 貞하야 凶하니 无攸利하니라.
초육 준항 정 흉 무유리

象曰 浚恒之凶은 始에 求深也일새라.
상왈 준항지흉 시 구심야

* 초육은 항상함을 집착하는 것이다. 고집해서 흉하니, 이로움이 없다.

상에 말하기를 '항상함을 집착해서 흉함'은 처음에 구함을 너무 깊이하기 때문이다.

九二는 悔ㅣ 亡하리라.
구이 회 망

象曰 九二悔亡은 能久中也라.
상왈 구이회망 능구중야

* 구이는 후회가 없어지리라.

상에 말하기를 '구이가 후회가 없어지는 것'은, 중도에 오래할 수 있기 때문이다.

九三은 不恒其德이라 或承之羞니 貞이면 吝하리라.
구삼 불항기덕 혹승지수 정 인

象曰 不恒其德하니 **无所容也**로다.
상왈 불항기덕   무소용야

* 구삼은 그 덕이 항구하지 않음이라. 혹 부끄러움으로 이어질 것이니 고집하면 인색하리라.
  상에 말하기를 그 덕을 항구하게 못하니 용납될 바가 없도다.

九四는 **田无禽**이라.
구사   전무금

象曰 久非其位어니 **安得禽也**리오?
상왈 구비기위   안득금야

* 구사는 사냥하는 데 새가 없음이라. 상에 말하기를 '제자리가 아닌데 오래도록 함'이니 어떻게 새를 얻으리오?

六五는 **恒其德**이면 **貞**하니 **婦人**은 **吉**코 **夫子**는 **凶**하니라.
육오   항기덕   정   부인   길   부자   흉

象曰 婦人은 **貞吉**하니 **從一而終也**일새요
상왈 부인   정길   종일이종야

夫子는 **制義**어늘 **從婦**하면 **凶也**라.
부자   제의   종부   흉야

* 육오는 그 덕을 항구하게 하면 바르니, 부인은 길하고 남편은 흉하니라. 상에 말하기를 부인은 바르게 해서 길하니, 하나를 따라 마치기 때문이고, 남편은 의리로 제어해야 하는데도 부인의 도를 따르면 흉하다.

上六은 **振恒**이니 **凶**하니라.
상육   진항   흉

象曰 振恒在上하니 **大无功也**로다.
상왈 진항재상   대무공야

* 상육은 항상 빠르게 흔들리니, 흉하니라.
  상에 말하기를 항상 빠르게 흔들림으로 위에 있으니, 크게 공이 없도다.

乾上 艮下 天山遯(33)
천 산 돈

遯은 亨하니 小利貞하니라.
돈 형 소리정

* 돈은 형통하니 조금 바르게 함이 이로우니라.

彖曰 遯亨은 遯而亨也나 剛當位而應이라
단왈 돈형 돈이형야 강당위이응

與時行也니라.
여시행야

小利貞은 浸而長也일새니 遯之時義 大矣哉라!
소리정 침이장야 돈지시의 대의재

* 단에 말하기를 '돈이 형통한 것'은 피해서 형통한 것이나, 강한 것이 자리를 마땅하게 해서 응했기 때문이니, 때와 더불어 행하는 것이다. '조금 바르게 함이 이롭다' 함은 음이 침범해서 자라기 때문이니, 돈의 때와 의의가 크도다!

象曰 天下有山이 遯이니
상왈 천하유산 돈

君子 以하야 遠小人호대 不惡而嚴하나니라.
군자 이 원소인 불악이엄

* 상에 말하기를 하늘 아래에 산이 있는 것이 돈괘니, 군자가 본받아서 소인을 멀리하되 악하게 하지 않고 엄하게 하느니라.

初六은 遯尾라 厲하니 勿用有攸往이니라.
초육 돈미 려 물용유유왕

象曰 遯尾之厲는 不往이면 何災也리오!
상왈 돈미지려   불왕   하재야

* 초육은 도망하는 데 꼬리라. 위태하니 나아가지 말 것이니라.
  상에 말하기를 '도망하는 데 꼬리라서 위태함'은, 가지 않으면 무슨 재앙이 있으리오!

六二는 執之用黃牛之革이라. 莫之勝說이니라.
육이   집지용황우지혁   막지승설

象曰 執用黃牛는 固志也라.
상왈 집용황우   고지야

* 육이는 누런 소의 가죽을 잡음이라. 그 굳은 것을 말로 할 수 없느니라.
  상에 말하기를 '누런 소의 가죽을 잡는다'고 함은 뜻을 견고하게 한다는 말이다.

九三은 係遯이라 有疾하야 厲하니 畜臣妾에는 吉하니라.
구삼   계돈   유질   려   흑신첩   길

象曰 係遯之厲는 有疾하야 憊也요
상왈 계돈지려   유질   비야

畜臣妾吉은 不可大事也니라.
흑신첩길   불가대사야

* 구삼은 매이는 돈이라. 병이 있어서 위태하니, 신하와 첩을 기르는 데는 길하니라.
  상에 말하기를 '매이는 돈(遯)이어서 위태하다는 것'은 병이 있어서 고달픈 것이고, '신하와 첩을 기름에는 길하다'는 것은 큰 일을 할 수 없다는 것이다.

九四는 好遯이니 君子는 吉코 小人은 否하나라.
구사   호돈   군자   길   소인   비

象曰 君子는 好遯하고 小人은 否也리라.
상왈 군자   호돈   소인   비야

* 구사는 좋아도 도피하는 것이니, 군자는 길하고 소인은 비색하니라.

상에 말하기를 군자는 좋아도 도피하고, 소인은 비색하리라.

九五는 **嘉遯**이니 **貞**하야 **吉**하니라.
구오   가돈   정   길

象曰 嘉遯貞吉은 **以正志也**라.
상왈 가돈정길   이정지야

* 구오는 아름답게 도피함이니 바르고 굳게 해서 길하니라.

상에 말하기를 '아름답게 도피함이니 바르고 굳게 해서 길함'은 뜻을 바르게 하는 것이다.

上九는 **肥遯**이니 **无不利**하니라.
상구   비돈   무불리

象曰 肥遯无不利는 **无所疑也**라.
상왈 비돈무불리   무소의야

* 상구는 살지게 도피함이니 이롭지 않음이 없느니라.

상에 말하기를 '살지게 도피해서 이롭지 않음이 없음'은, 의심하는 바가 없는 것이다.

震上 乾下 雷天大壯(34)
뇌천대장

大壯은 利貞하니라.
대장   이정

* 대장은 바르고 굳게 함이 이로우니라.

彖曰 大壯은 大者ㅣ 壯也니 剛以動故로 壯하니
단왈 대장   대자 장야   강이동고   장

大壯利貞은 大者ㅣ 正也니
대장이정   대자   정야

正大而天地之情을 可見矣리라!
정대이천지지정   가견의

* 단에 말하기를 대장은 큰 것이 장성한 것이니, 강한 것으로써 움직이기 때문에 장성하니, '대장은 바르고 굳게 함이 이롭다'고 한 것은 큰 것이 바르게 하는 것이니, 바르고 크게 함에 천지의 뜻을 볼 수 있도다!

象曰 雷在天上이 大壯이니
상왈 뇌재천상   대장

君子ㅣ 以하야 非禮弗履하나니라.
군자   이   비례불리

* 상에 말하기를 우레가 하늘 위에 있는 것이 대장괘니, 군자가 본받아서 예가 아니면 밟지 않느니라.

初九는 壯于趾니 征하면 凶이 有孚리라.
초구   장우지   정   흉   유부

象曰 壯于趾하니 **其孚窮也**로다.
상왈 장우지   기부궁야

* 초구는 발꿈치에 장성함이니, 나아가면 흉할 것이 틀림 없으리라.
  상에 말하기를 '발꿈치에 장성함'이니 궁할 것이 틀림없다.

九二는 **貞**하야 **吉**하니라.
구이   정   길

象曰 九二貞吉은 **以中也**라.
상왈 구이정길   이중야

* 구이는 굳고 바르게 해서 길하니라.
  상에 말하기를 '구이가 바르게 해서 길함'은 중도로 했기 때문이다.

九三은 **小人**은 **用壯**이요 **君子**는 **用罔**이니
구삼   소인   용장   군자   용망

貞이면 **厲**하니 **羝羊**이 **觸藩**하야 **羸其角**이로다.
정   려   저양   촉번   이기각

象曰 小人은 **用壯**이요 **君子**는 **罔也**라.
상왈 소인   용장   군자   망야

* 구삼은 소인은 장성함을 쓰고 군자는 업신여김을 쓰니, 고집하면 위태하니, 숫양이 울타리를 받아서 그 뿔이 걸림이로다.
  상에 말하기를 소인은 장성함을 쓰고, 군자는 남을 업신여긴다. (소인은 자신의 장점을 써서 패망하고, 군자는 업신여김으로써 곤해진다.)

九四는 **貞**이면 **吉**하야 **悔** **亡**하리니
구사   정   길   회 망

藩決不羸하며 **壯于大輿之輹**이로다.
번결불리   장우대여지복

象曰 藩決不羸는 尚往也일새라.
상왈 번결불리   상왕야

※ 구사는 바르게 하면 길해서 후회가 없으리니, 울타리가 터져서 걸리지 않으며, 큰 수레의 바퀴살이 건장하도다.

상에 말하기를 '울타리가 터져서 걸리지 않는다' 함은 아직도 가고 있기 때문이다.

六五는 喪羊于易면 无悔리라.
육오   상양우이   무회

象曰 喪羊于易는 位不當也일새라.
상왈 상양우이   위부당야

※ 육오는 장성한 양을 쉬운 방법으로 힘을 잃게 하면 후회가 없으리라.

상에 말하기를 '양을 쉬운 방법으로 해서 힘을 잃게 한다' 함은 자리가 마땅치 않기 때문이다.

上六은 羝羊이 觸藩하야 不能退하며 不能遂하야
상육   저양 촉번   불능퇴   불능수

无攸利니 艱則吉하리라.
무유리 간즉길

象曰 不能退不能遂는 不詳也요
상왈 불능퇴불능수   불상야

艱則吉은 咎不長也일새라.
간즉길 구부장야

※ 상육은 숫양이 울타리를 받아서, 물러날 수도 없으며 나아갈 수도 없어서 이로운 바가 없으니, 어렵게 여겨 대처하면 길하리라.

상에 말하기를 '물러날 수도 없고 나아갈 수도 없는 것'은 헤아리지 못하는 것이고, '어렵게 여겨 대처하면 길함'은 허물이 커지지 않기 때문이다.

離上 坤下 火地晉(35)
화 지 진

晉은 康侯를 用錫馬蕃庶하고 晝日三接이로다.
진 강후 용석마번서 주일삼접

* 진은 나라를 평안히 하고 잘 다스리는 제후에게 말 주는 것을 많이 하고, 하룻날에 세 번 접대하도다.

彖曰 晉은 進也니
단왈 진 진야

明出地上하야 順而麗乎大明하고 柔進而上行이라.
명출지상 순이이호대명 유진이상행

是以康侯用錫馬蕃庶晝日三接也라.
시이강후용석마번서주일삼접야

* 단에 말하기를 진은 나아가는 것이니, 밝은 것이 땅 위로 나와 순해서 크게 밝은 데 걸리고, 유(음)가 나아가 올라간다. 이렇기 때문에 '나라를 평안히 하고 잘 다스리는 제후에게 말 주는 것을 많이 하고, 하룻 날에 세 번 접대하는 것'이다.

象曰 明出地上이 晉이니
상왈 명출지상 진

君子 | 以하야 自昭明德하나니라.
군자 이 자소명덕

* 상에 말하기를 밝은 것이 땅 위로 나오는 것이 진괘니, 군자가 본받아서 스스로 밝은 덕을 밝히느니라.

初六은 晉如摧如에 貞이면 吉하고 罔孚라도 裕면
초육 진여최여 정 길 망부 유

无咎리라.
무구

象曰 晉如摧如는 獨行正也요
상왈 진여최여   독행정야

裕无咎는 未受命也일새라.
유무구   미수명야

* 초육은 나아가거나 물러남에 바르게 하면 길하고, 믿지 않더라도 너그럽게 하면 허물이 없으리라.

　상에 말하기를 '나아가고 물러남'은 홀로 바름을 행하는 것이고, '넉넉하게 하면 허물이 없다'는 것은 관직의 명을 받지 않았기 때문이다.

六二는 晉如ㅣ 愁如나 貞이면 吉하리니
 육이   진여   수여   정   길

受茲介福于其王母리라.
수자개복우기왕모

象曰 受茲介福은 以中正也라.
상왈 수자개복   이중정야

* 육이는 나아가는 것이 근심스러우나 곧고 바르게 하면 길하리니, 큰 복을 왕모(할머니)에게서 받으리라.

　상에 말하기를 '큰 복을 받는다'는 것은 중정하기 때문이다.

六三은 衆允이라 悔ㅣ 亡하니라.
육삼   중윤   회   망

象曰 衆允之志는 上行也라.
상왈 중윤지지   상행야

* 육삼은 무리가 믿음이라. 뉘우침이 없어지느니라.

　상에 말하기를 무리가 믿는 뜻은 위로 가는 것이다.

九四는 晉如ㅣ 鼫鼠니 貞이면 厲하리라.
구사   진여   석서   정   려

象曰 鼫鼠貞厲는 位不當也일새라.
상왈 석서정려   위부당야

* 구사는 나아가는 것이 다람쥐니 고집부리면 위태하리라.
  상에 말하기를 '석서정려'는 위(位)가 마땅치 않기 때문이다.

六五는 悔l 亡하란대 失得을 勿恤이니 往애 吉하야
육오   회 망   실득   물휼   왕 길

无不利리라.
무불리

象曰 失得勿恤은 往有慶也리라.
상왈 실득물휼   왕유경야

* 육오는 뉘우침이 없을 것이니, 잃고 얻음을 걱정하지 말아야 하니, 나아가면 길해서 이롭지 않음이 없으리라.
  상에 말하기를 '잃고 얻음을 걱정하지 말음'은 나아가면 경사가 있으리라.

上九는 晉其角이니 維用伐邑이면
상구   진기각   유용벌읍

厲하나 吉코 无咎어니와 貞엔 吝하니라.
려   길 무구   정   인

象曰 維用伐邑은 道未光也일새라.
상왈 유용벌읍   도미광야

* 상구는 그 뿔끝에 나아감이니, 오직 읍(사사로움)을 치는 데 쓰면 위태하나 길하고 허물이 없거니와, 바름에는 인색하니라.
  상에 말하기를 '오직 읍을 치는 데 쓰라'는 것은, 도가 빛나지 못하기 때문이다.

☷ 坤上 ☲ 離下 地火明夷(36)
지화명이

明夷는 利艱貞하니라.
명이 이간정

* 명이는 어려운 처지에서 바르게 함이 이로우니라.

彖曰 明入地中이 **明夷**니
단왈 명입지중 명이

內文明而外柔順하야 **以蒙大難**이니 **文王**이 **以之**하니라.
내문명이외유순   이몽대난   문왕 이지

利艱貞은 **晦其明也**라.
이간정 회기명야

內難而能正其志니 **箕子** l **以之**하니라.
내난이능정기지   기자 이지

* 단에 말하기를 밝은 것이 땅 속에 들어가는 것이 명이니, 안은 문명하고 바깥은 유순하게 해서 큰 환난을 무릅쓰니, 문왕이 그렇게 하니라. '어려운 처지에서 바르게 함이 이로움'은 그 밝음을 감추는 것이다. 안이 어려운데도 그 뜻을 바르게 할 수 있으니, 기자가 그렇게 하니라.

象曰 明入地中이 **明夷**니
상왈 명입지중 명이

君子 l **以**하야 **莅衆**에 **用晦而明**하나니라.
군자 이   이중 용회이명

* 상에 말하기를 밝은 것이 땅 속으로 들어가는 것이 명이괘니, 군자가 본받아서 뭇 사람에게 임할 때 어두움을 써서 밝게 하느니라.

初九는 明夷于飛에 垂其翼이니
초구　명이우비　수기익

君子于行에 三日不食하야 有攸往에 主人이 有言이로다.
군자우행　삼일불식　유유왕　주인　유언

象曰 君子于行은 義不食也라.
상왈 군자우행　의불식야

* 초구는 명이가 나는 데 그 날개를 드리움이니, 군자가 (녹을 버리고) 가는데 사흘을 먹지 못해서 간다고 함에 주인이 말이 있도다.

　상에 말하기를 '군자가 감'은 의리가 녹을 먹지 아니함이라.

六二는 明夷에 夷于左股니 用拯馬 ㅣ 壯하면 吉하리라.
육이　명이　이우좌고　용증마　장　길

象曰 六二之吉은 順以則也일새라.
상왈 육이지길　순이칙야

* 육이는 명이의 때에 왼 다리를 상함이니, 구원하는 말이 건장하면 길하리라.

　상에 말하기를 육이의 길함은, 순리로 하고 법칙으로써 하기 때문이다.

九三은 明夷于南狩하야 得其大首니 不可疾貞이니라.
구삼　명이우남수　득기대수　불가질정

象曰 南狩之志를 乃大得也로다.
상왈 남수지지　내대득야

* 구삼은 명이의 때에 남쪽으로 사냥해서 그 큰 머리(괴수)를 얻으니, 빨리 바르게 할 수 없느니라.

　상에 말하기를 남쪽으로 사냥하는 뜻을 크게 얻도다.

六四는 入于左腹하야 獲明夷之心하야 于出門庭이로다.
육사　입우좌복　획명이지심　우출문정

象曰 入于左腹은 獲心意也라.
상왈 입우좌복 획심의야

* 육사는 왼쪽 배에 들어가서 명이의 임금의 마음을 얻어서 문뜰로 나오도다.

상에 말하기를 '왼쪽 배에 들어간다' 함은, 임금의 마음과 뜻을 얻음이라.

六五는 箕子之明夷니 利貞하니라.
육오 기자지명이 이정

象曰 箕子之貞은 明不可息也라.
상왈 기자지정 명불가식야

* 육오는 기자의 밝음을 상하게 함이니, 바르게 함이 이로우니라.

상에 말하기를 기자의 바름은, 밝음은 쉴(없어질) 수 없느니라.

上六은 不明하야 **晦**니 **初登于天**하고 **後入于地**로다.
상육 불명 회 초등우천 후입우지

象曰 初登于天은 照四國也요 後入于地는 失則也라.
상왈 초등우천 조사국야 후입우지 실칙야

* 상육은 밝지 않아서 그믐이니, 처음엔 하늘에 오르고 뒤에는 땅으로 들어가도다.

상에 말하기를 '처음엔 하늘에 올랐다'는 것은 사방의 나라를 비춤이고, '뒤에는 땅으로 들어갔다'는 것은 법칙을 잃음이라.

䷤ 巽上 離下 風火家人(37)
풍 화 가 인

家人은 **利女貞**하니라.
가인   이여정

* 가인은 여자가 바르게 함이 이로우니라.

彖曰 家人은 **女ㅣ 正位乎內**하고 **男**이 **正位乎外**하니
단왈 가인   여   정위호내   남   정위호외

男女正이 **天地之大義也**라.
남녀정   천지지대의야

家人이 **有嚴君焉**하니 **父母之謂也**라.
가인   유엄군언   부모지위야

父父子子兄兄弟弟夫夫婦婦而家道ㅣ 正하리니
부부자자형형제제부부부부이가도   정

正家而天下ㅣ 定矣리라.
정가이천하   정의

* 단에 말하기를 가인은 여자가 안에서 자리를 바로하고 남자가 밖에서 자리를 바로하니, 남자와 여자가 바르게 하는 것이 하늘과 땅의 큰 뜻이다. 가인이 엄한 어른이 있으니 부모를 말한 것이다. 아비는 아비답고, 자식은 자식답고, 형은 형답고, 아우는 아우답고, 지아비는 지아비답고, 지어미는 지어미다워야 집안의 도가 바르게 되리니, 집안이 바르게 되면 천하가 정해지리라.

象曰 風自火出이 **家人**이니
상왈 풍자화출   가인

君子ㅣ 以하야 **言有物而行有恒**하나니라.
군자   이   언유물이행유항

* 상에 말하기를 바람이 불로부터 나오는 것이 가인괘니, 군자가 본받아서 말함에 물건(진실)이 있고 행동함에 항상함이 있느니라.

初九는 閑有家면 悔ㅣ 亡하리라.
초구 한유가   회 망

象曰 閑有家는 志未變也라.
상왈 한유가   지미변야

* 초구는 집에서 법도로써 막고 익히면 후회가 없어지리라.

　상에 말하기를 '집에서 법도로써 막고 익힘'은 뜻이 변하지 않은 것이다.

六二는 无攸遂요 在中饋면 貞吉하리라.
육이   무유수   재중궤   정길

象曰 六二之吉은 順以巽也일새라.
상왈 육이지길   순이손야

* 육이는 이루는 바가 없고 집안에서 음식을 잘 먹이면 바르고 길하리라.

　상에 말하기를 육이의 길함은 순하고 공손함으로써 하기 때문이다.

九三은 家人이 嗃嗃하니 悔厲나 吉하니
구삼   가인   학학   회려 길

婦子ㅣ 嘻嘻면 終吝하리라.
부자   희희   종린

象曰 家人嗃嗃은 未失也요 婦子嘻嘻는 失家節也라.
상왈 가인학학   미실야   부자희희   실가절야

* 구삼은 가인이 엄하게 하니 너무 엄하게 한 후회는 있으나 길하니, 부녀자가 희희덕거리면 마침내 인색하리라.

　상에 말하기를 '가인이 엄하게 함'은 법도를 잃지 않음이고, '며느리가 희희덕거림'은 집의 절도를 잃음이다.

六四는 富家니 大吉하니라.
육사 부가   대길

象曰 富家大吉은 順在位也일새라.
상왈 부가대길 순재위야

* 육사는 집을 부유하게 하니 크게 길하니라.

 상에 말하기를 '집을 부유하게 하니 크게 길함'은 일을 순리로 하면서 위(位)에 있기 때문이다.

九五는 王假有家니 勿恤하야 吉하리라.
구오   왕격유가   물휼   길

象曰 王假有家는 交相愛也라.
상왈 왕격유가   교상애야

* 구오는 왕이 가도(家道)를 세움에 지극함이니 근심하지 않아서 길하리라.

 상에 말하기를 '왕이 가도(家道)를 세움에 지극함'은 서로 사귀어 사랑하는 것이다.

上九는 有孚코 威如면 終吉하리라.
상구   유부   위여   종길

象曰 威如之吉은 反身之謂也라.
상왈 위여지길   반신지위야

* 상구는 믿음있고 위엄있게 하면 마침내 길하리라.

 상에 말하기를 '위엄있게 해서 길함'은 자기 몸을 반성함을 말함이다.

| 離上
| 兌下

火澤睽(38)
화 택 규

睽는 小事는 吉하리라.
규　소사　길

* 규는 작은 일은 길하리라.

彖曰 睽는 火動而上하고 澤動而下하며
단왈 규　화동이상　　택동이하

二女ㅣ 同居하나 其志ㅣ 不同行하니라.
이녀　동거　　기지　부동행

說而麗乎明하고 柔ㅣ 進而上行하야
열이이호명　　유　진이상행

得中而應乎剛이라 是以小事吉이니라.
득중이응호강　　시이소사길

天地ㅣ 睽而其事ㅣ 同也며 男女ㅣ 睽而其志ㅣ 通也며
천지　규이기사　동야　남녀　규이기지　통야

萬物이 睽而其事ㅣ 類也니 睽之時用이 大矣哉라!
만물　규이기사　류야　규지시용　대의재

* 단에 말하기를 규는 불이 움직여 올라가고 못은 움직여 내려오며, 두 여자가 같이 사나 그 뜻이 한 가지로 같지 않느니라. 기뻐하면서 밝은 데 걸려있고, 유(六五)가 나아가 위로 가서 중을 얻어 강(九二)에 응했다. 이 때문에 '작은 일은 길함'이 되느니라.

　하늘과 땅이 어긋나도 그 일은 같으며, 남자와 여자가 어긋나도 그 뜻은 통하며, 만물이 어긋나도 그 일은 같으니, 규의 때와 쓰임이 크도다!

象曰 上火下澤이 睽니 君子ㅣ 以하야 同而異하나니라.
상왈 상화하택 규 군자 이 동이이

* 상에 말하기를 위에는 불이 있고 아래는 못이 있는 것이 규괘니, 군자가 본받아서 같이 하되 다르게 하느니라.

初九는 悔ㅣ 亡하니 喪馬하고 勿逐하야도 自復이니
초구 회 망 상마 물축 자복

見惡人하면 无咎리라. 象曰 見惡人은 以辟咎也라.
견악인 무구 상왈 견악인 이피구야

* 초구는 후회가 없어지니, 말을 잃고 쫓지 않아도 스스로 회복하니, 악한 사람을 만나면 허물이 없으리라.

 상에 말하기를 '악한 사람을 만남'은 그렇게 함으로써 허물을 피하는 것이다.

九二는 遇主于巷하면 无咎리라.
구이 우주우항 무구

象曰 遇主于巷이 未失道也라.
상왈 우주우항 미실도야

* 구이는 임금을 골목에서 만나면 허물이 없으리라.

 상에 말하기를 '임금을 골목에서 만남'이 도를 잃음이 아니다.

六三은 見輿曳코 其牛ㅣ 掣며 其人이 天且劓니
육삼 견여예 기우 체 기인 천차의

无初코 有終이리라.
무초 유종

象曰 見輿曳는 位不當也요 无初有終은 遇剛也일새라.
상왈 견여예 위부당야 무초유종 우강야

* 육삼은 수레를 당기고 그 소가 받으며, 그 사람이 머리를 깎이고 또 코베임을 보니, 처음은 없고 마침은 있으리라.

 상에 말하기를 '수레가 당겨짐'은 자리가 마땅하지 않은 것이고, '처음은 없고 마침은 있음'은 강한 이를 만났기 때문이다.

九四는 睽孤하야 遇元夫하야 交孚니 厲하나 无咎리라.
구사   규고   우원부   교부   려   무구

象曰 交孚无咎는 志行也리라.
상왈 교부무구   지행야

* 구사는 어긋남에 외로워서 착한 지아비를 만나서 미덥게 사귐이니, 위태하나 허물이 없으리라.
  상에 말하기를 '미덥게 사귀어서 허물이 없음'은 뜻이 행해지리라.

六五는 悔亡하니 厥宗이 噬膚면 往에 何咎리오?
육오   회망   궐종   서부   왕   하구

象曰 厥宗噬膚는 往有慶也리라.
상왈 궐종서부   왕유경야

* 육오는 후회가 없어지니, 어진 사람(구이)이 뜻을 합해서 정치를 하면 나아감에 무슨 허물이 있으리오.
  상에 말하기를 '어진 사람이 뜻을 합쳐서 정치를 함'은 감에 경사가 있으리라.

上九는 睽孤하야 見豕負塗와 載鬼一車라.
상구   규고   견시부도   재귀일거

先張之弧라가 後說之弧하야 匪寇라 婚媾니 往遇雨하면
선장지호   후탈지호   비구   혼구   왕우우

則吉하리라.
즉길

象曰 遇雨之吉은 群疑l 亡也라.
상왈 우우지길   군의   망야

* 상구는 어긋남에 외로워서, 돼지가 진흙을 짊어진 것과 귀신을 한 수레 실은 것을 봄이라. 먼저 활을 멕였다가 뒤에 활을 벗겨서, 도적질 하려는 것이 아니라 혼인을 하자는 것이니, 나아가서 비를 만나면(의심이 풀려 화합하면) 길하리라.
  상에 말하기를 '비를 만나 길함'은 뭇 의심이 없어짐이라.

䷦ 坎上 艮下 水山蹇(39)
수 산 건

蹇은 利西南하고 **不利東北**하며 **利見大人**하니
건　이서남　　　 불리동북　　　 이견대인

貞이면 **吉**하리라.
정　　길

* 건은 서남이 이롭고 동북은 이롭지 않으며, 대인을 봄이 이로우니, 바르게 하면 길하리라.

彖曰 蹇은 難也니 **險在前也**니 **見險而能止**하니 **知矣哉**라
단왈 건　난야　　 험재전야　　　 견험이능지　　　 지의재

蹇利西南은 往得中也요 **不利東北은 其道ㅣ 窮也**요
건이서남　 왕득중야　　 불리동북　 기도　 궁야

利見大人은 往有功也요 **當位貞吉은 以正邦也**니
이견대인　 왕유공야　　 당위정길　 이정방야

蹇之時用이 大矣哉라!
건지시용　 대의재

* 단에 말하기를 건은 어려움이니, 험함이 앞에 있음이니, 험한 것을 보고 그칠 수 있으니 지혜롭도다! '건이 서남쪽이 이롭다'는 것은 나아가서 중을 얻은 것이고, '동북쪽이 이롭지 않다'는 것은 그 도가 궁한 것이며, '대인을 봄이 이롭다'는 것은 가서 공이 있음이고, 지위가 마땅해서 '바르게 하면 길함'은 나라를 바르게 함이니, 건의 때와 쓰임이 크도다!

象曰 山上有水ㅣ 蹇이니 **君子ㅣ 以**하야 **反身脩德**하나니라.
상왈 산상유수　 건　　 군자　 이　　　 반신수덕

* 상에 말하기를 산 위에 물이 있는 것이 건괘니, 군자가 본받아

서 몸을 반성하고 덕을 닦느니라.

初六은 往하면 蹇코 來하면 譽리라.
초육   왕   건   래   예

象日 往蹇來譽는 宜待也니라.
상왈 왕건래예   의대야

* 초육은 나아가면 어렵고 오면 명예로우리라.

 상에 말하기를 '나아가면 험난하고 오면 명예로움'은, 마땅히 기다려야 하는 것이니라.

六二는 王臣蹇蹇이 匪躬之故라.
육이   왕신건건   비궁지고

象日 王臣蹇蹇은 終无尤也리라.
상왈 왕신건건   종무우야

* 육이는 왕의 신하가 건의 때에 어려움이 자기 때문에 그런 것이 아니다.

 상에 말하기를 '왕의 신하가 건의 때에 어려움'은, 마침내 허물이 없으리라.

九三은 往하면 蹇코 來하면 反이리라.
구삼   왕   건   래   반

象日 往蹇來反은 內ㅣ 喜之也일새라.
상왈 왕건래반   내   희지야

* 구삼은 나아가면 어렵고 아래로 오면 돌아오리라.

 상에 말하기를 '나아가면 어렵고 아래로 오면 돌아온다'는 것은, 안에 있는 사람이 기뻐하기 때문이다.

六四는 往하면 蹇코 來하면 連이리라.
육사   왕   건   래   연

象日 往蹇來連은 當位ㅣ 實也일새라.
상왈 왕건래연   당위   실야

* 육사는 나아가면 어렵고 오면 연합되리라.

상에 말하기를 '나아가면 어렵고 오면 연합된다'는 것은, 당한 위(位)가 성실한 자리이기 때문이다.

九五는 **大蹇**에 **朋來**로다.
구오 대건 붕래

象曰 大蹇朋來는 **以中節也**라.
상왈 대건붕래 이중절야

* 구오는 크게 어려움에 벗이 오도다.

상에 말하기를 '크게 어려움에 벗이 옴'은 중정(中正)한 절도로 하기 때문이다.

上六은 **往**하면 **蹇**코 **來**하면 **碩**이라 **吉**하리니
상육 왕   건 래   석   길

利見大人하니라.
이견대인

象曰 往蹇來碩은 **志在內也**요
상왈 왕건래석 지재내야

利見大人은 **以從貴也**라.
이견대인 이종귀야

* 상육은 나가면 어렵고 오면 커져서 길하리니, 대인을 봄이 이로우니라.

상에 말하기를 '나가면 어렵고 오면 크다'는 것은 뜻이 안에 있음이고, '대인을 봄이 이로움'은 귀한 것을 따르는 것이다.

䷧ 震上 坎下 雷水解(40)
뇌 수 해

解는 利西南하니 无所往이라 其來復이 吉하니
해   이서남   무소왕   기래복   길

有攸往이어든 夙하면 吉하리라.
유유왕   숙   길

* 해는 서남쪽이 이로우니 갈 바가 없기 때문에 와서 회복함이 길하니, 갈 바가 있거든 일찍하면 길하리라.

彖曰 解는 險以動이니 動而免乎險이 解라.
단왈 해   험이동   동이면호험   해

解利西南은 往得衆也요 其來復吉은 乃得中也요
해이서남   왕득중야   기래복길   내득중야

有攸往夙吉은 往有功也라.
유유왕숙길   왕유공야

天地ㅣ 解而雷雨ㅣ 作하고 雷雨ㅣ 作而百果草木이
천지   해이뇌우   작   뇌우   작이백과초목

皆甲坼하나니 解之時ㅣ 大矣哉라!
개갑탁   해지시   대의재

* 단에 말하기를 해는 험한 데서 움직이니, 움직여 험한 것을 면하는 것이 해괘다. '해가 서남쪽이 이롭다'는 것은 가서 무리를 얻음이고, '기래복길'은 중을 얻음이며, '갈 바가 있거든 일찍하면 길함'은 가서 공이 있음이라.

　하늘과 땅이 풀림에 우레와 비가 일어나고, 우레와 비가 일어남에 백 가지 과실과 초목이 모두 열려 터지나니, 해의 때가 크도다!

象曰 雷雨作이 解니 君子ㅣ 以하야 赦過宥罪하나니라.
상왈 뇌우작 해 군자 이   사과유죄

* 상에 말하기를 우레와 비가 일어나는 것이 해괘니, 군자가 본받아서 허물을 용서해주고 죄를 감해주느니라.

初六은 无咎하니라.
초육   무구

象曰 剛柔之際라 義无咎也니라.
상왈 강유지제 의무구야

* 초육은 허물이 없느니라.
  상에 말하기를 강(양)과 유(음)가 사귐이다. 의리가 허물이 없느니라.

九二는 田獲三狐하야 得黃矢니 貞하야 吉토다.
구이   전획삼호   득황시 정   길

象曰 九二貞吉은 得中道也일새라.
상왈 구이정길   득중도야

* 구이는 사냥해서 세 마리 여우를 잡아서 누런 화살을 얻으니, 곧고 바르게 해서 길하도다.
  상에 말하기를 '구이가 바르게 해서 길함'은, 중도를 얻었기 때문이다.

六三은 負且乘이라 致寇至니 貞이라도 吝이리라.
육삼   부차승   치구지   정   인

象曰 負且乘이 亦可醜也며 自我致戎이어니
상왈 부차승   역가추야   자아치융

又誰咎也리오?
우수구야

* 육삼은 지고 또 탐이라. 도적 옴을 이루게했으니 바르더라도 인색하리라.
  상에 말하기를 '등에 지고 또 탐'이 또한 추하며, 자기로부터 도

적을 이루게 했으니 또 누구를 허물하리오?

九四는 解而拇면 朋至하야 斯孚리라.
  구사   해이무   붕지   사부

象曰 解而拇는 未當位也일새라.
 상왈 해이무   미당위야

* 구사는 너의 엄지 발가락(초육을 말함)을 풀면 벗이 와서 믿으리라.

  상에 말하기를 '너의 엄지 발가락을 풀라'는 것은 자리가 마땅치 않기 때문이다.

六五는 君子ㅣ 維有解면 吉하니 有孚于小人이리라.
  육오   군자 유유해   길   유부우소인

象曰 君子有解는 小人의 退也라.
 상왈 군자유해   소인 퇴야

* 육오는 군자가 오직 풀음이 있으면 길하니, 소인을 처리하는 데서 믿음(증험됨)이 있으리라.

  상에 말하기를 '군자의 풀음이 있음'은 소인이 물러가는 것이다.

上六은 公用射隼于高墉之上하야 獲之니 无不利로다.
  상육   공용석준우고용지상   획지   무불리

象曰 公用射隼은 以解悖也라.
 상왈 공용석준   이해패야

* 상육은 공이 새매를 높은 담 위에서 쏘아서 잡으니, 이롭지 않음이 없도다.

  상에 말하기를 '공이 새매를 쏨'은 거스림을 푸는 것이다.

山澤損(41) 산택손

艮上
兌下

損은 有孚면 元吉코 无咎하야 可貞이라.
손 유부 원길 무구 가정

利有攸往하니 曷之用이리오? 二簋ㅣ 可用享이니라.
이유유왕 갈지용 이궤 가용향

* 손은 믿음이 있으면 크게 착하고 길하며 허물이 없어서, 바르고 굳게 할 수 있다. 나아가는 것이 이로우니, 무엇을 쓰리오? 두 대그릇으로 제사에 쓸 수 있느니라.

彖曰 損은 損下益上하야 其道ㅣ 上行이니
단왈 손 손하익상 기도 상행

損而有孚면 元吉无咎可貞利有攸往이니
손이유부 원길무구가정이유유왕

曷之用二簋可用享은 二簋ㅣ 應有時며
갈지용이궤가용향 이궤 응유시

損剛益柔ㅣ 有時니 損益盈虛를 與時偕行이니라.
손강익유 유시 손익영허 여시해행

* 단에 말하기를 손은 아래를 덜어서 위에 더해서 그 도가 위로 행함이니, 더는 데 믿음이 있으면 '크게 착하고 길하며 허물이 없어서, 바르고 굳게 할 수 있다. 나아가는 것이 이로움'이니, '무엇을 쓰리오?

두 대그릇으로 제사에 쓸 수 있다'는 것은, 두 대그릇으로 간략하게 함이 마땅한 때가 있으며, 강을 덜어서 유한 것에 더함이 때가 있으니, 덜고 보태며 채우고 비움을 때와 더불어 함께 행하는 것이다.

象曰 山下有澤이 **損**이니
상왈 산하유택　손

君子│以하야 **懲忿窒欲**하나니라.
군자　이　　징분질욕

* 상에 말하기를 산 아래 못이 있는 것이 손괘니, 군자가 본받아서 성냄을 징계하고 욕심을 막느니라.

初九는 **巳事**어든 **遄往**이라아 **无咎**리니 **酌損之**니라.
초구　　이사　　천왕　　　　무구　　　작손지

象曰 巳事遄往은 **尙合志也**일새라.
상왈 이사천왕　 상합지야

* 초구는 일을 마치거든 빨리 그 자리를 떠나야 허물이 없으리니, 참작하여 더느니라.
　상에 말하기를 '일을 마치거든 빨리 그 자리를 떠남'은 위와 뜻을 합하기 때문이다.

九二는 **利貞**코 **征**이면 **凶**하니 **弗損**이라아 **益之**리라.
구이　　이정　　정　　　흉　　　불손　　　　익지

象曰 九二利貞은 **中以爲志也**라.
상왈 구이이정　 중이위지야

* 구이는 바르고 굳게 함이 이롭고, 나아가면 흉하니, 덜지 말아야 더하게 하는 것이리라.
　상에 말하기를 '구이가 바르게 함이 이로운 것'은 중도로써 뜻을 삼음이라.

六三은 **三人行**엔 **則損一人**코 **一人行**엔 **則得其友**로다.
육삼　　삼인행　 즉손일인　　일인행　　즉득기우

象曰 一人行은 **三**이면 **則疑也**리라.
상왈 일인행　　삼　　　즉의야

* 육삼은 세 사람이 감에는 한 사람을 덜고, 한 사람이 감엔 그 벗을 얻도다.

상에 말하기를 '한 사람이 감'은, 셋이면 의심하리라.

六四는 損其疾호대 使遄이면 有喜하야 无咎리라.
육사 손기질 사천 유희 무구

象曰 損其疾하니 亦可喜也로다.
상왈 손기질 역가희야

* 육사는 그 병을 덜되, 빨리하게 하면 기쁨이 있어서 허물이 없으리라.

상에 말하기를 '그 병을 더니' 역시 기뻐할 만하다.

六五는 或益之면 十朋之라.
육오 혹익지 십붕지

龜도 弗克違하리니 元吉하니라.
귀 불극위 원길

象曰 六五元吉은 自上祐也라.
상왈 육오원길 자상우야

* 육오는 혹 더하면 열사람의 벗이 더한다. 거북점도 어기지 못하리니 크게 착하고 길하니라.

상에 말하기를 '육오가 크게 착하고 길함'은 위로부터 돕는 것이다.

上九는 弗損코 益之면 无咎코 貞吉하니 利有攸往이니
상구 불손 익지 무구 정길 이유유왕

得臣이 无家리라.
득신 무가

象曰 弗損益之는 大得志也라.
상왈 불손익지 대득지야

* 상구는 덜지 말고 더하면 허물이 없고, 바르고 길하니, 나아가는 것이 이로우니, 신하를 얻음이 일정한 집(원근과 친소)이 없으리라.

상에 말하기를 '덜지 않고 더함'은 크게 뜻을 얻은 것이다.

䷩ 巽上 震下 風雷益(42)
풍 뢰 익

益은 利有攸往하며 **利涉大川**하니라.
익 이유유왕   이섭대천

* 익은 나아가는 것이 이로우며, 큰 내를 건넘이 이로우니라.

彖曰 益은 損上益下하니 **民說无疆**이요
단왈 익 손상익하   민열무강

自上下下하니 **其道ㅣ 大光**이라.
자상하하   기도 대광

利有攸往은 中正하야 **有慶**이요
이유유왕 중정   유경

利涉大川은 木道ㅣ 乃行이라.
이섭대천 목도 내행

益은 動而巽하야 **日進无疆**하며 **天施地生**하야
익 동이손   일진무강   천시지생

其益이 无方하니 **凡益之道 與時偕行**하나니라.
기익 무방   범익지도 여시해행

* 단에 말하기를 익괘는 위를 덜어서 아래에 더하니 백성의 기뻐함이 끝이 없고, 위로부터 아래로 내려오니 그 도가 크게 빛남이라. '나아가는 것이 이로움'은 중정해서 경사가 있는 것이고, '큰 내를 건넘이 이로움'은 익(益)의 도가 행해짐이라. 익은 움직이고 겸손해서 날로 나아감이 끝이 없으며, 하늘은 베풀고 땅은 낳아서 그 유익함이 방소가 없으니, 무릇 익의 도는 때와 더불어 함께 행하느니라.

象曰 風雷ㅣ 益이니
상왈 풍뢰   익

君子ㅣ 以하야 **見善則遷**하고 **有過則改**하나니라.
군자 이   견선즉천   유과즉개

* 상에 말하기를 바람과 우레가 익괘니, 군자가 본받아서 착한 것을 보면 옮겨가고 허물이 있으면 고치느니라.

初九는 利用爲大作이니 **元吉**이라아 **无咎**리라.
초구   이용위대작   원길   무구

象曰 元吉无咎는 下ㅣ 不厚事也일새라.
상왈 원길무구   하 불후사야

* 초구는 크게 일을 하는 것이 이로우니, 크게 착하게 해서 길해야 허물이 없으리라.
　상에 말하기를 '크게 착하게 해서 길해야 허물이 없음'은, 아랫사람은 중대한 일을 할 수 없기 때문이다.

六二는 或益之면 **十朋之**라.
육이   혹익지   십붕지

龜도 弗克違나 **永貞**이면 **吉**하니 **王用享于帝**라도 **吉**하리라.
귀   불극위   영정   길   왕용향우제   길

象曰 或益之는 自外來也라.
상왈 혹익지   자외래야

* 육이는 혹 더하면 열 벗이 더한다. 거북점도 어기지 못하나 영원토록 바르게 하면 길하니, 왕이 상제께 제사 지내더라도 길하리라.
　상에 말하기를 '혹 더함'은 밖으로부터 오는 것이다.

六三은 益之用凶事엔 **无咎**어니와
육삼   익지용흉사   무구

有孚中行이라아 **告公用圭**리라.
유부중행   고공용규

象曰 益用凶事는 固有之也일새라.
상왈 익용흉사   고유지야

* 육삼은 더해줌을 흉한 일에 쓰는 것은 허물이 없으려니와, 믿음이 있고 중도로 행해야 공(윗사람)에게 고하는데 도장을 쓰듯 하리라.

상에 말하기를 '더해줌을 흉한 일에 쓰는 것'은 전적으로 맡기는 것이기 때문이다.

六四는 中行이면 告公從하리니 **利用爲依**며 **遷國**이니라.
육사   중행   고공종   이용위의   천국

象曰 告公從은 以益志也라.
상왈 고공종   이익지야

* 육사는 중도로 행하면 공(윗사람)에게 고함에 윗사람이 따를 것이니 윗사람에게 의지하며 나라를 옮김이 이로우니라.

상에 말하기를 '공(윗사람)에게 고함에 윗사람이 따른다'는 것은 유익하게 하려는 뜻이 있기 때문이다.

九五는 有孚惠心이라. **勿問**하야도 **元吉**하니
구오   유부혜심   물문   원길

有孚하야 **惠我德**하리라.
유부   혜아덕

象曰 有孚惠心이라 **勿問之矣**며 **惠我德**이 **大得志也**라.
상왈 유부혜심   물문지의   혜아덕   대득지야

* 구오는 은혜를 베푸는 마음을 지성으로 하는 것이다. 묻지 않아도 크게 착하고 길하니, 천하 사람이 믿음이 있어서 나의 덕을 은혜롭게 생각하리라.

상에 말하기를 '은혜를 베푸는 마음을 지성으로 함'이라 물을 것도 없으며, '나의 덕을 은혜롭게 생각함'이 크게 뜻을 얻음이다.

上九는 莫益之라 **或擊之**리니 **立心勿恒**이니 **凶**하니라.
상구   막익지   혹격지   입심물항   흉

象曰 莫益之는 偏辭也요 或擊之는 自外來也라.
상왈 막익지   편사야   혹격지   자외래야

* 상구는 더하는 이가 없느니라. 혹 치리니, 마음을 세움이 항상하지 않으니 흉하니라.

　상에 말하기를 '더하는 이가 없다'는 것은 자기 욕심에 너무 치우쳤다는 말이고, '혹 친다'는 것은 칠 사람이 밖으로부터 오는 것이다.

兌上 乾下 澤天夬(43)
택천쾌

夬는 **揚于王庭**이니 **孚號有厲**니라.
쾌   양우왕정   부호유려

告自邑이요 **不利卽戎**이며 **利有攸往**하니라.
고자읍   불리즉융   이유유왕

* 쾌는 왕의 뜰에서 드날림이니, 성심으로 호령해서 위태로운 듯 조심하니라. 읍으로부터 고하고(자기 자신부터 바르게 하고), 군사를 쓰는 것은 이롭지 아니하며, 나아가는 것이 이로우니라.

象曰 夬는 **決也**니 **剛決柔也**니 **健而說**하고 **決而和**하니라.
단왈 쾌   결야   강결유야   건이열   결이화

揚于王庭은 **柔ㅣ 乘五剛也**요
양우왕정   유 승오강야

孚號有厲는 **其危ㅣ 乃光也**요
부호유려   기위   내광야

告自邑不利卽戎은 **所尙**이 **乃窮也**요
고자읍불리즉융   소상   내궁야

利有攸往은 **剛長**이 **乃終也**리라.
이유유왕   강장   내종야

* 단에 말하길 쾌는 결단함이니, 강(양)이 유(上六)를 결단함이니, 굳세면서 기뻐하고, 척결하여 화합하니라.

'왕의 뜰에서 드날림'은 유가 다섯 강을 탄 것이고, '성심으로 호령해서 위태로운 듯 조심함'은 그 위태함이 빛나게 된 것이며, '읍으로부터 고하고 군사를 씀이 이롭지 않음'은 숭상하는 바가 궁하게 된 것이고, '가는 것이 이롭다'는 강의 자람이 곧 마치게 되리라.

象曰 澤上於天이 夬니
상왈 택상어천 쾌

君子ㅣ 以하야 **施祿及下**하며 **居德**하야 **則忌**하나니라.
군자 이 시록급하 거덕 칙기

* 상에 말하기를 못이 하늘에 오르는 것이 쾌괘니, 군자가 본받아서 녹을 베풂이 아래에 미치며, 덕에 거처하여 금기사항을 법제화 하느니라.

初九는 壯于前趾니 往하야 **不勝**이면 **爲咎**리라.
초구 장우전지 왕 불승 위구

象曰 不勝而往이 **咎也**라.
상왈 불승이왕 구야

* 초구는 발꿈치가 나아가는데 용감함이니, 가서 이기지 못하면 허물이 되리라.
  상에 말하기를 '이기지 못하면서 나아감'이 허물이다.

九二는 惕號니 莫夜에 有戎이라도 **勿恤**이로다.
구이 척호 모야 유융 물휼

象曰 有戎勿恤은 得中道也일새라.
상왈 유융물휼 득중도야

* 구이는 두려워하며 호령함이니, 깊은 밤에 군사가 있더라도 근심치 말 것이로다.
  상에 말하기를 '깊은 밤에 군사가 있더라도 근심치 말라'는 것은 중도를 얻었기 때문이다.

九三은 壯于頄하야 **有凶**코 **獨行遇雨**니
구삼 장우구 유흉 독행우우

君子는 夬夬라 **若濡有慍**이면 **无咎**리라.
군자 쾌쾌 약유유온 무구

象曰 君子는 夬夬라 **終无咎也**니라.
상왈 군자 쾌쾌 종무구야

* 구삼은 강하고 용감한 것이 광대뼈에 나타나서 흉함이 있고, 홀로 가다가 비를 만나니 군자는 결단할 것을 결단한다. (소인을 싫어하기를 비에) 젖는 듯이 해서 성냄이 있으면 허물이 없으리라.

상에 말하기를 군자는 결단할 것을 결단한다. 마침내 허물이 없느니라.

※ 원문에는 "壯于頄니 有凶이나 君子ㅣ 夬夬면 獨行遇雨하야 若濡有慍이나 无咎리라."로 되어 있던 것을 程傳에 근거하여 수정하였다.

九四는 臀无膚며 其行次且니 牽羊하면
구사   둔무부   기행자저   견양

悔ㅣ亡하련만은 聞言하야도 不信하리로다.
회 망   문언   불신

象曰 其行次且는 位不當也요 聞言不信은 聰不明也라.
상왈 기행자저   위부당야   문언불신   총불명야

* 구사는 볼기에 살이 없으며 가는 걸음이 머뭇거리니, 양을 이끌면 뉘우침이 없으련마는, 말을 듣더라도 믿지 않으리라.

상에 말하기를 '가는 걸음이 머뭇거림'은 자리가 당치 않음이고, '말을 듣더라도 믿지 않음'은 귀밝음이 밝지 않음이라.

九五는 莧陸夬夬면 中行에 无咎리라.
구오   현륙쾌쾌   중행 무구

象曰 中行无咎나 中未光也라.
상왈 중행무구   중미광야

* 구오는 현륙(상육과 같은 악인)을 결단하고 또 결단하면, 중도를 행함에 허물이 없으리라.

상에 말하기를 '중행무구'나 중도가 빛나지는 못한다.

上六은 无號니 終有凶하니라.
상육   무호   종유흉

象曰 无號之凶은 **終不可長也**니라.
상 왈 무 호 지 흉   종 불 가 장 야

* 상육은 호소할 데가 없으니, 마침내 흉함이 있느니라.

  상에 말하기를 '호소할 데가 없어서 흉함'은 끝까지 길지 못하니라.

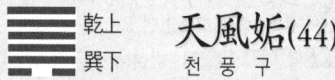
天風姤(44)
천풍구

姤는 女壯이니 勿用取女니라.
구　여장　　　물용취녀
* 구는 여자가 건장함이니 여자를 취하지 말지니라.

彖曰 姤는 遇也니 柔遇剛也라.
단왈 구　우야　유우강야
勿用取女는 不可與長也일새라.
물용취녀　불가여장야
天地相遇하니 品物이 咸章也요
천지상우　　　품물　함장야
剛遇中正하니 天下에 大行也니 姤之時義ㅣ 大矣哉라!
강우중정　　천하　대행야　구지시의　대의재
* 단에 말하기를 구는 만남이니, 유(음)가 강(양)을 만난 것이다. '여자를 취하지 말라'는 것은 더불어 오래갈 수 없기 때문이다. 천지가 서로 만나니 모든 물건이 다 빛나고, 강이 중정함을 만났으니 천하에 크게 행하게 되는 것이니, 구의 때와 뜻이 크도다!

象曰 天下有風이 姤니 后ㅣ 以하야 施命誥四方하나니라.
상왈 천하유풍　구　후　이　　시명고사방
* 상에 말하기를 하늘 아래 바람이 있는 것이 구괘니, 후(임금)가 본받아서 명을 베풀어 사방에 고하느니라.

初六은 繫于金柅면 貞이 吉코 有攸往이면 見凶하리니
초육　계우금니　정　길　유유왕　　견흉

贏豕ㅣ 孚蹢躅하니라.
이 시 부척촉

象曰 繫于金柅는 柔道ㅣ 牽也일새라.
상왈 계우금니 유도 견야

* 초육은 쇠말뚝에 매면 바른 도가 길하고, 나아가면 흉함을 보리니, 마른 돼지가 뛰고 또 뛰고 있다.

 상에 말하기를 '쇠말뚝에 맴'은 유(음)의 도가 나아가기 때문이다.

九二는 包有魚면 无咎하리니 不利賓하니라.
구 이 포유어 무구 불리빈

象曰 包有魚는 義不及賓也라.
상왈 포유어 의불급빈야

* 구이는 고기가 꾸러미 속에 있는 것처럼 하면 허물이 없으리니, 손(賓)에게는 이롭지 아니하니라.

 상에 말하기를 '고기가 꾸러미 속에 있음'은 의리가 손에게 미치지 못함이라.

九三은 臀无膚나 其行은 次且니 厲하면 无大咎리라.
구 삼 둔무부 기행 자저 려 무대구

象曰 其行次且는 行未牽也라.
상왈 기행자저 행미견야

* 구삼은 볼기에 살이 없으나 가는 걸음은 머뭇거리니, 위태롭게 여기면 큰 허물이 없으리라.

 상에 말하기를 '가는 걸음은 머뭇거림'은 가는 걸음을 재촉하지 못하는 것이다.

九四는 包无魚니 起凶하리라.
구 사 포무어 기흉

象曰 无魚之凶은 遠民也일새라.
상왈 무어지흉 원민야

＊ 구사는 꾸러미 속에 물고기가 없으니 흉하게 되리라.
  상에 말하기를 '물고기가 없어 흉함'은 백성을 멀리하기 때문이다.

九五는 **以杞包瓜**니 **含章**이면 **有隕自天**이리라.
구오   이기포과   함장   유운자천

象曰 九五含章은 **中正也**요
상왈 구오함장   중정야

有隕自天은 **志不舍命也**일새라.
유운자천   지불사명야

＊ 구오는 박달나무로써 오이를 쌈이니, 빛나는 것을 머금으면 하늘로부터 떨어짐이 있으리라.
  상에 말하기를 '구오가 빛나는 것을 머금음'은 중정함이고, '하늘로부터 떨어짐이 있음'은 뜻이 천명을 버리지 않기 때문이다.

上九는 **姤其角**이라 **吝**하니 **无咎**니라.
상구   구기각   인   무구

象曰 姤其角은 **上窮**하야 **吝也**라.
상왈 구기각   상궁   인야

＊ 상구는 그 뿔에서 만남이라(자기를 낮춰서 만나려 하지 않고 높게만 하고 있음) 인색하니, 허물할 데가 없느니라.
  상에 말하기를 '그 뿔에서 만남'은 위에서 궁하여 인색하기 때문이다.

	兌上	**澤地萃(45)**
	坤下	택 지 취

萃는 (亨)**王假有廟**니 **利見大人**하니 **亨**하니 **利貞**하니라.
취   왕격유묘   이견대인   형   이정

用大牲이 **吉**하니 **利有攸往**하니라.
용대생   길   이유유왕

* 취는 왕이 사당을 둠에 지극함이니 대인을 봄이 이롭고, 형통하니, 바르게 함이 이로우니라. 큰 희생을 씀이 길하니 나아가는 것이 이로우니라.

※ 첫 줄의 '亨'은 『정전』과 『본의』에서 연문이라고 하였다.

彖曰 萃는 **聚也**니 **順以說**하고 **剛中而應**이라
단왈 취   취야   순이열   강중이응

故로 **聚也**니라. **王假有廟**는 **致孝享也**요
고   취야   왕격유묘   치효향야

利見大人亨은 **聚以正也**일새요
이견대인형   취이정야

用大牲吉利有攸往은 **順天命也**니
용대생길이유유왕   순천명야

觀其所聚而天地萬物之情을 **可見矣**리라!
관기소취이천지만물지정   가견의

* 단에 말하기를 취는 모이는 것이니, 순해서 기뻐하고 강중해서 응하기 때문에 모이느니라. '왕이 사당을 둠에 지극함'은 효성으로 제사를 지냄이고, '대인을 봄이 이롭고 형통함'은 바름으로써 모이기 때문이며, '큰 희생을 씀이 길하니 나아가는 것이 이로움'은 천명에 순히 함이니, 그 모이는 것을 관찰하면 천지와 만물의 정황을 볼 수 있으리라!

象曰 澤上於地ㅣ 萃니
상왈 택상어지 취

君子ㅣ 以하야 **除戎器**하야 **戒不虞**하나니라.
군자 이 제융기 계불우

* 상에 말하기를 못이 땅 위에 올라가 있는 것이 취괘니, 군자가 본받아서 병장기를 수리하여 헤아리지 못할 일을 경계하니라.

初六은 有孚나 不終이면 **乃亂乃萃**하릴새
초육 유부 부종 내란내취

若號하면 **一握爲笑**하리니 **勿恤**코 **往**하면 **无咎**리라.
약호 일악위소 물휼 왕 무구

象曰 乃亂乃萃는 其志亂也일새라.
상왈 내란내취 기지란야

* 초육은 미더움이 있으나, 끝까지 못하면 뜻이 어지러워져서 망령되이 모일 것이다. 만일 울부짖어 정응(正應)을 찾으면 일제히 웃으리니, 걱정하지 말고 찾아 가면 허물이 없으리라.
 상에 말하기를 '뜻이 어지러워져서 망령되이 모임'은 그 뜻이 어지럽기 때문이다.

六二는 引하면 **吉**하야 **无咎**하리니 **孚乃利用禴**이리라.
육이 인 길 무구 부내이용약

象曰 引吉无咎는 中하야 **未變也**일새라.
상왈 인길무구 중 미변야

* 육이는 구오와 서로 이끌어 모이면 길해서 허물이 없으리니, 정성스럽게 하면 간략한 제사를 올려도 이로우리라.
 상에 말하길 '이끌어 모이면 길해서 허물이 없다' 함은 중도로 해서 변함이 없기 때문이다.

六三은 萃如嗟如라 无攸利하니 **往**하면 **无咎**어니와
육삼 취여차여 무유리 왕 무구

小吝하니라. 象曰 往无咎는 上이 巽也일새라.
소린　　　　상왈 왕무구　　상　손야

* 육삼은 모이다가 슬퍼하는 것이다. 이로운 바가 없으니, 나아가면 허물이 없거니와 조금 인색하니라.
　상에 말하기를 '가면 허물이 없다' 함은 윗사람(上六)이 겸손하기 때문이다.

九四는 大吉이라아 无咎리라.
구사　　대길　　　무구

象曰 大吉无咎는 位不當也일새라.
상왈 대길무구　위부당야

* 구사는 크게 길하게 되야 허물이 없을 것이다.
　상에 말하기를 '크게 길하게 되야 허물이 없다' 함은 위(位)가 마땅치 못하기 때문이다.

九五는 萃有位코 无咎하나 匪孚어든 元永貞이면
구오　　취유위　무구　　비부　　　원영정

悔ㅣ 亡하리라. 象曰 萃有位는 志未光也일새라.
회　 망　　　　상왈 취유위　 지미광야

* 구오는 모이는 데 지위가 있고 허물이 없으나 믿지 않으면 크게 착하고 영원히 하며 바르게 하면 후회가 없어지리라.
　상에 말하기를 '모이는 데 지위가 있음'은 뜻이 빛나지 못하기 때문이다.

上六은 齎咨涕洟니 无咎니라.
상육　자자체이　　무구

象曰 齎咨涕洟는 未安上也라.
상왈 자자체이　 미안상야

* 상육은 탄식하고 눈물 흘리니 허물할 데 없다.
　상에 말하기를 '탄식하고 눈물 흘림'은 위(上)에서 편치 못한 것이다.

䷭ 坤上 巽下 地風升(46)
지 풍 승

升은 元亨하니 用見大人호대 勿恤코 南征하면 吉하리라.
승 원형   용견대인   물휼 남정 길

* 승은 크게 형통하니, 대인을 보되 걱정하지 말고 남으로 가면 길하리라.

彖曰 柔ㅣ 以時升하야 巽而順하고 剛中而應이라
단왈 유 이시승   손이순   강중이응

是以大亨하니라.
시이대형

用見大人勿恤은 有慶也요 南征吉은 志行也라.
용견대인물휼 유경야   남정길   지행야

* 단에 말하기를 유가 때를 따라 올라가서 공손하며 순하고, 강중한 것으로 응함이라. 이 때문에 크게 형통하니라. '대인을 보되 걱정하지 말라' 함은 경사가 있음이고, '남으로 나아가 길함'은 뜻이 행하게 됨이라.

象曰 地中生木이 升이니
상왈 지중생목   승

君子ㅣ 以하야 順德하야 積小以高大하나니라.
군자   이   순덕   적소이고대

* 상에 말하길 땅 속에 나무가 생하는 것이 승괘니, 군자가 본받아서 덕을 순히 닦아서 작은 것을 쌓음으로써 높고 크게 하나니라.

初六은 **允升**이니 **大吉**하니라.
　초육　　윤승　　　대길

象曰 允升大吉은 **上合志也**라.
상왈 윤승대길　　상합지야

* 초육은 믿고 올라감이니 크게 길하니라.
  상에 말하기를 '믿고 올라감이니 크게 길함'은 위와 뜻을 합함이라.

九二는 **孚乃利用禴**이니 **无咎**리라.
　구이　　부내이용약　　　무구

象曰 九二之孚는 **有喜也**라.
상왈 구이지부　　유희야

* 구이는 정성껏 간략한 제사를 지냄이 이로우니 허물이 없으리라.
  상에 말하길 '구이의 정성스러움'은 기쁨이 있음이라.

九三은 **升虛邑**이로다.
　구삼　　승허읍

象曰 升虛邑은 **无所疑也**라.
상왈 승허읍　　무소의야

* 구삼은 빈 읍에 오름이로다.
  상에 말하길 '빈 읍을 오른다'는 말은 의심하는 바가 없음이라.

六四는 **王用亨于岐山**이면 **吉**코 **无咎**하리라.
　육사　　왕용형우기산　　　길　　무구

象曰 王用亨于岐山은 **順事也**라.
상왈 왕용형우기산　　순사야

* 육사는 왕이 기산에서 형통하듯 하면 길하고 허물이 없으리라.
  상에 말하길 '왕이 기산에서 형통함'은 일에 순함이라.

六五는 貞이라아 吉하리니 升階로다.
육오   정   길   승계

象曰 貞吉升階는 **大得志也**리라.
상왈 정길승계   대득지야

* 육오는 바르게 하여야 길하리니 섬돌에 오르도다.
  상에 말하길 '바르게 하여야 길하리니 섬돌에 오름'은 뜻을 크게 얻으리라.

上六은 冥升이니 利于不息之貞하니라.
상육   명승   이우불식지정

象曰 冥升在上하니 **消不富也**로다.
상왈 명승재상   소불부야

* 상육은 오르는 데 어두움이니, 쉬지 않는 바름이 이로우니라.
  상에 말하길 '오르는 데 어두움'으로 위에 있으니, 사그러져서 부유하지 못함이라.

䷮ 兌上 坎下　澤水困(47)
　　　　　　　　택 수 곤

困은 **亨**코 **貞**하니 **大人**이라 **吉**코 **无咎**하니
곤　형　정　　　대인　　길　무구

有言이면 **不信**하리라.
유언　　불신

* 곤은 형통하고 바르니, 대인인지라 길하고 허물이 없으니, 말이 있으면 믿지 않으리라.

彖曰 困은 **剛揜也**니 **險以說**하야 **困而不失其所亨**하니
단왈 곤　강엄야　　험이열　　곤이불실기소형

其唯君子乎인데! **貞大人吉**은 **以剛中也**요
기유군자호　　　정대인길　　이강중야

有言不信은 **尚口ㅣ乃窮也**라.
유언불신　　상구　내궁야

* 단에 말하기를 곤은 강이 유에게 가려진 것이니, 험하되 기뻐해서, 곤하되 그 형통하는 바를 잃지 않으니 그 오직 군자인저!
　'바르니, 대인인지라 길함'은 강중하기 때문이고, '말이 있으면 믿지 않는다' 함은, 입(말만)을 숭상함이 곧 궁하게 되는 것이다.

象曰 澤无水ㅣ 困이니 **君子ㅣ 以**하야 **致命遂志**하나니라.
상왈 택무수　곤　　군자　이　　　치명수지

* 상에 말하길 못에 물이 없는 것이 곤괘니, 군자가 본받아서 천명을 다하여(朱子:목숨을 바쳐) 뜻을 이루느니라.

初六은 **臀困于株木**이라. **入于幽谷**하야 **三歲**라도 **不覿**이
초육　　둔곤우주목　　　입우유곡　　　삼세　　　부적

로다. 象曰 入于幽谷은 幽不明也라.
　　　　상왈 입우유곡　　유불명야

* 초육은 엉덩이가 그루터기에 곤함이니, 그윽한 골짜기에 들어가 삼 년이 되어도 볼 수 없도다. 상에 말하길 '그윽한 골짜기에 들어갔다' 함은 그윽해서 밝지 못한 것이다.

九二는 困于酒食이나 朱紱이 方來하리니 利用亨祀니
구이　　곤우주식　　　주불　　방래　　　　이용향사

征이면 凶하니 无咎니라.
정　　　흉　　　　무구

象曰 困于酒食은 中이라 有慶也라라.
상왈 곤우주식　　중　　　유경야

* 구이는 술과 밥에 곤하나, 주불(부르러 오는 임금의 행차)이 바야흐로 올 것이니, 제사를 지냄이 이로우니, 나아가면 흉하니 허물할 데 없느니라.
　상에 말하기를 '술과 밥에 곤함'은 중도로 하기 때문에 경사가 있을 것이다.

六三은 困于石하며 據于蒺藜라. 入于其宮이라도 不見
육삼　　곤우석　　　거우질려　　　입우기궁　　　　불견

其妻니 凶토다. 象曰 據于蒺藜는 乘剛也일새요
기처　　흉　　　　상왈 거우질려　　승강야

入于其宮不見其妻는 不祥也라.
입우기궁불견기처　　불상야

* 육삼은 돌에 곤하며 가시나무에 거처함이라. 그 집에 들어가도 아내를 볼 수 없으니 흉하다.
　상에 말하기를 '가시나무에 거처한다' 함은 강을 탔기 때문이고, '집에 들어가도 처를 볼 수 없다' 함은 상서롭지 못한 것이다.

九四는 來徐徐는 困于金車일새니 吝하나 有終이리라.
구사　　래서서　　곤우금거　　　　인　　　유종

象曰 來徐徐는 志在下也니 雖不當位나 有與也니라.
상왈 래서서 　 지재하야 　 수부당위 　 유여야

* 구사는 오기를 천천히 하는 것은 쇠수레에 곤하기 때문이니, 인색하나 마침이 있으리라.

　상에 말하기를 '오는 것이 천천히 한다' 함은 뜻이 아래에 있음이니, 비록 자리가 마땅치 않으나 더불어 함이 있느니라.

九五는 劓刖이니 困于赤紱하나 乃徐有說하리니
구오 　 의월 　 곤우적불 　 내서유열

利用祭祀니라. 象曰 劓刖은 志未得也요 乃徐有說은
이용제사 　 상왈 의월 　 지미득야 　 내서유열

以中直也요 利用祭祀는 受福也리라.
이중직야 　 이용제사 　 수복야

* 구오는 코베고 발꿈치를 베임이니 적불(신하의 행차)에 곤하나, 천천히 기쁨이 있을 것이니, 제사를 씀이 이로우니라.

　상에 말하기를 '코베고 발꿈치를 베임'은 뜻을 얻지 못함이고, '천천히 기쁨이 있다' 함은 중도로 하고 곧기 때문이며, '제사를 씀이 이롭다' 함은 복을 받으리라.

上六은 困于葛藟와 于臲卼이니
상육 　 곤우갈류 　 우얼올

曰動悔라하야 有悔면 征하야 吉하리라.
왈동회 　 　 유회 　 정 　 길

象曰 困于葛藟는 未當也요 動悔有悔는 吉行也라.
상왈 곤우갈류 　 미당야 　 동회유회 　 길행야

* 상육은 칡 넝쿨과 위태함에 곤함이니, 움직이면 후회가 있다고 말해서 뉘우침이 있으면, 가서 길할 것이다.

　상에 말하기를 '칡 넝쿨과 위태함에 곤함'은 마땅하지 못함이고, '움직이면 후회가 있다고 말해서 뉘우침이 있음'은 길하게 행동하는 것이다.

| 坎上
䷯ 巽下 | **水風井(48)**
수 풍 정 |
|---|---|

井은 改邑호대 不改井이니 无喪无得하며
정   개읍   불개정   무상무득

往來ㅣ 井井하나니
왕래   정정

汔至亦未繘井이니 羸其甁이면 凶하니라.
흘지역미귤정   이기병   흉

* 정은 읍은 고치되 우물은 고치지 못하니, 얻음도 없고 잃음도 없으며, 가는 이와 오는 이가 우물을 푸고 우물 물을 마시나니, 거의 이르러 또 우물에 닿지 못함이니, 그 병을 깨면 흉하니라.

彖曰 巽乎水而上水ㅣ 井이니 井은 養而不窮也하니라.
단왈 손호수이상수   정   정   양이불궁야

改邑不改井은 乃以剛中也요
개읍불개정   내이강중야

汔至亦未繘井은 未有功也요
흘지역미귤정   미유공야

羸其甁이라 是以凶也라.
이기병   시이흉야

* 단에 말하기를 물에 들어가서 물을 올리는 것이 우물이니, 우물은 (만물을) 길러서 끝이 없느니라.
 '읍은 고쳐도 우물은 못 고친다' 함은 강중함으로써 하기 때문이고, '거의 이르러 또 우물에 닿지 못함'은 공이 없는 것이며, '병을 깸'이라 이 때문에 흉한 것이다.

象曰 木上有水ㅣ 井이니 君子ㅣ 以하야
상왈 목상유수   정   군자   이

勞民勸相하나니라.
노민권상

* 상에 말하기를 나무 위에 물이 있는 것이 정괘니, 군자가 본받아서 백성을 위로하고 서로 돕게 권하느니라.

初六은 井泥不食이라 舊井에 无禽이로다.
초육   정니불식   구정   무금

象曰 井泥不食은 下也일새요 舊井无禽은 時舍也라.
상왈 정니불식   하야   구정무금   시사야

* 초육은 우물에 진흙이 있어 먹지 못함이라. 옛 우물에 새가 없도다.

 상에 말하기를 '우물에 진흙이 있어 먹지 못함'은 밑에 있기 때문이고, '옛 우물에 새가 없다' 함은 때가 초육을 버린 것이다.

九二는 井谷이라 射鮒요 甕敝漏로다.
구이   정곡   석부   옹폐루

象曰 井谷射鮒는 无與也일새라.
상왈 정곡석부   무여야

* 구이는 우물이 골짜기인지라 미물에게나 쏟음이고, 항아리가 깨져 새도다.

 상에 말하기를 '우물이 골짜기인지라 미물에게나 쏟는다' 함은 더불어 하는 이가 없기 때문이다.

九三은 井渫不食하야 爲我心惻하야 可用汲이니
구삼   정설불식   위아심측   가용급

王明하면 竝受其福하리라.
왕명   병수기복

象曰 井渫不食은 行을 惻也요 求王明은 受福也라.
상왈 정설불식   행   측야   구왕명   수복야

* 구삼은 우물이 깨끗하되 먹지 못해 내 마음을 슬프게 한다. 길어서 쓸 수 있으니, 왕이 밝으면 같이 복을 받을 것이다.

　　상에 말하기를 '우물이 깨끗하되 먹지 못함'은 행하지 못함을 슬퍼함이고, 왕의 밝음을 구하는 것은 복을 받음이라.

六四는 井甃면 无咎리라.
육사　정추　무구

象曰 井甃无咎는 脩井也일새라.
상왈 정추무구　수정야

* 육사는 우물을 치면 허물이 없으리라.

　　상에 말하기를 '우물을 치면 허물이 없음'는 우물을 수리하기 때문이다.

九五는 井冽寒泉食이로다.
구오　정렬한천식

象曰 寒泉之食은 中正也일새라.
상왈 한천지식　중정야

* 구오는 우물이 맑아서 찬 샘물을 먹는도다.

　　상에 말하기를 '찬 샘물을 먹는다' 함은 중정하기 때문이다.

上六은 井收勿幕고 有孚라 元吉이니라.
상육　정수물막　유부　원길

象曰 元吉在上이 大成也라.
상왈 원길재상　대성야

* 상육은 우물을 길어 취하고 덮지 않으며 믿음이 있는지라, 크게 착하고 길하니라.

　　상에 말하기를 크게 착하고 길한 것이 위에 있음이 크게 성공함이다.

兌上 離下 澤火革(49)
택화혁

革은 已日이라야 乃孚하리니
혁   이일   내부

元亨코 利貞하야 悔ㅣ 亡하나니라.
원형   이정   회 망

* 혁은 날이 마쳐야 이에 믿으리니, 크게 형통하고 바르게 함이 이로워서 뉘우침이 없어지느니라.

彖曰 革은 水火ㅣ 相息하며
단왈 혁   수화   상식

二女ㅣ 同居호대 其志不相得이 曰革이라.
이녀   동거   기지불상득   왈혁

已日乃孚는 革而信之라. 文明以說하야 大亨以正하니
이일내부   혁이신지   문명이열   대형이정

革而當할새 其悔ㅣ 乃亡하나니라.
혁이당   기회   내망

天地ㅣ 革而四時ㅣ 成하며 湯武ㅣ 革命하야
천지   혁이사시   성   탕무   혁명

順乎天而應乎人하니 革之時ㅣ 大矣哉라!
순호천이응호인   혁지시   대의재

* 단에 말하길 혁은 물과 불이 서로 멸하여 그치게 하며, 두 여자가 함께 거처하되 그 뜻을 서로 얻지 못함을 일러 혁이라 한다. '날이 마쳐야 믿음'은 고쳐서 믿게 하는 것이다.

문명하고 기뻐해서 크게 형통하고 바르니, 고쳐서 마땅함에 그 뉘우침이 곧 없어지느니라. 천지가 고침에 사시가 이루어지며, 탕왕과 무왕이 혁명해서 하늘에 순하고 백성에게 응하니, 혁의 때가 크도다!

象曰 澤中有火ㅣ 革이니 君子ㅣ 以하야 治歷明時하나니라.
상왈 택중유화 혁 군자 이 치력명시

* 상에 말하길 못 속에 불이 있는 것이 혁괘니, 군자가 본받아서 역(책력)을 다스려서 때를 밝히느니라.

初九는 鞏用黃牛之革이니라.
초구 공용황우지혁

象曰 鞏用黃牛는 不可以有爲也일새라.
상왈 공용황우 불가이유위야

* 초구는 묶되 누런 소의 가죽을 쓰니라. 상에 말하길 '묶되 누런 소를 씀'은 일을 할 수 없기 때문이다.

六二는 己日이어야 乃革之니 征이면 吉하야 无咎하리라.
육이 이일 내혁지 정 길 무구

象曰 己日革之는 行有嘉也라.
상왈 이일혁지 행유가야

* 육이는 날이 마쳐야 고치리니, 나아가면 길해서 허물이 없으리라. 상에 말하길 '날이 마쳐야 고침'은 행함에 아름다움이 있음이라.

九三은 征이면 凶하니 貞厲할지니
구삼 정 흉 정려

革言이 三就면 有孚리라.
혁언 삼취 유부

象曰 革言三就어니 又何之矣리오?
상왈 혁언삼취 우하지의

* 구삼은 나아가면 흉하니, 곧고 바르게 하며 위태롭게 여겨야 할 것이니, 고친다는 말이 세 번 이루어지면 미더움이 있으리라.
 상에 말하길 '고친다는 말이 세 번 이루어짐'이니 또 어디를 가리오?

九四는 **悔亡**하니 **有孚**면 **改命**하야 **吉**하리라.
구사 회망   유부   개명   길

象曰 改命之吉은 **信志也**일새라.
상왈 개명지길   신지야

* 구사는 뉘우침이 없어지니, 미더움이 있으면 개혁해서 길하리라. 상에 말하길 '개혁해서 길함'은 뜻을 믿기 때문이다.

九五는 **大人**이 **虎變**이니 **未占**애 **有孚**니라.
구오   대인   호변   미점   유부

象曰 大人虎變은 **其文**이 **炳也**라.
상왈 대인호변   기문   병야

* 구오는 대인이 호랑이 문채와 같이 변하는 것이니, 점치지 아니해도 미더움이 있느니라.

상에 말하길 '대인이 호랑이로 변함'은 그 무늬가 빛남이라.

上六은 **君子**는 **豹變**이요 **小人**은 **革面**이니
상육   군자   표변   소인   혁면

征이면 **凶**코 **居貞**이면 **吉**하리라.
정   흉 거정   길

象曰 君子豹變은 **其文**이 **蔚也**요
상왈 군자표변   기문   위야

小人革面은 **順以從君也**라.
소인혁면   순이종군야

* 상육은 군자는 표범의 문채와 같이 변함이고, 소인은 낯만 고치니, 가면 흉하고 바른 데 거처하면 길하리라.

상에 말하길 '군자가 표범으로 변함'은 그 무늬가 성함이고, '소인이 얼굴만 고침'은 순하게 임금을 좇음이라.

	離上	**火風鼎(50)**
	巽下	화 풍 정

鼎은 元(吉)亨하니라.
정 원 형

* 정은 크게 착하고 형통하니라.
  ※ '吉'은 『정전』과 『본의』에 연문이라고 하였다.

彖曰 鼎은 象也니 以木巽火ㅣ 亨飪也니
단 왈 정 상 야 이 목 손 화 팽 임 야

聖人이 亨하야 以享上帝하고 而大亨하야 以養聖賢하니라.
성 인 팽 이 향 상 제 이 대 팽 이 양 성 현

巽而耳目이 聰明하며 柔進而上行하고
손 이 이 목 총 명 유 진 이 상 행

得中而應乎剛이라. 是以元亨하니라.
득 중 이 응 호 강 시 이 원 형

* 단에 말하길 정괘는 형상으로 취한 것이니, 나무로써 불을 들여서 음식을 삶으니, 성인이 삶아서 상제께 제사 올리고, 크게 삶아서 성현을 기르느니라. 겸손하고 귀와 눈이 총명하며, 유(六五)가 나아가 위로 가고 중을 얻어 강(九二)에 응함이라. 이 때문에 크게 착하고 형통하니라.

象曰 木上有火ㅣ 鼎이니
상 왈 목 상 유 화 정

君子ㅣ 以하야 正位하야 凝命하나니라.
군 자 이 정 위 응 명

* 상에 말하길 나무 위에 불이 있음이 정괘니, 군자가 본받아서 위(位)를 바로 해서 명을 후중하게 하느니라.

初六은 鼎이 顚趾나 利出否하니 得妾하면
초육　　　정　전지　　이출비　　　득첩

以其子无咎이라.
이기자무구

象曰 鼎顚趾나 **未悖也**요 **利出否**는 **以從貴也**라.
상왈　정전지　　미패야　　이출비　　이종귀야

* 초육은 솥의 발이 엎어지나 비색한 것을 내놓게 되어 이로우니, 첩을 얻으면 그 주인이 (아들 때문에) 허물이 없어지리라.

　상에 말하길 '솥의 발이 엎어짐'이나 거스리지 않는 것이고, '비색한 것을 내놓게 되어 이로움'은 귀한 것을 따르는 것이다.

九二는 鼎有實이나 我仇ㅣ 有疾하니
구이　　정유실　　아구　유질

不我能卽이면 **吉**하리라.
불아능즉　　　길

象曰 鼎有實이나 **愼所之也**니
상왈　정유실　　신소지야

我仇有疾은 **終无尤也**리라.
아구유질　　종무우야

* 구이는 솥에 내용물이 있으나, 내 짝이 병이 있으니, 내게 다가오지 못하게 하면 길하리라.

　상에 말하길 '솥에 내용물이 있음'이나 가는 바를 삼가니, '내 짝이 병이 있음'은 마침내 허물이 없어지리라.

九三은 鼎耳ㅣ 革하야 其行이 塞하야 雉膏를 不食하나
구삼　　정이　혁　　　기행　색　　　치고　　불식

方雨하야 **虧悔**ㅣ **終吉**이리라.
방우　　　휴회　　종길

象曰 鼎耳革은 **失其義也**일새라.
상왈　정이혁　　실기의야

* 구삼은 솥귀가 변혁돼서 그 가는 길이 막혀서 꿩의 기름을 먹지

못하나, 바야흐로 비가 내려서 부족하게 되었던 뉘우침이 마침내 길하게 되리라.

상에 말하길 '솥귀가 변혁됨'은 그 의리를 잃었기 때문이다.

九四는 鼎이 折足하야 覆公餗하니 其形이 渥이라 凶토다.
구사   정   절족   복공속   기형   악   흉

象曰 覆公餗하니 信如何也오?
상왈 복공속   신여하야

* 구사는 솥이 다리가 부러져서 공의 밥을 엎으니, 그 얼굴이 땀으로 젖음이라 흉토다.

상에 말하길 '공의 밥을 엎음'이니, 신용이 어떠하겠는가?

六五는 鼎黃耳金鉉이니 利貞하니라.
육오   정황이금현   이정

象曰 鼎黃耳는 中以爲實也라.
상왈 정황이   중이위실야

* 육오는 솥이 누런 귀에 금 고리니 바르게 함이 이로우니라.

상에 말하길 '솥이 누런 귀'는 가운데 해서 실질이 있음이라.

上九는 鼎玉鉉이니 大吉하야 无不利니라.
상구   정옥현   대길   무불리

象曰 玉鉉在上은 剛柔ㅣ 節也일새라.
상왈 옥현재상   강유   절야

* 상구는 솥이 옥 솥고리이니, 크게 길해서 이롭지 아니함이 없느니라.

상에 말하길 '옥 솥고리가 위에 있음'은 강·유가 잘 조절되기 때문이다.

震上	**重雷震(51)**
震下	중뢰진

震은 亨하니 震來에 虩虩이면 笑言이 啞啞이리니
진 형   진래 혁혁   소언 액액

震驚百里에 不喪匕鬯하나니라.
진경백리   불상시창

* 진은 형통하니, 우레가 옴에 놀라고 두려워하면 웃는 소리가 깔깔거릴 것이니, 우레가 백리를 놀라게 해도 제사지내는 숟가락과 술잔을 잃지 않느니라(하늘도 정성을 뺏지 못하느니라).

象曰 震은 亨하니 震來虩虩은 恐致福也요
단왈 진 형   진래혁혁   공치복야

笑言啞啞은 後有則也라. 震驚百里는 驚遠而懼邇也니
소언액액   후유칙야   진경백리   경원이구이야

出可以守宗廟社稷하야 以爲祭主也리라.
출가이수종묘사직   이위제주야

* 단에 말하길 진은 형통하니, '우레가 옴에 놀라고 두려워함'은 두려워하여 복을 이룸이고, '웃는 소리가 깔깔거림'은 뒤에 법칙이 있음이라. '우레가 백리를 놀라게 함'은, 먼 데서는 놀라게 하고 가까운 데서는 두려워하게 함이니, 나아감에 종묘와 사직을 지켜 제주(長子:祭主)가 되리라.

象曰 洊雷ㅣ 震이니 君子ㅣ 以하야 恐懼脩省하나니라.
상왈 천뢰 진   군자   이   공구수성

* 상에 말하길 거듭한 우레가 진괘니, 군자가 본받아서 놀라고 두려워하여 수양하고 반성하느니라.

初九는 震來虩虩이라 後에 笑言啞啞이리니 吉하니라.
초구 진래혁혁   후   소언액액   길

象曰 震來虩虩은 恐致福也요 笑言啞啞은 後有則也라.
상왈 진래혁혁   공치복야   소언액액   후유칙야

* 초구는 우레가 옴에 놀라고 두려워해야 뒤에 웃는 소리가 깔깔거릴 것이니 길하니라.

 상에 말하길 '우레가 옴에 놀라고 두려워함'은 두려워하여 복을 이룸이고, '웃는 소리가 깔깔거림'은 뒤에 법칙이 있음이라.

六二는 震來厲라. 億喪貝하야 躋于九陵이니
육이   진래려   억상패   제우구릉

勿逐하면 七日得하리라.
물축   칠일득

象曰 震來厲는 乘剛也일새라.
상왈 진래려   승강야

* 육이는 우레가 옴에 위태함이라. 재물 잃을 것을 염려해서 구릉에 오름이니, 쫓지 아니하면 칠일만에 얻으리라.

 상에 말하길 '우레가 옴에 위태함'은 강한 것을 탔기 때문이다.

六三은 震蘇蘇니 震行하면 无眚하리라.
육삼   진소소   진행   무생

象曰 震蘇蘇는 位不當也일새라.
상왈 진소소   위부당야

* 육삼은 우레쳐서 까무러침이니, 움직여 행하면 재앙이 없으리라.

 상에 말하길 '우레쳐서 까무러침'은 자리가 당치 않기 때문이다.

九四는 震이 遂泥라.
구사   진   수니

象曰 震遂泥는 未光也로다.
상왈 진수니   미광야

* 구사는 우레가 드디어 빠짐이라.
상에 말하길 '우레가 드디어 빠진다' 함은 빛나지 못함이로다.

六五는 **震**이 **往來**ㅣ **厲**하니 **億**하야 **无喪有事**니라.
육오   진   왕래 려   억   무상유사

象曰 震往來厲는 **危行也**요
상왈 진왕래려   위행야

其事ㅣ **在中**하니 **大无喪也**니라.
기사   재중   대무상야

* 육오는 우레가 가고 옴이 위태로우니, 잘 헤아려서 일을 망치지 않게 해야 할 것이니라.

상에 말하길 '우레가 가고 옴이 위태로움'은 가는 것이 위태함이고, 그 일을 중도로 하고 있으니 크게 잃음이 없느니라.

上六은 **震**이 **索索**하야 **視**ㅣ **矍矍**이니 **征**이면 **凶**하니
상육   진   삭삭   시   확확   정   흉

震不于其躬이요 **于其隣**이면 **无咎**리니 **婚媾**는 **有言**이리라.
진불우기궁   우기린   무구   혼구   유언

象曰 震索索은 **中未得也**일새요
상왈 진삭삭   중미득야

雖凶无咎는 **畏隣戒也**일새라.
수흉무구   외린계야

* 상육은 우레가 흩어져서 눈을 두리번 거림이니, 가면 흉하니, 우레가 자기 몸에 맞지 않고 그 이웃에 맞았을 때 두려워해서 조심하면 허물이 없으리니, 혼구(자기와 친근했던 사람)는 원망하는 말이 있으리라.

상에 말하길 '우레가 흩어짐'은 중을 얻지 못했기 때문(중을 지나침)이고, 비록 흉하나 허물이 없음은 이웃이 징계됨을 보고 두려워함이라.

| 艮上
| 艮下

重山艮(52)
중산간

艮其背면 **不獲其身**하며 **行其庭**하야도
간 기 배   불 획 기 신   행 기 정

不見其人하야 **无咎**리라.
불 견 기 인   무구

* 그 등에 그치면 그 몸을 얻지(보지) 못하며, 그 뜰에 행하여도 그 사람을 보지 못하여 허물이 없으리라.

彖曰 艮은 **止也**니 **時止則止**하고 **時行則行**하야
단 왈 간   지 야   시 지 즉 지   시 행 즉 행

動靜不失其時ㅣ 其道ㅣ 光明이니
동 정 불 실 기 시   기 도   광 명

艮其(止)背는 **止其所也**일새라.
간 기   배   지 기 소 야

上下ㅣ 敵應하야 **不相與也**일새
상 하   적 응   불 상 여 야

是以不獲其身行其庭不見其人无咎也라.
시 이 불 획 기 신 행 기 정 불 견 기 인 무 구 야

* 단에 말하길 간은 그침이니, 때가 그칠 때면 그치고 때가 행할 때면 행하여, 움직이며 그침에 그 때를 잃지 아니함이 그 도가 빛나고 밝은 것이니, '그 등에 그침'은 그쳐야 할 곳에 그치기 때문이다. 위와 아래가 적(敵)으로 응해서 서로 더불지 못하니, 이로써 '그 몸을 얻지 못하며, 그 뜰에 행하여도 그 사람을 보지 못하여 허물이 없음'이라.

   ※ 셋째 줄에 "艮其(止)背"는 원문에 "艮其止"로 되어 있으

나, 조열지(晁說之)는 괘사를 따라서 "艮其背"로 해야 옳다고 하였다.

象曰 兼山이 艮이니 君子ㅣ 以하야 思不出其位하나니라.
상왈 겸산 간 군자 이   사불출기위

* 상에 말하길 산이 아울러 있는 것이 간괘니, 군자가 본받아서 생각이 그 분수(位)를 벗어나지 아니하느니라.

初六은 艮其趾라 无咎하니 利永貞하니라.
초육 간기지 무구   이영정

象曰 艮其趾는 未失正也라.
상왈 간기지 미실정야

* 초육은 그 발꿈치에 그침이라 허물이 없으니, 영구하게 하고 바르게 함이 이로우니라.
  상에 말하길 '발꿈치에 그침'은 바름을 잃지 아니함이라.

六二는 艮其腓니 不拯其隨라 其心不快로다.
육이 간기비 부증기수 기심불쾌

象曰 不拯其隨는 未退聽也일새라.
상왈 부증기수 미퇴청야

* 육이는 그 장딴지에 그침이니, 구원하지 못하고 따르는 지라, 그 마음이 유쾌하지 아니하도다.
  상에 말하길 '구원하지 못하고 따름'은 윗사람이 물러나 육이의 말을 듣지 아니하기 때문이다.

九三은 艮其限이라 列其夤이니 厲ㅣ 薰心이로다.
구삼 간기한   열기인   려 훈심

象曰 艮其限이라 危ㅣ 薰心也라.
상왈 간기한   위 훈심야

* 구삼은 그 허리에 그친지라, 그 등뼈를 벌림이니, 위태하여 마음이 찌는 듯 하도다.

상에 말하길 그 허리에 그친지라, 위태로움에 마음이 찌도다.

***

六四는 艮其身이니 无咎니라.
육사 간기신   무구

象曰 艮其身은 止諸躬也라.
상왈 간기신 지저궁야

* 육사는 그 몸에 그침이니 허물이 없느니라.
  상에 말하길 '그 몸에 그침'은 제 몸에만 그침이라.

六五는 艮其輔라 言有序니 悔亡하리라.
육오 간기보 언유서   회망

象曰 艮其輔는 以中으로 正也라.
상왈 간기보 이중   정야

* 육오는 그 볼에 그침이라. 말이 차례(조리)가 있음이니 후회가 없어지리라.
  상에 말하길 '볼에 그침'은 중으로써 바르게 하는 것이다.

上九는 敦艮이니 吉하니라.
상구 돈간   길

象曰 敦艮之吉은 以厚終也일새라.
상왈 돈간지길 이후종야

* 상구는 돈독하게 그침이니 길하니라.
  상에 말하길 '돈독하게 그쳐서 길함'은 마침을 두텁게 하기 때문이다.

䷴ 巽上 艮下 風山漸(53)
풍산 점

漸은 女歸ㅣ 吉하니 利貞이니라.
점　여귀　길　　이정

* 점은 여자가 시집가는 것이 길하니, 바르게 하기 때문에 이로우니라.

象曰 漸之進也ㅣ 女歸의 吉也라.
단왈 점지진야　여귀　길야

進得位하니 往有功也요 進以正하니 可以正邦也니
진득위　　왕유공야　　진이정　　가이정방야

其位는 剛得中也라. 止而巽할새 動不窮也라.
기위　강득중야　　지이손　　동불궁야

* 단에 말하길 점의 나아감이 여자가 시집가는 것의 길함이라. 나아가서 자리를 얻으니 가서 공이 있음이고, 나아감에 바름으로써 하니 나라를 바르게 할 수 있음이니, 그 자리는 강이 중을 얻음이라. (안으로는) 그치고 (밖으로는) 겸손하기 때문에 움직여서 궁하지 않음이라.

象曰 山上有木이 漸이니
상왈 산상유목　점

君子ㅣ 以하야 居賢德하야 善俗하나니라.
군자　이　　거현덕　　　선속

* 상에 말하길 산 위에 나무가 있음이 점괘니, 군자가 본받아서 어진 덕에 거처해서 풍속을 착하게 하느니라.

初六은 鴻漸于干이니 小子ㅣ 厲하야 有言이나 无咎니라.
초육 홍점우간 소자 려 유언 무구

象曰 小子之厲나 義无咎也니라.
상왈 소자지려 의무구야

* 초육은 기러기가 물가에 나아감이니, 소인과 어린 아이는 위태해서 말이 있으나 허물이 없느니라.

　상에 말하길 소인과 어린 아이는 위태하나 의리가 허물이 없느니라.

六二는 鴻漸于磐이라. 飮食이 衎衎하니 吉하니라.
육이 홍점우반 음식 간간 길

象曰 飮食衎衎은 不素飽也라.
상왈 음식간간 불소포야

* 육이는 기러기가 반석에 나아감이라. 마시고 먹는 것이 즐겁고 즐거우니 길하니라.

　상에 말하길 마시고 먹는 것이 즐겁고 즐거운 것은, 공연히 배부르려 하지 아니함이라.

九三은 鴻漸于陸이니 夫征이면 不復하고
구삼 홍점우륙 부정 불복

婦孕이라도 不育하야 凶하니 利禦寇하니라.
부잉 불육 흉 이어구

象曰 夫征不復은 離群하야 **醜也**요
상왈 부정불복 이군 추야

婦孕不育은 失其道也요 利用禦寇는 順相保也라.
부잉불육 실기도야 이용어구 순상보야

* 구삼은 기러기가 뭍(陸)에 나아감이니, 지아비가 가면 돌아오지 못하고, 지어미가 잉태하여도 기르지 못하여 흉하니, 도적을 막는 것이 이로우니라.

　상에 말하길 '지아비가 가면 돌아오지 못함'은 무리를 떠나서 추한 것이고, '지어미가 잉태하여도 기르지 못함'은 그 도를 잃음이며, '도적을 막는 것이 이로움'은 순해서 서로 보호함이라.

六四는 鴻漸于木이니 或得其桷이면 无咎리라.
육사   홍점우목   혹득기각   무구

象曰 或得其桷은 順以巽也일새라.
상왈 혹득기각   순이손야

* 육사는 기러기가 나무에 나아감이니, 혹 그 평평한 가지를 얻으면 허물이 없으리라.

상에 말하길 '혹 그 평평한 가지를 얻음'은 순하고 겸손하기 때문이다.

九五는 鴻漸于陵이니 婦ㅣ 三歲를 不孕하나
구오   홍점우릉   부   삼세   불잉

終莫之勝이라 吉하리라.
종막지승   길

象曰 終莫之勝吉은 得所願也라.
상왈 종막지승길   득소원야

* 구오는 기러기가 언덕에 나아감이니, 지어미가 삼년을 잉태하지 못하나, 마침내 (육사와 구삼이) 이기지 못하는 까닭에 길하리라.

상에 말하길 '마침내 이기지 못하는 까닭에 길할 것이다'는 원하는 바를 얻음이라.

上九는 鴻漸于陸이니 其羽ㅣ 可用爲儀니 吉하니라.
상구   홍점우규   기우   가용위의   길

象曰 其羽可用爲儀吉은 不可亂也일새라.
상왈 기우가용위의길   불가란야

* 상구는 기러기가 하늘에 나아감이니, 그 깃이 의범(儀範)이 될 만하니 길하니라.

상에 말하길 '그 깃이 의범이 될 만하니 길하다' 함은 차례를 어지럽힐 수 없기 때문이다.

震上 兌下 雷澤歸妹(54)
뇌 택 귀 매

歸妹는 征하면 **凶**하니 **无攸利**하니라.
귀 매 정 흉 무유리

* 귀매는 나아가면 흉하니, 이로울 바가 없느니라.

彖曰 歸妹는 天地之大義也니
단 왈 귀 매 천 지 지 대 의 야

天地不交而萬物이 不興하나니 **歸妹는 人之終始也**라.
천 지 불 교 이 만 물 불 흥 귀 매 인 지 종 시 야

說以動하야 **所歸**ㅣ **妹也**니 **征凶**은 **位不當也**요
열 이 동 소 귀 매 야 정 흉 위 부 당 야

无攸利는 **柔乘剛也**일새라.
무유리 유 승 강 야

* 단에 말하길 귀매는 천지의 큰 의리니, 천지가 사귀지 않으면 만물이 흥하지 못하나니, 귀매는 사람의 마침이며 시작이라.
  기뻐함으로써 움직여서 시집가는 바가 누이동생이니, '가면 흉하다' 함은 자리가 마땅치 않음이고, '이로울 바가 없다' 함은 유(음)가 강(양)을 탔기 때문이다.

象曰 澤上有雷ㅣ **歸妹**니
상 왈 택 상 유 뢰 귀 매

君子ㅣ **以**하야 **永終**하야 **知敝**하나니라.
군 자 이 영 종 지 폐

* 상에 말하길 못 위에 우레가 있는 것이 귀매괘니, 군자가 본받아서 마침을 영구하게 하면서 폐단이 있음을 아느니라(미리 삼가고 경계한다).

初九는 歸妹以娣니 跛能履라. 征이면 吉하리라.
초구 귀매이제 파능리   정   길

象曰 歸妹以娣나 以恒也요 跛能履吉은 相承也일새라.
상왈 귀매이제   이항야   파능리길   상승야

＊ 초구는 누이동생을 시집보내는 데 첩으로써 함이니, 절름발이가 능히 밟음이라. 가면 길하리라.

　상에 말하길 '귀매를 첩으로써 함'이나 (초구가) 항구한 덕으로써 함이고, '절름발이가 능히 밟아서 길하다' 함은 서로 받들기 때문이다.

九二는 眇能視니 利幽人之貞하니라.
구이   묘능시   이유인지정

象曰 利幽人之貞은 未變常也라.
상왈 이유인지정   미변상야

＊ 구이는 애꾸눈이 능히 보는 것이니, 은거하여 도를 닦는 이의 바름이 이로우니라.

　상에 말하길 '은거하여 도를 닦는 이의 바름이 이롭다' 함은 상도를 변치 아니함이라.

六三은 歸妹以須니 反歸以娣니라.
육삼   귀매이수   반귀이제

象曰 歸妹以須는 未當也일새라.
상왈 귀매이수   미당야

＊ 육삼은 누이동생을 시집보내는 데 기다림이니, 돌아가서 첩으로써 시집보냄이라.

　상에 말하길 '누이동생을 시집보내는 데 기다린다'고 함은 마땅치 않기 때문이다.

九四는 歸妹愆期니 遲歸ㅣ 有時니라.
구사   귀매건기   지귀   유시

象曰 愆期之志는 有待而行也라.
상왈 건기지지　유대이행야

* 구사는 누이동생을 시집보내는 데 기약을 어김이니, 더디게 시집감이 때가 있느니라.

　상에 말하길 '기약을 어기는 뜻'은 기다려서 가는 것이다.

六五는 帝乙歸妹니 其君之袂l 不如其娣之袂l
육오　제을귀매　기군지몌　불여기제지몌

良하니 **月幾望**이면 **吉**하리라.
양　　월기망　　길

象曰 帝乙歸妹不如其娣之袂良也는 其位在中하야
상왈 제을귀매불여기제지몌양야　　기위재중

以貴行也라.
이귀행야

* 육오는 제을이 누이동생을 시집보내는 것이니, 그 소군(小君)의 소매가 그 첩의 소매의 좋은 것만 같지 못하니, 달이 거의 보름이면 길하리라.

　상에 말하길 '제을이 누이동생을 시집보내는 것이, 그 첩의 소매의 좋음만 같지 못하다' 함은 그 자리가 중에 있어서 귀함으로써 행함이라.

上六은 女l 承筐无實이라.
상육　녀　승광무실

士l 刲羊无血이니 **无攸利**하니라.
사　규양무혈　　무유리

象曰 上六无實은 承虛筐也라.
상왈 상육무실　승허광야

* 상육은 여자가 광주리를 받드는 데 실물이 없음이라. 선비가 양을 찔러서 피가 없으니 이로울 바가 없느니라.

　상에 말하길 '상육은 실물이 없다' 함은 빈광주리를 이어 받듦이라.

䷶ 震上 離下 雷火豐(55)
뇌 화 풍

豐은 亨하니 王이아 假之하나니 勿憂홀전 宜日中이니라.
풍 형 왕 격지 물우 의일중

* 풍은 형통하니, 왕이어야 이르나니, 근심이 없게 하려면 마땅히 해가 중천에 비추듯이 해야 하니라.

彖曰 豐은 大也니 明以動이라 故로 豐이니
단왈 풍 대야 명이동 고 풍

王假之는 尙大也요 勿憂宜日中은 宜照天下也라.
왕격지 상대야 물우의일중 의조천하야

日中則昃하며 月盈則食하나니 天地盈虛도 與時消息
일중즉측 월영즉식 천지영허 여시소식

이 而況於人乎며 況於鬼神乎여!
이황어인호 황어귀신호

* 단에 말하길 풍은 큰 것이니, 밝음으로써 움직임이라. 그러므로 풍이니, '왕이어야 이름'은 숭상함이 큰 것이고, '근심이 없게 하려면 마땅히 해 중천에 비추듯이 해야 함'은 마땅히 천하를 비추어야 하는 것이다. 해가 중천에 가면 기울고, 달이 차면 이지러지니, 천지가 차고 비는 것도 때와 더불어 사그러지고 살아나는데, 하물며 사람이며 하물며 귀신이랴!

象曰 雷電皆至ㅣ 豐이니 君子ㅣ 以하야 折獄致刑하나니라.
상왈 뇌전개지 풍 군자 이 절옥치형

* 상에 말하길 우레와 번개가 함께 이르는 것이 풍괘니, 군자가 본받아서 옥사를 판결하고 형벌을 이루느니라.

初九는 遇其配主호대 雖旬이나 无咎하니 往하면
초구   우기배주   수순   무구   왕

有尙이리라. 象曰 雖旬无咎니 過旬이면 災也리라.
유상   상왈 수순무구 과순   재야

* 초구는 그 짝이 되는 주인을 만나되, 비록 평등하게 하나 허물이 없으니, 가면 가상함이 있으리라.

　상에 말하길 '비록 평등하게 하나 허물이 없음'이니, 평등을 지나치면 재앙이리라.

六二는 豐其蔀라. 日中見斗니 往하면 得疑疾하리니
육이   풍기부   일중견두   왕   득의질

有孚發若하면 吉하리라.
유부발약   길

象曰 有孚發若은 信以發志也라.
상왈 유부발약   신이발지야

* 육이는 그 포장이 풍성함이라. 한 낮에 두수(斗宿)를 보니, 가면 의심의 병(의심과 질투)을 얻으리니, 믿음을 두어 뜻을 펴나가면 길하리라.

　상에 말하기를 '믿음을 두어 뜻을 폄'은 믿음으로써 뜻을 발함이라.

九三은 豐其沛라. 日中見沫요 折其右肱이니 无咎니라.
구삼   풍기패   일중견매   절기우굉   무구

象曰 豐其沛라 不可大事也요
상왈 풍기패   불가대사야

折其右肱이라 終不可用也라.
절기우굉   종불가용야

* 구삼은 그 장막이 풍성함이라. 한 낮에 작은 별을 보고 그 오른팔을 끊음이니, 허물할 데 없느니라.

　상에 말하기를 '그 장막을 풍성하게 함'이라 큰 일을 할 수 없고, '그 오른팔을 끊음'이라 마침내 쓸 수 없다.

九四는 **豐其蔀**라 **日中見斗**니 **遇其夷主**하면 **吉**하리라.
구사   풍기부   일중견두   우기이주   길

象曰 豐其蔀는 **位不當也**일새요
상왈 풍기부   위부당야

日中見斗는 **幽不明也**일새요 **遇其夷主**는 **吉行也**라.
일중견두   유불명야   우기이주   길행야

* 구사는 그 포장을 풍성하게 했기 때문에 한 낮에 두수를 보니, 평등한 주인(아래 있는 어진 사람)을 만나면 길하리라.

상에 말하기를 '그 포장을 풍성하게 함'은 자리가 마땅치 않기 때문이고, '한 낮에 두수를 봄'은 어두워서 밝지 못하기 때문이며, '그 평등한 주인을 만남'은 길하게 행함이라.

六五는 **來章**이면 **有慶譽**하야 **吉**하리라.
육오   래장   유경예   길

象曰 六五之吉은 **有慶也**라.
상왈 육오지길   유경야

* 육오는 빛난 것을 오게 하면, 경사와 명예가 있어서 길하리라.

상에 말하기를 '육오의 길함'은 경사가 있음이라.

上六은 **豐其屋**하고 **蔀其家**라. **闚其戶**하니 **闃其无人**하야
상육   풍기옥   부기가   규기호   격기무인

三歲라도 **不覿**이로소니 **凶**하니라. **象曰 豐其屋**은 **天際翔**
삼세   부적   흉   상왈 풍기옥   천제상

也요 **闚其戶闃其无人**은 **自藏也**라.
야   규기호격기무인   자장야

* 상육은 그 집을 풍성하게 하고 그 집을 포장으로 가림이라. 그 문안을 엿보니 고요하고 사람이 없어서 삼년이 되어도 보지 못하니 흉하니라.

상에 말하기를 '그 집을 풍성하게 함'은 자신이 하늘 끝까지 오름이고, '그 문안을 엿보니 고요하고 사람이 없음'은 스스로 감추고 피하는 것이다.

離上 艮下 火山旅(56)
화 산 려

旅는 小亨코 旅貞하야 吉하니라.
려 소형 여정 길

* 려는 조금 형통하고 나그네가 바르게 해서 길하니라.

彖曰 旅小亨은 柔ㅣ 得中乎外而順乎剛하고
단왈 여소형 유 득중호외이순호강

止而麗乎明이라.
지이이호명

是以小亨旅貞吉也니 旅之時義ㅣ 大矣哉라!
시이소형여정길야 여지시의 대의재

* 단에 말하기를 '려가 조금 형통함'은 유(음)가 밖에서 중을 얻어 강(上九, 九四)에 순하고, 그쳐서 밝게 걸려 있음이라, 이 때문에 '조금 형통하고 나그네가 바르게 해서 길함'이니, 려의 때와 뜻이 크도다.

象曰 山上有火ㅣ 旅니
상왈 산상유화 려

君子ㅣ 以하야 明慎用刑하며 而不留獄하나니라.
군자 이 명신용형 이불류옥

* 상에 말하기를 산 위에 불이 있는 것이 려괘니, 군자가 본받아서 형벌 씀을 밝게 하고 삼가며, 옥에 오랫동안 머무르게 하지 않느니라.

初六은 旅瑣瑣니 斯其所取災니라.
초육 여쇄쇄 사기소취재

象曰 旅瑣瑣는 志窮하야 災也라.
상왈 여쇄쇄   지궁   재야

* 초육은 나그네가 추잡하고 자잘함이니, 그 재앙을 취함이라.
  상에 말하기를 '나그네가 추잡하고 자잘하다' 함은 뜻이 궁해서 재앙이 있는 것이다.

六二는 旅卽次하야 懷其資하고 得童僕貞이로다.
육이   여즉차   회기자   득동복정

象曰 得童僕貞은 終无尤也리라.
상왈 득동복정   종무우야

* 육이는 나그네가 여관에 나아가서 그 노자를 품고 아이 종의 바름을 얻음이로다.
  상에 말하기를 '아이 종의 바름을 얻음'은 마침내 허물이 없으리라.

九三은 旅焚其次하고 喪其童僕貞이니 厲하니라.
구삼   여분기차   상기동복정   려

象曰 旅焚其次하니 亦以傷矣요
상왈 여분기차   역이상의

以旅與下하니 其義ㅣ 喪也라.
이려여하   기의 상야

* 구삼은 나그네가 여관을 태우고, 아이 종의 바름을 잃으니 위태하니라.
  상에 말하기를 '나그네가 그 여관을 태웠으니' 또한 상하게 되고, (구삼이) 나그네로써 포악하게 아래를 대접하니 그 의리를 잃게 되는 것이다.

九四는 旅于處하고 得其資斧하나 我心은 不快로다.
구사   여우처   득기자부   아심   불쾌

象曰 旅于處는 未得位也니 得其資斧하나 心未快也라.
상왈 여우처   미득위야   득기자부   심미쾌야

* 구사는 나그네가 거처하게 되고, 그 노자와 도끼(도구)를 얻었으나, 내 마음은 유쾌하지 못하도다.

상에 말하기를 '나그네가 거처하게 되었다' 함은 지위를 얻지 못한 것이니, '그 노자와 도끼를 얻었으나' 마음은 유쾌하지 못하다.

六五는 射雉一矢亡이라 終以譽命이리라.
육오 석치일시망   종이예명

象曰 終以譽命은 上逮也일새라.
상왈 종이예명   상체야

* 육오는 꿩을 쏴서 한 화살에 잡았다. 마침내 명예와 복록이 있으리라.

상에 말하기를 '마침내 명예와 복록이 있음'은 명예가 위로 미치기 때문이다.

上九는 鳥焚其巢니 旅人이 先笑後號咷라.
상구 조분기소   여인   선소후호조

喪牛于易니 凶하니라.
상우우이   흉

象曰 以旅在上하니 其義焚也요
상왈 이려재상   기의분야

喪牛于易하니 終莫之聞也로다.
상우우이   종막지문야

* 상구는 새가 그 둥지를 불사르니 나그네가 먼저는 웃고 뒤에는 울부짖는다. 소를 소홀히하고 업수이 여겨 잃음이니 흉하니라.

상에 말하기를 나그네로 위에 있으니 그 의의가 타게 되는 것이고, '소를 쉽게 해서 잃었으니' 마침내 깨닫지 못한 것이다.

重風巽(57)
중풍손

巽上
巽下

巽은 小亨하니 利有攸往하며 利見大人하니라.
손   소형   이유유왕   이견대인

* 손은 조금 형통하니, 가는 바를 둠이 이로우며 대인을 봄이 이로우니라.

彖曰 重巽으로 以申命하나니
단왈 중손   이신명

剛이 巽乎中正而志行하며 柔ㅣ 皆順乎剛이라.
강   손호중정이지행   유   개순호강

是以小亨하니 利有攸往하며 利見大人하니라.
시이소형   이유유왕   이견대인

* 단에 말하기를 거듭 공손함으로써 명령을 거듭 펴나니, 강은 중정한 도를 순히 따라서 뜻이 행하며, 유는 강에게 다 순하게 한다. 이렇기 때문에 조금 형통하니, 가는 것이 이로우며 대인을 봄이 이로우니라.

象曰 隨風이 巽이니 君子ㅣ 以하야 申命行事하나니라.
상왈 수풍   손   군자   이   신명행사

* 상에 말하기를 따르는 바람이 손괘니, 군자가 본받아서 명을 거듭 펴서 일을 행하느니라.

初六은 進退니 利武人之貞이니라.
초육   진퇴   이무인지정

象曰 進退는 志疑也요 利武人之貞은 志治也라.
상왈 진퇴   지의야   이무인지정   지치야

* 초육은 나아가고 물러감이니 무인의 정고함이 이로우니라.
　상에 말하기를 '나아가고 물러감'은 뜻이 의심스러운 것이고, '무인의 정고함이 이롭다'는 것은 뜻이 다스려짐이라.

九二는 巽在牀下니 用史巫紛若하면 吉코 无咎리라.
구 이　손재상하　용사무분약　　길　무구

象曰 紛若之吉은 得中也일새라.
상왈 분약지길　 득중야

* 구이는 겸손해서 평상 아래 있음이니, 사와 무를 씀이 많게 하면(정성껏 열심히 설득하면) 길하고 허물이 없으리라.
　상에 말하기를 '많게 해서 길함'은 중을 얻었기 때문이다.

九三은 頻巽이니 吝하니라.
구 삼　빈손　　린

象曰 頻巽之吝은 志窮也라.
상왈 빈손지린　 지궁야

* 구삼은 자주 겸손함이니 인색하니라.
　상에 말하기를 '자주 겸손해서 인색함'은 뜻이 궁한 것이다.

六四는 悔ㅣ 亡하니 田獲三品이로다.
육사　회　망　　 전획삼품

象曰 田獲三品은 有功也라.
상왈 전획삼품　 유공야

* 육사는 후회가 없어지니 사냥해서 삼품(모두를 만족시키는 사냥물)을 얻도다.
　상에 말하기를 '사냥해서 삼품을 얻는다'는 것은 공이 있음이라.

九五는 貞이면 吉하야 悔ㅣ 亡하야 无不利니
구 오　정　　길　　 회　망　　 무불리

无初有终이라.
무초유종

先庚三日하며 **後庚三日**이면 **吉**하리라.
선경삼일 후경삼일   길

象曰 九五之吉은 **位正中也**일새라.
상왈 구오지길   위정중야

* 구오는 바르게 하면 길해서 후회가 없어져 이롭지 않음이 없으니, 처음은 없고 마침은 있다. 경으로 부터 먼저 삼 일하고, 경으로 부터 뒤로 삼 일하면 길하리라.

상에 말하기를 구오의 길함은 자리가 정히 중을 얻었기 때문이다.

上九는 **巽在牀下**하야 **喪其資斧**니 **貞**에 **凶**하니라.
상구 손재상하   상기자부   정 흉

象曰 巽在牀下는 **上窮也**요
상왈 손재상하   상궁야

喪其資斧는 **正乎**아 **凶也**라.
상기자부 정호 흉야

* 상구는 겸손해서 평상 아래에 있어서 그 재물(資)과 권력(斧)을 잃음이니 고집해서 흉하니라.

상에 말하기를 '겸손해서 평상 아래에 있음'은 위에 있으면서 궁한 것이고, '그 재물과 권력을 잃음'은 바르겠는가? 흉하다.

兌上 兌下 重澤兌(58)
중 택 태

兌는 亨하니 利貞하니라.
태 형 이정

* 태는 형통하니 바르게 함이 이로우니라.

彖曰 兌는 說也니 剛中而柔外하야 說以利貞이라.
단왈 태 열야 강중이유외 열이이정
是以順乎天而應乎人하야 說以先民하면 民忘其勞하고
시이순호천이응호인 열이선민 민망기로
說以犯難하면 民忘其死하나니 說之大ㅣ民勸矣哉라.
열이범난 민망기사 열지대 민권의재

* 단에 말하기를 태는 기뻐함이니, 강(양)이 중에 있고 유(음)가 밖에 있어서, 기뻐하면서 바르게 함이 이롭다. 이 때문에 하늘에 순하고 사람에 응해서, 기쁨으로써 백성에게 먼저하면 백성이 그 수고로움을 잊고, 기쁨으로써 어려움을 범하면 백성이 그 죽음을 잊나니, 기뻐함의 큼은 백성이 서로 권하여 따르게 되느니라.

象曰 麗澤이 兌니 君子ㅣ以하야 朋友講習하나니라.
상왈 이택 태 군자 이 붕우강습

* 상에 말하기를 걸린 못이 태괘니, 군자가 본받아서 벗들과 강습하나니라.

初九는 和兌니 吉하니라.
초구 화태 길
象曰 和兌之吉은 行未疑也일새라.
상왈 화태지길 행미의야

* 초구는 화합해서 기뻐함이니 길하니라.

상에 말하기를 '화합해서 기뻐함이니 길함'은 행함에 의심스러운 데가 없기 때문이다.

九二는 孚兌니 吉코 悔ㅣ 亡하니라.
구이 부태 길 회 망

象曰 孚兌之吉은 信志也일새라.
상왈 부태지길   신지야

* 구이는 미더워서 기뻐함이니 길하고 후회가 없어지니라.

상에 말하기를 '미더워 기뻐해서 길함'은 뜻이 미덥기 때문이다.

六三은 來兌니 凶하니라.
육삼   래태 흉

象曰 來兌之凶은 位不當也일새라.
상왈 래태지흉   위부당야

* 육삼은 와서 기뻐함이니 흉하니라.

상에 말하기를 '와서 기뻐해 흉하다' 함은 자리가 마땅치 못하기 때문이다.

九四는 商兌未寧이니 介疾이면 有喜리라.
구사   상태미녕   개질   유희

象曰 九四之喜는 有慶也라.
상왈 구사지희   유경야

* 구사는 계산하고 헤아리며 기뻐해서 편치 못함이니, 분별해서 미워하면 기쁨이 있으리라.

상에 말하기를 '구사의 기쁨'은 경사가 있음이라.

九五는 孚于剝이면 有厲리라.
구오   부우박   유려

象曰 孚于剝은 位正當也일새라.
상왈 부우박   위정당야

* 구오는 깎는데도 믿으면 위태함이 있으리라.

　상에 말하기를 '깎는데도 믿음'은 자리가 바로 그런 자리를 당했기 때문이다.

上六은 引兌라.
상육　인태

象曰 上六引兌ㅣ 未光也라.
상왈 상육인태　미광야

* 상육은 이끌어서 기뻐함이라.

　상에 말하기를 '상육이 이끌어 기뻐함'은 빛나지 못함이라.

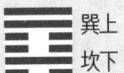

巽上
坎下
風水渙(59)
풍 수 환

渙은 亨하니 王假有廟며 利涉大川하니 利貞하니라.
환   형   왕격유묘   이섭대천   이정

* 환은 형통하니, 왕이 종묘를 둠에 지극하며 큰 내를 건넘이 이로우니, 바르게 함이 이로우니라.

彖曰 渙亨은 剛이 來而不窮하고
단왈 환형   강   래이불궁

柔ㅣ 得位乎外而上同할새라.
유   득위호외이상동

王假有廟는 王乃在中也요
왕격유묘   왕내재중야

利涉大川은 乘木하야 有功也라.
이섭대천   승목   유공야

* 단에 말하기를 '환이 형통함'은 강(양)이 내려와서 궁하지 않고, 유(음)가 밖에서 지위를 얻어 위와 같이하기 때문이다. '왕이 종묘를 둠에 지극함'은 왕이 곧 백성의 마음을 얻음이고, '큰 내를 건넘이 이롭다'는 것은 나무를 타서(배를 탐) 공이 있음이라.

象曰 風行水上이 **渙**이니
상왈 풍행수상   환

先王이 **以**하야 **享于帝**하며 **立廟**하니라.
선왕   이   향우제   입묘

* 상에 말하기를 바람이 물 위에 부는 것이 환괘니, 선왕이 본받아서 상제께 제사지내고 종묘를 세우느니라.

初六은 **用拯**호대 **馬**ㅣ **壯**하니 **吉**하니라.
초육 용증 마 장 길

象曰 初六之吉은 **順也**일새라.
상왈 초육지길 순야

* 초육은 구원하되 말이 씩씩하니 길하니라.
 상에 말하기를 초육의 길함은 순하게 하기 때문이다.

九二는 **渙**에 **奔其机**면 **悔**ㅣ **亡**하리라.
구이 환 분기궤 회 망

象曰 渙奔其机는 **得願也**라.
상왈 환분기궤 득원야

* 구이는 흩어지는 때에 그 평상으로 달려가면 후회가 없어지리라.
 상에 말하기를 '흩어지는 때에 그 평상으로 달려감'은 원하는 것을 얻음이라.

六三은 **渙**에 **其躬**이 **无悔**니라.
육삼 환 기궁 무회

象曰 渙其躬은 **志在外也**일새라.
상왈 환기궁 지재외야

* 육삼은 흩어지는 때에 제 몸만은 후회가 없다.
 상에 말하기를 '흩어지는 때에 제 몸만은 후회가 없음'은 뜻이 밖에 있기 때문이다(상구가 응원한다).

六四는 **渙**에 **其群**이라 **元吉**이니
육사 환 기군 원길

渙에 **有丘**ㅣ **匪夷所思**리라.
환 유구 비이소사

象曰 渙其群元吉은 **光大也**라.
상왈 환기군원길 광대야

* 육사는 흩어지는 때에 무리되게 함이라. 크게 착하고 길하니, 흩

어지는 때에 언덕과 같은 모임이 있음이 보통 사람의 생각할 바 아니다.

상에 말하기를 '흩어지는 때에 무리되게 함이라. 크게 착하고 길함'은 빛나고 큼이라.

九五는 渙에 汗其大號면 渙에 王居니 无咎리라.
구오　환　한기대호　환　왕거　무구

象曰 王居无咎는 正位也라.
상왈 왕거무구　정위야

* 구오는 흩어지는 때에 그 큰 호령을 땀나듯 하면, 흩어지는 때에 왕이 해야할 도리니 허물이 없으리라.

상에 말하기를 '왕이 해야할 도리니 허물이 없음'은 지위가 바른 것이다.

上九는 渙에 其血이 去하며 逖에 出하면 无咎리라.
상구　환　기혈 거　척 출　무구

象曰 渙其血은 遠害也라.
상왈 환기혈　원해야

* 상구는 흩어지는 때에 그 피가 가게 하고, 두려움에서 나가면 허물이 없으리라.

상에 말하기를 '흩어지는 때에 그 피가 가게 함'은 해를 멀리함이라.

䷻ 坎上 兌下 水澤節(60)
수 택 절

節은 亨하니 苦節은 不可貞이니라.
절 형 고절 불가정

* 절은 형통하니 쓴 절제는 바르지 못하니라.

彖曰 節亨은 剛柔ㅣ 分而剛得中할새요
단왈 절형 강유 분이강득중

苦節不可貞은 其道ㅣ 窮也일새라.
고절불가정 기도 궁야

說以行險하고 當位以節하고 中正以通하니라.
열이행험 당위이절 중정이통

天地節而四時成하나니 節以制度하야
천지절이사시성 절이제도

不傷財하며 不害民하나니라.
불상재 불해민

* 단에 말하기를 '절이 형통함'은 강(양)과 유(음)가 나뉘고 강이 중을 얻기 때문이며, '쓴 절제는 바르지 못하다' 함은 그 도가 궁함이라. 기뻐하면서 험한 데를 행하고, 지위를 맡아서 절제하며, 중정해서 통하니라. 천지가 절제함에 사시가 이루어지니, 절제함으로써 제도를 만들어서 재물을 상하지 않으며 백성을 해하지 않는다.

象曰 澤上有水ㅣ 節이니
상왈 택상유수 절

君子ㅣ 以하야 制數度하며 議德行하나니라.
군자 이 제수도 의덕행

* 상에 말하기를 못 위에 물이 있음이 절괘니, 군자가 본받아서

수와 법도를 제정하며, 덕행을 의논하나라.

初九는 不出戶庭이면 无咎리라.
초구 불출호정 무구

象曰 不出戶庭이나 知通塞也니라.
상왈 불출호정 지통색야

* 초구는 호정(방문 밖의 뜰)에 나가지 않으면 허물이 없을 것이다. 상에 말하기를 '호정에 나가지 않음'이나 통하고 막힘을 아느니라.

九二는 不出門庭이라 凶하니라.
구이 불출문정 흉

象曰 不出門庭凶은 失時l 極也일새라.
상왈 불출문정흉 실시 극야

* 구이는 문정(대문 안의 뜰)에 나가지 않는지라 흉하니라.
상에 말하기를 '문정을 나가지 않아 흉함'은 심하게 때를 잃었기 때문이다.

六三은 不節若이면 則嗟若하리니 无咎니라.
육삼 부절약 즉차약 무구

象曰 不節之嗟를 又誰咎也리오?
상왈 부절지차 우수구야

* 육삼은 절제하지 않으면 곧 슬퍼하리니 허물할 데 없느니라.
상에 말하기를 '절제하지 못해 슬퍼함'을 또 누구를 허물하리오?

六四는 安節이니 亨하니라.
육사 안절 형

象曰 安節之亨은 承上道也라.
상왈 안절지형 승상도야

* 육사는 절제함에 편안함이니 형통하니라.
상에 말하기를 '절제함에 편안히해서 형통함'은 위의 도를 받듦이라.

九五는 甘節이라 吉하니 往하면 有尙하리라.
구오 감절 길 왕 유상

象曰 甘節之吉은 居位中也일새라.
상왈 감절지길 거위중야

* 구오는 달콤한 절제라 길하니, 가면 아름답게 숭상됨이 있으리라.

　상에 말하기를 '달콤하게 절제함의 길함'은 거처하는 자리가 중을 얻었기 때문이다.

上六은 苦節이니 貞이면 凶코 悔면 亡하리라.
상육 고절 정 흉 회 망

象曰 苦節貞凶은 其道ㅣ 窮也일새라.
상왈 고절정흉 기도 궁야

* 상육은 쓴 절제니, 고집하면 흉하고 뉘우치면(중도를 따르면) (흉함이) 없어지리라.

　상에 말하기를 '쓴 절제니, 고집하면 흉함'은 그 도가 궁하기 때문이다.

䷼ 巽上 兌下 風澤中孚(61)
풍 택 중 부

中孚는 豚魚면 吉하니 利涉大川하고 利貞하니라.
중부 돈어 길 이섭대천 이정

* 중부는 돼지와 물고기까지 믿게하면 길하니, 큰 내를 건넘이 이롭고 바르게 함이 이로우니라.

象曰 中孚는 柔在內而剛得中할새니
단왈 중부 유재내이강득중

說而巽할새 孚ㅣ 乃化邦也니라.
열이손 부 내화방야

豚魚吉은 信及豚魚也요 利涉大川은 乘木고 舟虛也요
돈어길 신급돈어야 이섭대천 승목 주허야

中孚코 以利貞이면 乃應乎天也라.
중부 이이정 내응호천야

* 단에 말하기를 중부는 유(음)가 안에 있고, 강(양)이 중을 얻기 때문이니, 기뻐하고 겸손하기 때문에 믿음이 나라를 교화하니라.
'돼지와 물고기까지 하면 길하다' 함은 믿음이 돼지와 물고기에까지 미침이고, '큰 내를 건넘이 이로움'은 나무를 타고 배가 비었기 때문이며, 중심이 미덥고 바르게 해서 이로우면, 곧 하늘에 응하리라.

象曰 澤上有風이 中孚니
상왈 택상유풍 중부

君子ㅣ 以하야 議獄하며 緩死하나니라.
군자 이 의옥 완사

* 상에 말하기를 못 위에 바람이 있음이 중부괘니, 군자가 본받아

서 옥사를 의논하며 죽음을 늦춰주느니라.

初九는 虞하면 吉하니 有他면 不燕하리라.
초구 우   길   유타   불연

象曰 初九虞吉은 志未變也일새라.
상왈 초구우길   지미변야

* 초구는 헤아려서 하면 길하니, 다른 마음이 있으면 편치 못할 것이다.

상에 말하기를 '초구가 헤아려서 하면 길함'은 뜻이 변치 않기 때문이다.

九二는 鳴鶴이 在陰이어늘 其子ㅣ 和之로다.
구이   명학   재음   기자 화지

我有好爵하야 **吾與爾靡之**하노라.
아유호작   오여이미지

象曰 其子和之는 中心願也라.
상왈 기자화지   중심원야

* 구이는 우는 학이 그늘에 있거늘 그 자식이 화답하도다. 내게 좋은 벼슬이 있어서 나와 네가 더불어 얽히노라.

상에 말하기를 '그 자식이 화답함'은 속마음에서 원하기 때문이다.

六三은 得敵하야 或鼓或罷或泣或歌로다.
육삼   득적   혹고혹파혹읍혹가

象曰 或鼓或罷는 位不當也일새라.
상왈 혹고혹파   위부당야

* 육삼은 적을 얻어서 혹 두드리고, 혹 파하며, 혹 울고, 혹 노래하도다.

상에 말하기를 '혹 두드리고 혹 파함'은 자리가 마땅하지 못하기 때문이다.

六四는 月幾望이니 馬匹이 亡하면 无咎리라.
육사   월기망   마필 망   무구

象曰 馬匹亡은 絶類하야 上也라.
상왈 마필망   절류   상야

* 육사는 달이 거의 보름이니 말의 짝이 없어지면 허물이 없으리라.

  상에 말하기를 '말의 짝이 없어짐'은 동류를 끊고 위로 가는 것이다.

九五는 有孚ㅣ 攣如면 无咎리라.
구오   유부 연여 무구

象曰 有孚攣如는 位正當也일새라.
상왈 유부연여   위정당야

* 구오는 믿음이 있기를 당기는 듯 하면 허물이 없으리라.

  상에 말하기를 '믿음이 있기를 당기는 듯 함'은 자리가 바르고 마땅하기 때문이다.

上九는 翰音이 登于天이니 貞하야 凶토다.
상구   한음 등우천   정   흉

象曰 翰音登于天이니 何可長也리오?
상왈 한음등우천   하가장야

* 상구는 나는 소리가 하늘에 오름이니 고집해서 흉하니라.

  상에 말하기를 '나는 소리가 하늘에 오름'이니 어찌 오래갈 수 있겠는가?

雷山小過(62)

震上
艮下

뇌산소과

小過는 亨하니 利貞하니 可小事요 不可大事니
소과   형   이정   가소사   불가대사

飛鳥遺之音에 不宜上이요 宜下면 大吉하리라.
비조유지음   불의상   의하   대길

* 소과는 형통하니 바르게 함이 이로우니, 작은 일은 할 수 있고 큰 일은 할 수 없으니, 나는 새가 소리를 남김에 위로 가는 것은 마땅치 않고, 아래로 가게 하면 크게 길하리라.

彖曰 小過는 小者ㅣ 過而亨也니 過以利貞은
단왈 소과   소자   과이형야   과이이정

與時行也니라. 柔得中이라 是以小事ㅣ 吉也요
여시행야   유득중   시이소사   길야

剛失位而不中이라 是以不可大事也니라.
강실위이부중   시이불가대사야

有飛鳥之象焉하니라.
유비조지상언

飛鳥遺之音不宜上宜下大吉은 上逆而下順也일새라.
비조유지음불의상의하대길   상역이하순야

* 단에 말하길 '소과'는 작은 것이 지나쳐서 형통함이니, 지나치게 해서 바르게 함에 이로운 것은 때와 더불어 행함이라. 유가 중을 얻은 까닭에 작은 일이 길한 것이고, 강이 자리를 잃고 득중(得中)하지 못한 까닭에 큰 일에는 옳지 않은 것이다. 나는 새의 상이 있느니라. '나는 새가 소리를 남김에 위로 가는 것은 마땅치 않고, 아래로 가게 하면 크게 길하리라'는 것은 위로 감은 거스르는 것이고 아래로 옴은 순한 까닭이다.

象曰 山上有雷ㅣ 小過니 君子ㅣ 以하야
상왈 산상유뢰 소과 군자 이

行過乎恭하며 喪過乎哀하며 用過乎儉하나니라.
행과호공 상과호애 용과호검

* 상에 말하기를 산 위에 우레가 있는 것이 소과괘니, 군자가 본받아서 행동은 공손함에 지나치며, 상사(喪事)는 슬픔에 지나치며, 쓰는 것은 검소함에 지나치게 하느니라.

初六은 飛鳥라 以凶이니라.
초육 비조 이흉

象曰 飛鳥以凶은 不可如何也라.
상왈 비조이흉 불가여하야

* 초육은 나는 새라. 그래서 흉하니라.
상에 말하기를 '나는 새라서 흉하다' 함은 어찌할 수 없는 것이다.

六二는 過其祖하야 遇其妣니 不及其君이요 遇其臣이면
육이 과기조 우기비 불급기군 우기신

无咎리라. 象曰 不及其君은 臣不可過也라.
무구 상왈 불급기군 신불가과야

* 육이는 그 할아버지를 지나서 그 할머니를 만남이니, 그 인군에 미치지 않고 그 신하를 만나면 허물이 없을 것이다. 상에 말하기를 '그 인군에 미치지 못한다' 함은 신하의 분수를 지날 수 없는 것이다.

九三은 弗過防之면 從或戕之라 凶하리라.
구삼 불과방지 종혹장지 흉

象曰 從或戕之ㅣ 凶如何也오!
상왈 종혹장지 흉여하야

* 구삼은 지나치게 막지 않으면, 혹 따라와 해치므로 흉할 것이다. 상에 말하기를 '따라와 혹 해침'이니 흉함이 어떠하리오!

九四는 无咎하니 **弗過**하야 **遇之**니
구사 무구 불과 우지

往이면 **厲**라 **必戒**며 **勿用永貞**이니라.
왕 려 필계 물용영정

象曰 弗過遇之는 位不當也요
상왈 불과우지 위부당야

往厲必戒는 終不可長也일새라.
왕 려 필계 종불가장야

* 구사는 허물이 없으니 지나치지 않아서 만남이니, 가면 위태하므로 반드시 경계하며, 계속 고집하지 말 것이니라.

 상에 말하기를 '지나치지 않아서 만남'은 자리가 마땅치 않음이고, '가면 위태해서 반드시 경계함'은 마침내 자라지는 못할 것이기 때문이다.

六五는 密雲不雨는 自我西郊니 **公**이 **弋取彼在穴**이로다.
육오 밀운불우 자아서교 공 익취피재혈

象曰 密雲不雨는 已上也일새라.
상왈 밀운불우 이상야

* 육오는 빽빽한 구름에 비가 오지 않는 것은 내가 서교로부터 함이니, 공이 구멍에 있는 것을 쏘아 취하도다.

 상에 말하기를 '빽빽한 구름에 비오지 않음'은 이미 올라갔기 때문이다.

上六은 弗遇하야 **過之**니 **飛鳥ㅣ 離之**라 **凶**하니
상육 불우 과지 비조 이지 흉

是謂災眚이라. **象曰 弗遇過之는 已亢也**라.
시위재생 상왈 불우과지 이항야

* 상육은 만나지 않아서 지나가니 나는 새가 떠남이라. 흉하니 이것을 재생이라고 이른다.

 상에 말하기를 '만나지 않아서 지나감'은 이미 지나치게 높고 극한 것이다.

☵ 坎上 水火旣濟(63)
☲ 離下 수 화 기 제

旣濟는 亨이 小니 利貞하니 初吉코 終亂하니라.
기제 형 소 이정 초길 종란

* 기제는 형통할 것이 작은 것이니 바르게 함이 이로우니, 처음은 길하고 나중은 어지러우니라.

彖曰 旣濟亨은 小者ㅣ 亨也니
단왈 기제형 소자 형야

利貞은 剛柔ㅣ 正而位當也일새라.
이정 강유 정이위당야

初吉은 柔得中也요 終止則亂은 其道ㅣ 窮也라.
초길 유득중야 종지즉란 기도 궁야

* 단에 말하기를 '기제가 형통함'은 작은 것이 형통함이니, '바르게 함이 이로움'은 강(양)과 유(음)가 바르고 자리가 마땅하기 때문이다. '처음은 길하다' 함은 유가 득중한 것이고, 마지막에 그치면 어지러워짐은 그 도가 궁한 것이다.

象曰 水在火上이 旣濟니
상왈 수재화상 기제

君子ㅣ 以하야 思患而豫防之하나니라.
군자 이 사환이예방지

* 상에 말하기를 물이 불 위에 있는 것이 기제괘니, 군자가 본받아서 환란을 생각해서 미리 막느니라.

初九는 曳其輪하며 濡其尾면 无咎리라.
초구 예기륜 유기미 무구

象曰 曳其輪은 義无咎也니라.
상왈 예기륜   의무구야

* 초구는 그 수레바퀴를 당기며 그 꼬리를 적시면 허물이 없으리라.

 상에 말하기를 '그 수레바퀴를 당김'은 의리가 허물이 없다.

六二는 婦喪其茀이니 勿逐하면 七日애 得하리라.
육이   부상기불   물축   칠일 득

象曰 七日得은 以中道也라.
상왈 칠일득   이중도야

* 육이는 지어미가 그 포장을 잃음이니, 쫓지 말면 칠 일에 얻으리라.

 상에 말하기를 '칠일에 얻음'은 중도로써 함이라.

九三은 高宗이 伐鬼方하야 三年克之니 小人勿用이니라.
구삼   고종   벌귀방   삼년극지   소인물용

象曰 三年克之는 憊也라.
상왈 삼년극지   비야

* 구삼은 고종이 귀방을 쳐서 삼 년 만에 이기니 소인은 쓰지 말아야 한다.

 상에 말하기를 '삼년 만에 이김'은 곤한 것이다.

六四는 繻에 有衣袽코 終日戒니라.
육사   유   유의여   종일계

象曰 終日戒는 有所疑也.
상왈 종일계   유소의야

* 육사는 젖는 데 걸레를 두고, 종일토록 경계함이니라.

 상에 말하기를 '종일토록 경계함'은 의심스러운 바가 있음이라.

九五는 東鄰殺牛ㅣ 不如西鄰之禴祭ㅣ
구오   동린살우   불여서린지약제

實受其福이니라.
실수기복

象曰 東鄰殺牛ㅣ 不如西鄰之時也니
상왈 동린살우 불여서린지시야

實受其福은 **吉大來也**라.
실수기복 길대래야

* 구오는 동쪽 이웃의 소를 잡음이, 서쪽 이웃의 간략한 제사가 실제로 복을 받는 것만 못하니라.

 상에 말하기를 '동쪽 이웃의 소를 잡음이 서쪽 이웃의 때를 얻음만 못하니, 실제로 그 복을 받는다' 함은 길함이 크게 오는 것이다.

上六은 **濡其首**라 **厲**하니라.
상육 유기수 려

象曰 濡其首厲ㅣ 何可久也리오?
상왈 유기수려 하가구야

* 상육은 그 머리를 적심이라. 위태하니라.

 상에 말하기를 '그 머리를 적셔 위태함'이 어찌 오래 갈 수 있겠는가?

離上 坎下 火水未濟(64)
화 수 미 제

未濟는 亨하니
미제 형

小狐ㅣ 汔濟하야 濡其尾니 无攸利하니라.
소호 흘제 유기미 무유리

* 미제는 형통하니, 어린 여우가 용감하게 건너다가 그 꼬리를 적심이니, 이로울 바가 없느니라.

象曰 未濟亨은 柔得中也요
단왈 미제형 유득중야

小狐汔濟는 未出中也요
소호흘제 미출중야

濡其尾无攸利는 不續終也라.
유기미무유리 불속종야

雖不當位나 剛柔ㅣ 應也니라.
수부당위 강유 응야

* 단에 말하기를 '미제는 형통하다' 함은 유(음)가 중을 얻었기 때문이고, '어린 여우가 용감하게 건너다가 그 꼬리를 적심'은 가운데서 나오지 못한 것이며, '그 꼬리를 적심이니 이로울 바가 없다'는 것은 이어서 마치지 못함이라. 비록 자리는 마땅치 못하나 강(양)과 유(음)가 응하니라.

象曰 火在水上이 未濟니
상왈 화재수상 미제

君子ㅣ 以하야 愼辨物하야 居方하나니라.
군자 이 신변물 거방

* 상에 말하기를 불이 물 위에 있는 것이 미제괘니, 군자가 본받아서 신중하게 물건을 분별해서 각기 방소에 거처하게 하나니라.

初六은 濡其尾니 吝하니라.
초육 유기미 린

象曰 濡其尾ㅣ 亦不知ㅣ 極也라.
상왈 유기미 역부지 극야

* 초육은 그 꼬리를 적심이니 인색하니라.
  상에 말하기를 '그 꼬리를 적심'은 또한 알지 못함의 극치인 것이다.

九二는 曳其輪이면 貞하야 吉하리라.
구이 예기륜 정 길

象曰 九二貞吉은 中以行正也일새라.
상왈 구이정길 중이행정야

* 구이는 그 바퀴를 당기면 바르게 해서 길하리라.
  상에 말하기를 '구이가 바르게 해서 길함'은 중도로 바름을 행하기 때문이다.

六三은 未濟에 征이면 凶하나 利涉大川하니라.
육삼 미제 정 흉 이섭대천

象曰 未濟征凶은 位不當也일새라.
상왈 미제정흉 위부당야

* 육삼은 미제에 나아가면 흉하나, 큰 내를 건넘이 이로우니라.
  상에 말하기를 '미제에 나아가면 흉함'은 자리가 마땅치 못하기 때문이다.

九四는 貞이면 吉하야 悔ㅣ 亡하니
구사 정 길 회 망

震用伐鬼方하야 三年에야 有賞于大國이로다.
진용벌귀방 삼년 유상우대국

象曰 貞吉悔亡은 志行也라.
상왈 정길회망   시행야

 * 구사는 바르게 하면 길해서 후회가 없어지리니, 움직여 귀방을 쳐서 삼 년에야 큰 나라의 상이 있도다.
   상에 말하기를 '바르게 하면 길해서 후회가 없음'은 뜻이 행해지는 것이다.

六五는 貞이라 吉하야 无悔니
육오   정   길   무회

君子之光이 有孚라 吉하니라.
군자지광   유부   길

象曰 君子之光은 其暉ㅣ 吉也라.
상왈 군자지광   기휘   길야

 * 육오는 바르기 때문에 길하여 후회가 없으니, 군자의 빛이 믿음이 있기 때문에 길하니라.
   상에 말하기를 '군자의 빛'은 그 빛남이 길하다.

上九는 有孚于飲酒면 无咎어니와
상구   유부우음주   무구

濡其首면 有孚에 失是하리라.
유기수   유부   실시

象曰 飲酒濡首ㅣ 亦不知節也라.
상왈 음주유수   역부지절야

 * 상구는 술을 마시는 데 믿음을 두면 허물이 없거니와, 그 머리를 적시면 믿음을 두는 데 옳음을 잃을 것이다.
   상에 말하기를 '술을 마시는 데 머리까지 적심'은 또한 절제를 모르는 것이다.

계사전

繫辭上傳
계사상전

❖ 제1장 ❖

天尊地卑하니 **乾坤**이 **定矣**요
천존지비   건곤   정의

卑高以陳하니 **貴賤**이 **位矣**요
비고이진   귀천   위의

動靜有常하니 **剛柔**ㅣ **斷矣**요
동정유상   강유   단의

方以類聚코 **物以群分**하니 **吉凶**이 **生矣**요
방이류취   물이군분   길흉   생의

在天成象코 **在地成形**하니 **變化**ㅣ **見矣**라.
재천성상   재지성형   변화   현의

* 하늘은 높고 땅은 낮으니 건과 곤이 정해졌고, 낮고 높음으로써 베풀었으니 귀하고 천한 것이 자리했으며, 움직임과 고요함이 상도가 있으니 강과 유가 판단되고, 방소로써 종류를 모으고 물건으로써 무리를 나누니 길하고 흉함이 생기며, 하늘에 있어서는 상을 이루고 땅에 있어서는 형체를 이루니 변화가 나타났다.

是故로 **剛柔**ㅣ **相摩**하며 **八卦**ㅣ **相盪**하야
시고   강유   상마   팔괘   상탕

鼓之以雷霆하며 **潤之以風雨**하며
고지이뢰정   윤지이풍우

日月이 **運行**하며 **一寒一暑**하야
일월   운행   일한일서

乾道ㅣ **成男**하고 **坤道**ㅣ **成女**하니
건도   성남   곤도   성녀

乾知大始이오 **坤作成物**이라.
건지대시   곤작성물

* 이렇기 때문에 강하고 부드러운 것이 서로 마찰하며 팔괘가 서로 섞여서, 우레와 번개로 고동시키며, 바람과 비로 불크며, 해와 달이 운행하며, 한 번은 춥고 한 번은 더워서, 건의 도는 남자를 이루고 곤의 도는 여자를 이루니, 건이 크게 시작함을 주관하고, 곤이 물건을 완성하는 작용을 한다.

乾以易知요 **坤以簡能**이니 **易則易知**요 **簡則易從**이요
건이이지   곤이간능   이즉이지   간즉이종

易知則有親이요 **易從則有功**이요
이지즉유친   이종즉유공

有親則可久요 **有功則可大**요
유친즉가구   유공즉가대

可久則賢人之德이요 **可大則賢人之業**이니
가구즉현인지덕   가대즉현인지업

易簡而天下之理ㅣ **得矣**니
이간이천하지리   득의

天下之理ㅣ **得而成位乎其中矣**니라.
천하지리   득이성위호기중의

* 건은 쉬움으로써 주관하고 곤은 간편함으로써 이루니, 쉬우면 알기 쉽고 간편하면 따르기 쉬우며, 알기 쉬우면 친함이 있고 따르기 쉬우면 공이 있으며, 친함이 있으면 오래할 수 있고 공이 있으면 클 수 있으며, 오래할 수 있는 것은 어진 사람의 덕이고, 클 수 있는 것은 어진 사람의 업적이니, 쉽고 간편하게 해서 천하의 이치를 얻으니, 천하의 이치를 얻으면 (사람이) 하늘과 땅 가운데서 (三才로서의) 지위를 이룰 것이다.

右는 **第一章**이라.
우   제일장

* 이상은 제 1장이다.

❖ 제 2장 ❖

聖人이 設卦하야 觀象繫辭焉하야 而明吉凶하며
성인 설괘 관상계사언 이명길흉

剛柔ㅣ 相推하야 而生變化하니
강유 상추 이생변화

是故로 吉凶者는 失得之象也요
시고 길흉자 실득지상야

悔吝者는 憂虞之象也요 變化者는 進退之象也요
회린자 우우지상야 변화자 진퇴지상야

剛柔者는 晝夜之象也요 六爻之動은 三極之道也니
강유자 주야지상야 육효지동 삼극지도야

是故로 君子ㅣ 所居而安者는 易之序也요
시고 군자 소거이안자 역지서야

所樂而玩者는 爻之辭也니
소락이완자 효지사야

✽ 성인이 괘를 베풀어서 상을 보고 말을 붙여 길하고 흉함을 밝히며, 강(양)과 유(음)가 서로 밀쳐서 변화를 낳는다. 이렇기 때문에 길함과 흉함은 얻고 잃는 상이며, 뉘우침과 인색함은 근심하고 걱정하는 상이며, 변함과 화함은 나아가고 물러나는 상이며, 강과 유는 낮과 밤의 상이며, 여섯 효의 움직임은 삼극(三極)의 도니, 이렇기 때문에 군자가 거처해서 편안히 하는 것은 역의 차례이고, 즐기며 완미하는 것은 효의 말이다.

是故로 君子ㅣ 居則觀其象而玩其辭하고
시고 군자 거즉관기상이완기사

動則觀其變而玩其占하나니
동즉관기변이완기점

是以自天祐之하야 吉无不利니라.
시이자천우지 길무불리

✽ 이렇기 때문에 군자가 거처할 때는 괘효의 상을 보고 괘효의 말

을 완미하며, 움직일 때는 괘효의 변하는 것을 봐서 그 점을 완미하나니, 이 때문에 하늘로부터 도와서 길해서 이롭지 않음이 없느니라.

右는 第二章이라.
우   제이장

* 이상은 제 2장이다.

❖ 제 3장 ❖

象者는 言乎象者也요 爻者는 言乎變者也요
단자   언호상자야   효자   언호변자야

吉凶者는 言乎其失得也요 悔吝者는 言乎其小疵也요
길흉자   언호기실득야   회린자   언호기소자야

无咎者는 善補過也니
무구자   선보과야

* '단'이라고 함은 상을 말한 것이고, '효'라 함은 변화를 말한 것이며, '길하다, 흉하다' 함은 얻고 잃음을 말한 것이며, '뉘우친다, 인색하다' 함은 조금 병폐가 있다는 말이며, '허물이 없다' 함은 허물을 잘 보완한다는 말이다.

是故로 列貴賤者는 存乎位하고 齊小大者는 存乎卦하고
시고   열귀천자   존호위   제소대자   존호괘

辯吉凶者는 存乎辭하고 憂悔吝者는 存乎介하고
변길흉자   존호사   우회린자   존호개

震无咎者는 存乎悔하니
진무구자   존호회

* 이렇기 때문에 귀하고 천함을 벌려놓은 것은 (육효의) 자리에 있고, 작고 큼을 정한 것은 괘에 있으며, 길하고 흉함을 분별한 것은 말(繫辭)에 있고, 뉘우치고 인색함을 근심하는 것은 선악의 경

계를 분별하는 데 있으며, 움직여 허물이 없음은 뉘우치는 데 있다.

是故로 **卦有小大**하야 **辭有險易**하니
시고   괘유소대   사유험이

辭也者는 **各指其所之**니라.
사야자   각지기소지

* 이렇기 때문에 괘에 작은 괘와 큰 괘가 있어서 말(계사)에 험한 말과 쉬운 말이 있으니, 말이라는 것은 각각 그 갈 바를 가리킨 것이다.

右는 **第三章**이라.
우   제삼장

* 이상은 제 3장이다.

❖ 제 4장 ❖

易이 **與天地準**이라 **故**로 **能彌綸天地之道**하나니
역   여천지준   고   능미륜천지지도

仰以觀於天文하고 **俯以察於地理**라 **是故**로
앙이관어천문   부이찰어지리   시고

知幽明之故하며 **原始反終**이라 **故**로 **知死生之說**하며
지유명지고   원시반종   고   지사생지설

精氣爲物이요 **游魂爲變**이라
정기위물   유혼위변

是故로 **知鬼神之情狀**하나니라.
시고   지귀신지정상

* 역이 천지와 더불어 같이 하기 때문에, 천지의 도를 겉으로 얽고 속으로 채우니, 우러러서 하늘의 무늬를 관찰하고 구부려 땅의 이치를 살핀다. 이렇기 때문에 그윽하고 밝음의 연고를 알며, 처음을 근원해서 마지막을 돌이켜 보기 때문에 죽고 사는 이론을 알며,

정과 기가 물건이 되고 혼이 놀아서 변하게 된다. 그렇기 때문에 귀신의 정상을 아느니라.

與天地相似라 **故**로 **不違**하나니
여천지상사 고 불위

知周乎萬物而道濟天下라 **故**로 **不過**하며
지주호만물이도제천하 고 불과

旁行而不流하야 **樂天知命**이라 **故**로 **不憂**하며
방행이불류 낙천지명 고 불우

安土하야 **敦乎仁**이라 **故**로 **能愛**하나니라.
안토 돈호인 고 능애

* 천지와 더불어 서로 같기 때문에 어긋나지 않으니, 앎이 만물을 두루하고 도는 천하를 다스리게 하기 때문에 지나치지 않으며, 곁으로 가도 잘못되지 않아서 하늘을 즐거워하고 명을 알기 때문에 근심하지 않으며, 주어진 장소에 편안히 해서 어질음에 돈독히 하기 때문에 사랑할 수 있느니라.

範圍天地之化而不過하며 **曲成萬物而不遺**하며
범위천지지화이불과 곡성만물이불유

通乎晝夜之道而知라 **故**로 **神无方而易无體**하니라.
통호주야지도이지 고 신무방이역무체

* 하늘과 땅의 조화를 본뜨고 테두리해서 지나치지 않게 하며, 만물을 빠짐없이 이루어서 버리지 않으며, 낮과 밤의 도를 통해서 알기 때문에, 신(神)은 방소가 없고 역은 체가 없느니라.

右는 **第四章**이라.
우 제사장

* 이상은 제 4장이다.

❖ 제 5장 ❖

一陰一陽之謂ㅣ 道니
일음일양지위 도

繼之者ㅣ 善也요 成之者ㅣ 性也라.
계지자 선야 성지자 성야

* 한 번 음하고 한 번 양하는 것을 도라고 말하니, 잇는 것은 선(善)이고 이루는 것은 성(性)이다.

仁者ㅣ 見之에 謂之仁하며 知者ㅣ 見之에 謂之知요
인자 견지 위지인 지자 견지 위지지

百姓은 日用而不知라 故로 君子之道ㅣ 鮮矣니라.
백성 일용이부지 고 군자지도 선의

* 어진 자가 보면 인이라 말하며, 지혜로운 자가 보면 지라고 말하고, 백성은 날마다 쓰면서도 알지 못한다. 그러므로 군자의 도가 드무니라.

顯諸仁하며 藏諸用하야 鼓萬物而不與聖人同憂하나니
현저인 장저용 고만물이 불여성인동우

盛德大業이 至矣哉라.
성덕대업 지의재

* 인을 나타내며 씀을 감추어서 만물을 고동시키되 성인과 더불어 근심을 같이하지 않으니, 풍성한 덕과 큰 업적이 지극하도다.

富有之謂ㅣ 大業이요 日新之謂ㅣ 盛德이요
부유지위 대업 일신지위 성덕

生生之謂ㅣ 易이요 成象之謂ㅣ 乾이요
생생지위 역 성상지위 건

效法之謂ㅣ 坤이요 極數知來之謂ㅣ 占이요
효법지위 곤 극수지래지위 점

通變之謂ㅣ 事요 陰陽不測之謂ㅣ 神이라.
통변지위 사 음양불측지위 신

* 부유하게 두는 것을 큰 업적이라 말하고, 날로 새롭게 하는 것을 풍성한 덕이라 말하며, 낳고 낳는 것을 역이라 말하고, 상을 이루는 것을 건이라 말하고, 법을 본받는 것을 곤이라 말하며, 수를 극해서 오는 것을 아는 것을 점이라 하고, 변화에 통하는 것을 일이라 하며, 음과 양을 헤아릴 수 없는 것을 신이라고 한다.

右는 第五章이라.
우   제오장

* 이상은 제 5장이다.

❖ 제 6장 ❖

夫易이 廣矣大矣라. 以言乎遠則不禦하고
부역   광의대의   이언호원즉불어

以言乎邇則靜而正하고 以言乎天地之間則備矣라.
이언호이즉정이정   이언호천지지간즉비의

* 무릇 역이 넓고도 크다. 먼 것으로 말하면 막을 수 없고, 가까운 것으로 말하면 고요하고 바르며, 하늘과 땅 사이로 말하면 모두 갖추어져 있다.

夫乾은 其靜也ㅣ 專하고 其動也ㅣ 直이라
부건   기정야 전   기동야   직

是以大ㅣ 生焉하며
시이대   생언

夫坤은 其靜也ㅣ 翕하고 其動也ㅣ 闢이라
부곤   기정야 흡   기동야   벽

是以廣이 生焉하나니
시이광   생언

* 건은 고요할 때는 전일하고 움직일 때는 곧기 때문에 큰 것이 생기며, 곤은 고요할 때는 닫혀있고 움직일 때는 열리기 때문에 넓

음이 생기나니,

廣大는 **配天地**하고 **變通**은 **配四時**하고
광대 배천지 변통 배사시

陰陽之義는 **配日月**하고 **易簡之善**은 **配至德**하니라.
음양지의 배일월 이간지선 배지덕

* 넓고 큰 것은 천지와 짝하고, 변해서 통하는 것은 사시(四時)와 짝하며, 음과 양의 의의는 해와 달과 짝하고, 쉽고 간편한 선은 지극한 덕과 짝하느니라.

右는 **第六章**이라.
우 제육장

* 이상은 제 6장이다.

❖ 제 7장 ❖

子曰 易이 **其至矣乎**인뎌!
자왈 역 기지의호

夫易은 **聖人**이 **所以崇德而廣業也**니
부역 성인 소이숭덕이광업야

知는 **崇**코 **禮**는 **卑**하니
지 숭 예 비

崇은 **效天**하고 **卑**는 **法地**하니라.
숭 효천 비 법지

* 공자께서 말씀하시기를 역이 지극하도다! 역은 이로써 성인이 덕을 높이고 업적을 넓히는 것이니, 지혜는 높고 예절은 낮으니, 높은 것은 하늘을 본받았고 낮은 것은 땅을 본받았느니라.

天地│ **設位**어든 **而易**이 **行乎其中矣**니
천지 설위 이역 행호기중의

成性存存이 **道義之門**이라.
성 성 존 존   도 의 지 문

* 하늘과 땅이 자리(位)를 베풀면 역이 그 가운데에 행하니, 이룬 성품을 보존하고 보존하는 것이 도의의 문이다.

右는 **第七章**이라.
우   제 칠 장

* 이상은 제 7장이다.

❖ 제 8장 ❖

聖人이 **有以見天下之賾**하야 **而擬諸其形容**하며
성 인   유 이 견 천 하 지 색   이 의 저 기 형 용

象其物宜라 **是故謂之象**이요
상 기 물 의   시 고 위 지 상

聖人이 **有以見天下之動**하야
성 인   유 이 견 천 하 지 동

而觀其會通하야 **以行其典禮**하며
이 관 기 회 통   이 행 기 전 례

繫辭焉하야 **以斷其吉凶**이라 **是故謂之爻**니
계 사 언   이 단 기 길 흉   시 고 위 지 효

* 성인이 천하의 잡난한 것을 봐서 그 형용을 견주어보며, 물건의 마땅함을 형상했기 때문에 상(卦象)이라고 말하고, 성인이 천하의 움직임을 봐서 그 모이고 통하는 것을 관찰해서 법과 예를 행하며, 말을 매어서 길하고 흉한 것을 판단한다. 이렇기 때문에 효(爻辭) 라고 말하니,

言天下之至賾호대 **而不可惡也**며
언 천 하 지 지 색   이 불 가 오 야

言天下之至動호대 **而不可亂也**니
언 천 하 지 지 동   이 불 가 란 야

擬之而後에 言하고 議之而後에 動이니
의 지 이 후   언   의 지 이 후   동

擬議하야 以成其變化하나라.
의 의   이 성 기 변 화

* 천하의 지극히 잡난한 것을 말하되 싫어할 수 없으며, 천하의 지극히 움직이는 것을 말하되 어지럽지 않으니, 비겨본 다음에 말하고 의논한 다음에 움직이니, 비겨보고 의논해서 변화를 이루느니라.

鳴鶴이 在陰이어늘 其子ㅣ 和之로다.
명 학   재 음   기 자   화 지

我有好爵하야 吾與爾靡之라하니
아 유 호 작   오 여 이 미 지

子曰君子ㅣ 居其室하야 出其言에 善이면
자 왈 군 자 거 기 실   출 기 언   선

則千里之外ㅣ 應之하나니 況其邇者乎여!
즉 천 리 지 외 응 지   황 기 이 자 호

居其室하야 出其言에 不善이면 則千里之外ㅣ 違之하나니
거 기 실   출 기 언   불 선   즉 천 리 지 외 위 지

況其邇者乎여!
황 기 이 자 호

言出乎身하야 加乎民하며 行發乎邇하야 見乎遠하나니
언 출 호 신   가 호 민   행 발 호 이   현 호 원

言行은 君子之樞機니 樞機之發이 榮辱之主也라.
언 행   군 자 지 추 기 추 기 지 발 영 욕 지 주 야

言行은 君子之所以動天地也니 可不愼乎아!
언 행   군 자 지 소 이 동 천 지 야 가 불 신 호

* 중부(中孚)괘 구이효에 "우는 학이 그늘에 있거늘 그 새끼가 화답하도다. 내게 좋은 벼슬이 있어 내가 너와 더불어 얽느다"고 하니, 공자께서 말씀하시기를 "자기 집에 거처해서 말을 함에 착하면 천리 바깥에서도 응하나니 하물며 가까운 데서랴! 집에 거처해서

말을 함에 착하지 않으면 천리 바깥에서도 어기나니 하물며 가까운 데서랴!

　말은 몸에서 나와서 백성에게 더해지며, 행동은 가까운 데서 발해서 먼 데까지 나타나니, 말과 행동은 군자의 추기(樞機)니 추기의 발함이 영화와 욕됨의 주인이다. 말과 행동은 군자가 천지를 움직이는 것이니, 삼가지 않을 수 있으랴?"

同人이 先號咷而後笑라하니
동인　선호도이후소

子曰 君子之道ㅣ 或出或處或默或語나
자왈 군자지도　혹출혹처혹묵혹어

二人이 同心하니 其利ㅣ 斷金이로다!
이인　동심　　기리　단금

同心之言이 其臭ㅣ 如蘭이로다!
동심지언　기취　여란

＊ 동인(同人)괘 구오효에 "동인이 먼저는 부르짖어 울고 뒤에는 웃는다"고 하니, 공자께서 말씀하시기를 "군자의 도가 혹 나아가고 혹 거처하며 혹 침묵하고 혹 말하나, 두 사람이 마음을 같이하니 그 예리함이 쇠를 끊는도다. 마음을 같이해서 하는 말이 향기가 난초와 같도다."

初六藉用白茅니 无咎라하니
초육자용백모　무구

子曰 苟錯諸地라도 而可矣어늘
자왈 구조저지　　이가의

藉之用茅하니 何咎之有리오? 愼之至也라.
자지용모　　하구지유　　신지지야

夫茅之爲物이 薄而用은 可重也니
부모지위물　박이용　가중야

愼斯術也하야 以往이면 其无所失矣리라.
신사술야　　이왕　　기무소실의

* 대과괘 초육효에 "초육은 까는 데 흰 띠를 쓰니 허물이 없다"고 하니, 공자께서 말씀하시기를 "제사 음식을 땅에 놓더라도 옳거늘, 띠를 써서 까니 무슨 허물이 있으리오? 삼가함이 지극한 것이다. 띠의 물건됨이 값싸나 쓰임은 중하게 쓸 수 있으니, 이런 술법을 삼가해서 써가면 잃는 바가 없을 것이다!"

勞謙이니 君子ㅣ 有終이니 吉이라하니
노겸   군자   유종   길

子曰 勞而不伐하며 有功而不德이 厚之至也니
자왈 노이불벌   유공이부덕   후지지야

語以其功下人者也라. 德言盛이요 禮言恭이니
어이기공하인자야   덕언성   예언공

謙也者는 致恭하야 以存其位者也라.
겸야자   치공   이존기위자야

* 겸괘(謙卦) 구삼효에 "수고로운 겸이니, 군자가 마침이 있으니 길하다"고 하니, 공자께서 말씀하시기를 "수고하고도 자랑하지 않으며, 공이 있어도 덕으로 생각하지 않음이 두터움의 지극한 것이니, 공로가 있으면서 사람들에게 자신을 낮춤을 말한 것이다. 덕은 성대함을 말하는 것이고 예는 공손함을 말함이니, 겸손하다는 것은 공손함을 이루어 그 지위를 보존하는 것이다."

亢龍이니 有悔라하니
항룡   유회

子曰 貴而无位하며 高而无民하며
자왈 귀이무위   고이무민

賢人이 在下位而无輔라 是以動而有悔也니라.
현인   재하위이무보   시이동이유회야

* 건괘(乾卦) 상구효에 "지나치게 높고 극한 용이니 후회가 있다"고 하니, 공자께서 말씀하시기를 "귀해도 지위가 없으며, 높아도 백성이 없으며, 어진 사람이 아래에 있어도 돕지를 않는다. 이렇기 때문에 움직임에 후회가 있는 것이니라."

不出戶庭이면 **无咎**라하니
불출호정   무구

子曰 亂之所生也ㅣ 則言語ㅣ 以爲階니
자왈 난지소생야   즉언어   이위계

君不密則失臣하며 **臣不密則失身**하며
군불밀즉실신   신불밀즉실신

幾事ㅣ 不密則害成하나니
기사 불밀즉해성

是以君子ㅣ 愼密而不出也하나니라.
시이군자   신밀이불출야

* 절괘(節卦) 초구효에 "호정(방문 앞의 뜰)에 나가지 않으면 허물이 없을 것이라"고 하니, 공자께서 말씀하시기를 "어지러움이 생기는 것은 말이 계단이 되는 것이니, 인군이 주밀하지 못하면 신하를 잃으며, 신하가 주밀하지 못하면 몸을 잃으며, 기밀스러운 일을 주밀하게 하지 못하면 해를 이루나니, 이렇기 때문에 군자는 삼가고 주밀해서 나가지 않느니라."

子曰 作易者ㅣ 其知盜乎인뎌!
자왈 작역자   기지도호

易曰 負且乘이라 **致寇至**라하니
역왈 부차승   치구지

負也者는 小人之事也요 乘也者는 君子之器也니
부야자 소인지사야 승야자 군자지기야

小人而乘君子之器라 **盜ㅣ 思奪之矣**며
소인이승군자지기   도 사탈지의

上을 慢코 下를 暴라 盜ㅣ 思伐之矣니
상 만 하 포 도 사벌지의

慢藏이 誨盜며 冶容이 誨淫이니
만장   회도 야용   회음

易曰 負且乘致寇至라하니 **盜之招也**라.
역왈 부차승치구지   도지초야

* 공자께서 말씀하시기를 "주역을 지은이가 도적을 아는져! 주역(해괘 육삼효)에 말하기를 '짊어져야 할 이가 탔다. 도적을 이르게 했다'고 하니, 지는 것은 소인의 일이고 타는 것은 군자의 기구니, 소인이 군자의 기구를 탔기 때문에 도적이 뺏을 것을 생각하며, 윗사람에게 거만하게 하고 아랫사람에게 사납게 하는 까닭에 도적이 칠 것을 생각한다. 감춤을 태만히 하는 것이 도적을 부르는 것이며, 용모를 다듬는 것이 음탕함을 부르는 것이니, 주역에 말하기를 '짊어져야 할 이가 탔다. 도적을 이르게 했다'고 하니, 도적을 부른 것이다."

右는 第八章이라.
우   제 팔 장
* 이상은 제 8장이다.

❖ 제 9장 ❖

天一 地二 天三 地四 天五
천일 지이 천삼 지사 천오

地六 天七 地八 天九 地十이니
지륙 천칠 지팔 천구 지십

天數ㅣ 五요 地數ㅣ 五니 五位相得하며 而各有合하니
천수   오 지수   오 오위상득   이각유합

天數ㅣ 二十有五요 地數ㅣ 三十이라.
천수   이십유오   지수   삼십

凡天地之數ㅣ 五十有五니
범천지지수   오십유오

此ㅣ 所以成變化하며 而行鬼神也라.
차   소이성변화   이행귀신야

* 하늘 하나 땅 둘, 하늘 셋 땅 넷, 하늘 다섯 땅 여섯, 하늘 일곱 땅 여덟, 하늘 아홉 땅 열이니, 하늘의 수가 다섯이고 땅의 수가

다섯이다. 다섯 자리가 서로 얻으며 각각 합함이 있으니, 하늘의 숫자가 스물 다섯이고 땅의 숫자가 서른이다. 하늘 땅의 숫자가 모두 쉰 다섯이니, 이것이 변화를 이루고 귀신을 행하게 하는 것이다.

大衍之數ㅣ **五十**이니 **其用**은 **四十有九**라.
대연지수   오십   기용   사십유구

分而爲二하야 **以象兩**하고 **掛一**하야 **以象三**하고
분이위이   이상량   괘일   이상삼

揲之以四하야 **以象四時**하고 **歸奇於扐**하야 **以象閏**하나니
설지이사   이상사시   귀기어륵   이상윤

五歲에 **再閏**이라 **故**로 **再扐而後**에 **掛**하나니라.
오세   재윤   고   재륵이후   괘

* 크게 넓혀진 수(大衍數)가 쉰이니 그 쓰임은 마흔 아홉이다. 나누어 둘로 해서 양의를 형상하고, 하나를 걸어서 삼재를 형상하며, 넷씩 세어서 사시를 형상하고, 나머지를 손가락에 끼워서 윤달을 형상하니, 다섯 해에 두 번 윤달을 두기 때문에 두 번 낀 다음에 거느니라.

乾之策이 **二百一十有六**이요 **坤之策**이 **百四十有四**라.
건지책   이백일십유륙   곤지책   백사십유사

凡三百有六十이니 **當期之日**하고
범삼백유육십   당기지일

二篇之策이 **萬有一千五百二十**이니 **當萬物之數也**하니
이편지책   만유일천오백이십   당만물지수야

* 건의 책수가 2160이고, 곤의 책수가 1440이다. 모두 3600이니 1년(期)의 날짜에 해당되고, 두 편의 책수가 11,520이니 만물의 숫자에 해당한다.

是故로 **四營而成易**하고 **十有八變而成卦**하니
시고   사영이성역   십유팔변이성괘

八卦而小成하야 引而伸之하며 觸類而長之하면
팔괘이소성   인이신지   촉류이장지

天下之能事ㅣ 畢矣리니
천하지능사   필의

* 이렇기 때문에 네 번 경영해서 역을 이루고, 열여덟 번 변해서 괘를 이루니, 팔괘가 작게 이루어져서, 이끌어 거듭 펴며 부류끼리 접촉해서 자라나가면 천하의 모든 일을 다할 것이니,

顯道하고 神德行이라 是故로 可與酬酢이며 可與祐神矣니
현도   신덕행   시고   가여수작   가여우신의

子ㅣ 曰 知變化之道者ㅣ 其知神之所爲乎인뎌!
자   왈 지변화지도자   기지신지소위호

* 도를 나타내며 덕행을 신묘하게 하기 때문에, 더불어 수작할 수 있으며 더불어 신을 도울 수 있으니, 공자께서 말씀하시기를 "변화의 도리를 아는 사람은 그 신의 하는 바를 알 것인져!"

右는 第九章이라.
우   제구장

* 이상은 제 9장이다.

❖ 제10장 ❖

易有聖人之道ㅣ 四焉하니
역유성인지도   사언

以言者는 尙其辭하고 以動者는 尙其變하고
이언자   상기사   이동자   상기변

以制器者는 尙其象하고 以卜筮者는 尙其占하나니
이제기자   상기상   이복서자   상기점

* 역에 성인의 도가 넷이 있으니, 역으로써 말하려는 사람은 괘효의 말을 숭상하고, 움직이려는 사람은 괘효의 변함을 숭상하며, 기

구를 만드려는 사람은 괘효의 상을 숭상하고, 점을 치려는 사람은 괘효의 점을 숭상한다.

是以君子ㅣ 將有爲也하며 **將有行也**에 **問焉而以言**하거든
시 이 군 자   장 유 위 야   장 유 행 야   문 언 이 이 언

其受命也ㅣ 如響하야 **无有遠近幽深**히 **遂知來物**하나니
기 수 명 야   여 향   무 유 원 근 유 심   수 지 래 물

非天下之至精이면 **其孰能與於此**리오!
비 천 하 지 지 정   기 숙 능 여 어 차

* 이렇기 때문에 군자가 장차 하려는 것이 있고 행하려 함이 있음에 물어서 말을 하려거든, 그 명을 받음이 메아리 같아서, 멀고 가까우며 그윽하고 깊은 것 할 것 없이 드디어 올 일을 아나니, 천하의 지극한 정미로움이 아니면 누가 여기에 참여할 수 있으리오!

參伍以變하며 **錯綜其數**하야
삼 오 이 변   착 종 기 수

通其變하야 **遂成天地之文**하며
통 기 변   수 성 천 지 지 문

極其數하야 **遂定天下之象**하니
극 기 수   수 정 천 하 지 상

非天下之至變이면 **其孰能與於此**리오!
비 천 하 지 지 변   기 숙 능 여 어 차

* 셋과 다섯(또는 세가지 다섯:1·4,2·3,5)으로 변하며 그 수를 섞고 모아서, 그 변함을 통해서 하늘과 땅의 무늬를 이루며, 그 수를 다해서 천하의 상을 정하니, 천하의 지극한 변함이 아니면 그 누가 능히 여기에 참여하리오!

易은 **无思也**하며 **无爲也**하야
역   무 사 야   무 위 야

寂然不動이라가 **感而遂通天下之故**하나니
적 연 부 동   감 이 수 통 천 하 지 고

非天下之至神이면 其孰能與於此리오!
비천하지지신   기숙능여어차

* 역은 생각함도 없으며 하는 것도 없어서, 고요해서 움직이지 않다가 느껴서 천하의 연고를 통하나니, 천하의 지극히 신령스러운 것이 아니면 그 누가 여기에 참여하리오!

夫易은 聖人之所以極深而研幾也니
부역   성인지소이극심이연기야

唯深也故로 能通天下之志하며
유심야고   능통천하지지

唯幾也故로 能成天下之務하며
유기야고   능성천하지무

唯神也故로 不疾而速하며 不行而至하나니
유신야고   부질이속   불행이지

子曰 易有聖人之道四焉者ㅣ 此之謂也라.
자왈 역유성인지도사언자   차지위야

* 역은 성인이 이로써 깊은 것을 다하고 기미한 것(은미한 조짐)을 연구하는 것이니, 오직 깊기 때문에 능히 천하의 뜻을 통하며, 오직 기미하기 때문에 능히 천하의 업무를 이루며, 오직 신령스럽기 때문에 빠르게 하지 않고도 빠르며 가지 않아도 이르나니, 공자께서 말씀하시기를 "역에 성인의 도가 넷이 있다"는 것은 이것을 말함이다.

右는 第十章이라.
우   제십장

* 이상은 제 10장이다.

❖ 제 11장 ❖

子曰夫易은 何爲者也오?
자왈부역   하위자야

夫易은 開物成務하야 冒天下之道하나니
부역　개물성무　　모천하지도

如斯而已者也라.
여사이이자야

* 공자께서 말씀하시기를 "역은 무엇을 하는 것인고? 역은 사물을 통하게 하고 업무를 이루게 해서 천하의 도를 다 덮으니, 이와 같이 할 따름이다.

是故로 聖人이 以通天下之志하며
시고　　성인이　이통천하지지

以定天下之業하며 以斷天下之疑하나니라.
이정천하지업　　이단천하지의

* 이렇기 때문에 성인이 역을 써서 천하의 뜻을 통하며, 천하의 업무를 정하며, 천하의 의심스러움을 판단하니라.

是故로 蓍之德은 圓而神이요 卦之德은 方以知요
시고　시지덕　원이신　　　괘지덕　　방이지

六爻之義는 易以貢이니
육효지의　역이공

聖人이 以此로 洗心하야 退藏於密하며
성인이　이차　세심　　　퇴장어밀

吉凶에 與民同患하야 神以知來코 知以藏往하나니
길흉　　여민동환　　　신이지래　지이장왕

其孰能與於此哉리오!
기숙능여어차재

古之聰明叡知神武而不殺者夫인더!
고지총명예지신무이불살자부

* 이렇기 때문에 시초의 덕은 둥글게 모두 갖춰서 신령스럽고, 괘의 덕은 모아서 지혜로우며, 여섯 효의 의의는 변역해서 이바지 하니, 성인이 이것으로써 마음을 씻어서 물러나 은밀한 데 감추며, 길하고 흉함에 백성과 더불어 근심해서, 신령스러움으로 오는 것을

알고 지혜로써 간 것을 감추나니, 그 누가 여기에 참여하리오? 옛날의 총명하고 착하며 지혜스럽고 신비한 무력을 가지고서도 죽이지 않는 사람인져!

是以明於天之道而察於民之故하야 **是興神物**하야
시 이 명 어 천 지 도 이 찰 어 민 지 고   시 흥 신 물

以前民用하니 **聖人**이 **以此齋戒**하야 **以神明其德夫**인뎌!
이 전 민 용   성 인   이 차 재 계   이 신 명 기 덕 부

* 이로써 하늘의 도를 밝히고 백성의 연고를 살펴서, 신령스러운 물건을 일으켜서 백성 앞에 쓰니, 성인이 이것으로써 재계해서 그 덕을 신령스럽고 밝게 하는 것인져!

是故로 **闔戶**를 **謂之坤**이요 **闢戶**를 **謂之乾**이요
시 고   합 호   위 지 곤   벽 호   위 지 건

一闔一闢을 **謂之變**이요 **往來不窮**을 **謂之通**이요
일 합 일 벽   위 지 변   왕 래 불 궁   위 지 통

見을 **乃謂之象**이요 **形**을 **乃謂之器**요
현   내 위 지 상   형   내 위 지 기

制而用之를 **謂之法**이요
제 이 용 지   위 지 법

利用出入하야 **民咸用之**를 **謂之神**이라.
이 용 출 입   민 함 용 지   위 지 신

* 이런 까닭으로 문을 닫는 것을 곤이라 말하고, 문을 여는 것을 건이라 말하며, 한 번 닫고 한 번 여는 것을 변이라 말하고, 가고 오는 데 궁하지 않음을 통이라 말하며, 나타나는 것을 상이라 말하고, 형체가 있는 것을 그릇이라 말하며, 만들어 쓰는 것을 법이라 말하고, 출입을 이롭게 해서 백성이 다 쓰는 것을 신이라고 말한다.

是故로 **易有太極**하니 **是生兩儀**하고
시 고   역 유 태 극   시 생 양 의

兩儀ㅣ 生四象하고 四象이 生八卦하니
양의 생사상   사상   생팔괘

八卦ㅣ 定吉凶하고 吉凶이 生大業하나니라.
팔괘   정길흉   길흉   생대업

※ 이런 까닭으로 역에 태극이 있으니 이것이 양의를 낳고, 양의가 사상을 낳으며, 사상이 팔괘를 낳으니, 팔괘가 길하고 흉함을 정하며, 길하고 흉함이 큰 업적을 낳느니라.

是故로 法象이 莫大乎天地하고 變通이 莫大乎四時하고
시고 법상   막대호천지   변통   막대호사시

縣象著明이 莫大乎日月하고 崇高ㅣ 莫大乎富貴하고
현상저명   막대호일월   숭고   막대호부귀

備物하며 致用하며 立(象)成器하야
비물   치용   입상성기

以爲天下利ㅣ 莫大乎聖人하고
이위천하리   막대호성인

探賾索隱하며 鉤深致遠하야 以定天下之吉凶하며
탐색색은   구심치원   이정천하지길흉

成天下之亹亹者ㅣ 莫大乎蓍龜하니라.
성천하지미미자   막대호시귀

※ 이런 까닭에 형상을 본받은 것이 하늘과 땅보다 큰 것이 없고, 변하고 통하는 것이 사시보다 큰 것이 없으며, 상을 걸어놓고 밝음을 나타냄이 해와 달보다 큰 것이 없고, 숭고한 것이 부귀보다 큰 것이 없으며, 물건을 갖추고 쓰임을 이루게 하며 (상을) 세우고 그릇을 이루어서 천하를 이롭게 한 것이 성인보다 큰 것이 없고, 잡난한 것을 더듬고 은밀한 것을 찾으며 깊은 것을 끌어내고 먼 것을 오게하여 천하의 길하고 흉함을 정하며 천하의 업무를 이루게 하는 것이 시초점과 거북점보다 큰 것이 없느니라.

※ '立(象)成器'의 '象'은 원문에는 없으나, 채연(蔡淵)의 설을 따라 넣었다.

是故로 天生神物이어늘 聖人이 則之하며
시고 천생신물   성인   칙지

天地變化어늘 聖人이 效之하며
천지변화   성인   효지

天垂象하야 見吉凶이어늘 聖人이 象之하며
천수상   현길흉   성인   상지

河出圖하며 洛出書어늘 聖人이 則之하니
하출도   낙출서   성인   칙지

* 이런 까닭에 하늘이 신령스러운 물건을 낳음에 성인이 법받으며, 하늘과 땅이 변화함에 성인이 본받으며, 하늘이 상을 드리워 길하고 흉함을 나타냄에 성인이 본뜨며, 하수에서 하도가 나오고 낙수에서 낙서가 나옴에 성인이 법받으니,

易有四象은 所以示也요 繫辭焉은 所以告也요
역유사상   소이시야   계사언   소이고야

定之以吉凶은 所以斷也라.
정지이길흉   소이단야

* 역에 사상이 있는 것은 보여주는 것이고, 말을 붙인 것은 고하는 것이며, 길하고 흉함을 정한 것은 판단을 하는 것이다.

右는 第十一章이라.
우   제십일장

* 이상은 제 11장이다.

❖ 제 12장 ❖

易曰 自天祐之라 吉无不利라하니
역왈 자천우지   길무불리

子曰 祐者는 助也니
자왈 우자   조야

天之所助者ㅣ 順也요
천지소조자   순야

人之所助者ㅣ 信也니
인지소조자   신야

履信思乎順하고 **又以尙賢也**라
이신사호순   우이상현야

是以自天祐之吉无不利也니라.
시이자천우지길무불리야

※ 역(대유괘 상구효)에 말하기를 "하늘로부터 돕는지라 길해서 이롭지 않음이 없다"고 하니, 공자께서 말씀하시기를 "우(祐)는 돕는 것이니 하늘이 돕는 바는 순한 것이고, 사람이 돕는 바는 믿음이니, 믿음을 이행하고 순하게 할 것을 생각하며, 또 어진이를 숭상한다. 이 때문에 하늘로부터 도와서 길해서 이롭지 않음이 없느니라."

子曰 書不盡言하며 **言不盡義**니
자왈 서부진언   언부진의

然則聖人之意를 其不可見乎아!
연즉성인지의   기불가견호

(子曰) 聖人이 **立象**하야 **以盡意**하며
         성인   입상   이진의

設卦하야 **以盡情僞**하며 **繫辭焉**하야 **以盡其言**하며
설괘   이진정위   계사언   이진기언

變而通之하야 **以盡利**하며 **鼓之舞之**하야 **以盡神**하니라.
변이통지   이진리   고지무지   이진신

※ 공자께서 말씀하시기를 "글로는 말을 다할 수 없으며 말로는 뜻을 다할 수 없으니, 그렇다면 성인의 뜻을 보지 못하는 것인가? 성인이 상을 세워서 뜻을 다 밝히며, 괘를 베풀어서 참되고 거짓됨을 다 밝히며, 말을 붙여서 그 말을 다 밝히며, 변하고 통해서 이로움을 다 밝히며, 고동시키고 춤추게 해서 신묘함을 다 밝히느니라. ※ "(子曰)"은 연문이므로 빼야 맞다.

乾坤은 其易之縕耶인뎌!
건곤 기역지온야

乾坤이 成列而易이 立乎其中矣니
건곤 성렬이역 입호기중의

乾坤이 毁則无以見易이요
건곤 훼즉무이견역

易을 不可見則乾坤이 或幾乎息矣리라.
역 불가견즉건곤 혹기호식의

* 건과 곤은 역의 쌓임인져! 건과 곤이 열을 이룸에 역이 그 가운데 서니, 건과 곤이 훼손되면 역을 볼 수 없고, 역을 볼 수 없으면 건과 곤이 혹 거의 쉴 것이다.

是故로 形而上者를 謂之道요 形而下者를 謂之器요
시고 형이상자 위지도 형이하자 위지기

化而裁之를 謂之變이요 推而行之를 謂之通이요
화이재지 위지변 추이행지 위지통

擧而措之天下之民을 謂之事業이라.
거이조지천하지민 위지사업

* 이렇기 때문에 형상해서 위에 있는 것을 도라 하고, 형상해서 아래에 있는 것을 그릇이라 하며, 변화해서 마름질하는 것을 변한다고 하고, 미루어 행하는 것을 통한다고 하며, 들어서 천하의 백성에 적용하는 것을 사업이라고 말하느니라.

是故로 夫象은 聖人이 有以見天下之賾하야
시고 부상 성인 유이견천하지색

而擬諸其形容하며 象其物宜라 是故謂之象이요
이의저기형용 상기물의 시고위지상

聖人이 有以見天下之動하야
성인 유이견천하지동

而觀其會通하야 以行其典禮하며
이관기회통 이행기전례

繫辭焉하야 以斷其吉凶이라 是故謂之爻니
계 사 언　　이 단 기 길 흉　　시 고 위 지 효

* 이렇기 때문에 괘상이라는 것은 성인이 천하의 잡난한 것을 봐서 그 형용을 비겨 보며, 그 물건의 마땅한 것을 법받기 때문에 상이라 말하고, 성인이 천하의 움직임을 봐서 모이고 통하는 것을 관찰해서 법과 예를 행하며, 말을 붙여서 길하고 흉함을 판단하기 때문에 효(효사)라고 말하니,

極天下之賾者는 存乎卦하고
극 천 하 지 색 자　　존 호 괘

鼓天下之動者는 存乎辭하고
고 천 하 지 동 자　　존 호 사

化而裁之는 存乎變하고
화 이 재 지　　존 호 변

推而行之는 存乎通하고
추 이 행 지　　존 호 통

神而明之는 存乎其人하고
신 이 명 지　　존 호 기 인

默而成之하며 不言而信은 存乎德行하니라.
묵 이 성 지　　불 언 이 신　　존 호 덕 행

* 천하의 잡난한 것을 다한 것은 괘(괘상)에 있고, 천하의 움직임을 고동시키는 것은 말(爻辭)에 있으며, 변화해서 마름질함은 변함에 있고, 미루어 행함은 통함에 있으며, 신령스럽게 밝히는 것은 그 사람에게 있고, 묵묵히 이루어내며 말을 안해도 믿는 것은 덕행에 있느니라.

右는 第十二章이라.
우　　제 십 이 장

* 이상은 제 12장이다.

繫辭下傳
계 사 하 전

❖ 제1장 ❖

八卦成列하니 **象在其中矣**요 **因而重之**하니
팔괘성렬   상재기중의   인이중지

爻在其中矣요 **剛柔ㅣ相推**하니 **變在其中矣**요
효재기중의   강유   상추   변재기중의

繫辭焉而命之하니 **動在其中矣**라.
계사언이명지   동재기중의

* 팔괘가 열을 이루니 상이 그 가운데에 있고, 인해서 거듭하니 효(六爻)가 그 가운데 있으며, 강과 유가 서로 밀치니 변화가 그 가운데 있고, 말을 붙여 명하니 움직임이 그 가운데 있다.

吉凶悔吝者는 **生乎動者也**요
길흉회린자   생호동자야

剛柔者는 **立本者也**요 **變通者**는 **趣時者也**라.
강유자   입본자야   변통자   취시자야

* 길함과 흉함, 뉘우침과 인색함은 움직여서 생긴 것이고, 강과 유는 근본을 세우는 것이며, 변하고 통함은 때를 따라가는 것이다.

吉凶者는 **貞勝者也**니 **天地之道**는 **貞觀者也**요
길흉자   정승자야   천지지도   정관자야

日月之道는 **貞明者也**요 **天下之動**은 **貞夫一者也**라.
일월지도   정명자야   천하지동   정부일자야

* 길함과 흉함은 항상 서로 이기는 것이니, 하늘과 땅의 도는 항상 보여주는 것이고, 해와 달의 도는 항상 밝은 것이며, 천하의 움

직임은 하나에 항상하는 것이다.

夫乾은 **確然**하니 **示人易矣**요 **夫坤**은 **隤然**하니 **示人簡**
부건 확연   시인이의   부곤   퇴연   시인간

矣니 **爻也者**는 **效此者也**요 **象也者**는 **像此者也**라.
의   효야자   효차자야   상야자   상차자야

* 무릇 건은 확실하니 사람에게 쉬움으로써 보여주고, 곤은 순하니 사람에게 간편함으로써 보여주니, 효라 함은 이것을 본받는다는 것이고, 상이라 함은 이것을 형상한다는 것이다.

爻象은 **動乎內**하고 **吉凶**은 **見乎外**하고
효상   동호내   길흉   현호외

功業은 **見乎變**하고 **聖人之情**은 **見乎辭**하니라.
공업   현호변   성인지정   현호사

* 효와 상은 안에서 동하고, 길함과 흉함은 바깥에 나타나며, 공과 업적은 변하는 데에서 나타나고, 성인의 뜻은 말에 나타나니라.

天地之大德曰生이요 **聖人之大寶曰位**니
천지지대덕왈생   성인지대보왈위

何以守位오? **曰仁**이요 **何以聚人**고? **曰財**니
하이수위   왈인   하이취인   왈재

理財하며 **正辭**하며 **禁民爲非**ㅣ **曰義**라.
이재   정사   금민위비   왈의

* 천지의 큰 덕을 낳는 것이라 말하고, 성인의 큰 보배를 지위라고 말하니, 무엇으로써 지위를 지킬까? 인이다. 무엇으로 사람을 모을까? 재물이다. 재물을 다스리며 말을 바르게 하며, 백성이 그릇된 일을 함을 금지시키는 것을 의라고 말한다.

右는 **第一章**이라.
우   제일장

* 이상은 제 1장이다.

❖ 제 2장 ❖

古者包犧氏之王天下也에
고자포희씨지왕천하야

仰則觀象於天하고 **俯則觀法於地**하며
앙즉관상어천   부즉관법어지

觀鳥獸之文과 與地之宜하며 **近取諸身**하고
관조수지문   여지지의   근취저신

遠取諸物하야 **於是**에 **始作八卦**하야
원취저물   어시   시작팔괘

以通神明之德하며 **以類萬物之情**하니
이통신명지덕   이류만물지정

作結繩而爲網罟하야 **以佃以漁**하니 **蓋取諸離**하고
작결승이위망고   이전이어   개취저리

* 옛날에 복희씨가 천하에 왕할 때, 우러러 하늘의 상을 보고 구부려 땅의 법을 보며, 새와 짐승의 무늬와 땅의 마땅함을 보며, 가깝게는 몸에서 취하고 멀게는 물건에서 취해서, 비로소 팔괘를 만들어 신령스럽고 밝은 덕을 통하며 만물의 정을 분류하니 노끈을 매어 그물을 만듦으로써 사냥하고 고기를 잡으니, 대개 리괘(☲)에서 취했고,

包犧氏沒커늘 **神農氏作**하야 **斲木爲耜**하고
포희씨몰   신농씨작   촉목위사

揉木爲耒하야 **耒耨之利**로 **以敎天下**하니 **蓋取諸益**하고
유목위뢰   뇌누지리   이교천하   개취저익

* 복희씨가 죽자 신농씨가 일어나서, 나무를 깎아 보습을 만들고 나무를 휘어 쟁기를 만들어서, 밭갈고 김매는 이로움으로써 천하를 가르치니, 대개 익괘(☴☳)에서 취하고,

日中爲市하야 **致天下之民**하며 **聚天下之貨**하야
일중위시   치천하지민   취천하지화

交易而退하야 各得其所케하니 蓋取諸噬嗑하고
교역이퇴　　各득기소　　　개취저서합

* 한 낮이 되면 시장을 만들어서 천하의 백성을 오게하며, 천하의 재화를 모아서 교역하고 돌아가게 해서, 각각 그 얻고자 하는 바를 얻게하니, 대개 서합괘(䷔)에서 취하고,

神農氏沒커늘 黃帝堯舜氏作하야
신농씨몰　　　황제요순씨작

通其變하야 使民不倦하며
통기변　　　사민불권

神而化之하야 使民宜之하니
신이화지　　　사민의지

易이 窮則變하고 變則通하고 通則久라.
역　궁즉변　　　변즉통　　　통즉구

是以自天祐之하야 吉无不利니
시이자천우지　　　길무불리

黃帝堯舜이 垂衣裳而天下治하니 蓋取諸乾坤하고
황제요순　　수의상이천하치　　　개취저건곤

* 신농씨가 죽거늘 황제씨와 요임금·순임금이 일어나서, 그 변화에 통해서 백성이 게으르지 않게하며, 신령스럽게 화육(化育)해서 백성으로 하여금 마땅하게 하니, 역이 궁하면 변하고 변하면 통하며 통하면 오래한다. 이렇기 때문에 하늘로부터 도와서 길해서 이롭지 않음이 없다. 황제씨와 요임금·순임금이 의상을 드리우고 천하를 다스리니, 대개 건괘(䷀)·곤괘(䷁)에서 취하고,

刳木爲舟하고 剡木爲楫하야 舟楫之利로 以濟不通하야
고목위주　　　염목위즙　　　주즙지리　　이제불통

致遠以利天下하니 蓋取諸渙하고
치원이이천하　　　개취저환

* 나무를 쪼개서 배를 만들고 나무를 깎아 노를 만들어서, 배와 노의 이로움으로 통하지 못하는 데를 건너서, 먼 데를 이르게 함으

로써 천하를 이롭게 하니, 대개 환괘(☲)에서 취하고,

服牛乘馬하야 引重致遠하야 以利天下하니 蓋取諸隨하고
복우승마   인중치원   이이천하   개취저수

* 소를 일시키고 말을 타서, 무거운 것을 운반해서 먼 곳까지 가게함으로써 천하를 이롭게하니, 대개 수괘(☲)에서 취하고

重門擊柝하야 以待暴客하니 蓋取諸豫하고
중문격탁   이대포객   개취저예

* 문을 거듭 세우고 목탁을 침으로써 사나운 손(도둑)을 막으니, 대개 예괘(☲)에서 취하고,

斷木爲杵하고 掘地爲臼하야 臼杵之利로
단목위저 굴지위구 구저지리
萬民이 以濟하니 蓋取諸小過하고
만민 이제   개취저소과

* 나무를 끊어서 공이(도굿대)를 만들고 땅을 파서 확(절구)을 만들어서, 확과 공이의 이로움으로 만 백성이 구제되니(곡식을 도정해 먹게 되니), 대개 소과괘(☲)에서 취하고,

弦木爲弧하고 剡木爲矢하야
현목위호 염목위시
弧矢之利로 以威天下하니 蓋取諸睽하고
호시지리 이위천하   개취저규

* 나무를 휘어 활을 만들고 나무를 깎아서 화살을 만들어서, 활과 화살의 이로움으로써 천하에 위엄을 보이니, 대개 규괘(☲)에서 취하고,

上古엔 穴居而野處러니 後世聖人이 易之以宮室하야
상고 혈거이야처   후세성인   역지이궁실

上棟下宇하야 **以待風雨**하니 **蓋取諸大壯**하고
상동하우   이대풍우   개취저대장

* 아주 옛날에는 굴에 살고 들에 거처하더니, 후세에 성인이 궁실(宮室)로써 바꾸어서 기둥을 올리고 지붕을 내림으로써 바람과 비를 막으니, 대개 대장괘(䷡)에서 취하고,

古之葬者는 **厚衣之以薪**하야 **葬之中野**하야
고지장자   후의지이신   장지중야

不封不樹하며 **喪期**ㅣ **无數**러니
불봉불수   상기   무수

後世聖人이 **易之以棺槨**하니 **蓋取諸大過**하고
후세성인   역지이관곽   개취저대과

* 옛날에 장사지내는 것은, 섶나무로써 두텁게 입혀서 들 가운데에 장사지내서, 봉분(封墳)도 하지않고 나무도 심지 않으며 초상을 치르는 기약이 셀 수가 없더니, 후세에 성인이 널(관곽)로써 바꾸니, 대개 대과괘(䷛)에서 취하고,

上古엔 **結繩而治**러니 **後世聖人**이 **易之以書契**하야
상고   결승이치   후세성인   역지이서계

百官이 **以治**하며 **萬民**이 **以察**하니 **蓋取諸夬**니라.
백관   이치   만민   이찰   개취저쾌

* 아주 옛날에는 노끈을 맺어 다스리더니, 후세에 성인이 글과 문서로써 바꿔서, 백관이 이로써 다스리며 만 백성이 이로써 살피니, 대개 쾌괘(䷪)에서 취하니라.

右는 **第二章**이라.
우   제이장

* 이상은 제 2장이다.

❖ 제 3장 ❖

是故로 **易者**는 **象也**니
시고 역자 상야

象也者는 **像也**요 **彖者**는 **材也**요
상야자 상야 단자 재야

爻也者는 **效天下之動者也**니
효야자 효천하지동자야

是故로 **吉凶**이 **生而悔吝**이 **著也**니라.
시고 길흉 생이회린 저야

* 이렇기 때문에 역은 상이니, 상이라는 것은 형상이고, 단이라는 것은 재질이며, 효라는 것은 천하의 움직임을 본받는 것이니, 이렇기 때문에 길함과 흉함이 생기고, 뉘우침과 인색함이 (역에 의해) 나타나나니라.

右는 **第三章**이라.
우 제삼장

* 이상은 제 3장이다.

❖ 제 4장 ❖

陽卦는 **多陰**하고 **陰卦**는 **多陽**하니 **其故**는 **何也**오?
양괘 다음 음괘 다양 기고 하야

陽卦는 **奇**요 **陰卦**는 **耦**일새라.
양괘 기 음괘 우

* 양괘는 음효가 많고 음괘는 양효가 많으니, 그 연유는 어째서인가? 양괘는 홀수이고, 음괘는 짝수이기 때문이다.

其德行은 **何也**오?
기덕행 하야

陽은 **一君而二民**이니 **君子之道也**요
양 일군이이민 군자지도야

陰은 **二君而一民**이니 **小人之道也**라.
음   이군이일민   소인지도야

* 그 덕행은 어떤고? 양(양괘:☰, ☳, ☵)은 임금(양효) 하나에 백성(음효)이 둘이니 군자의 도이고, 음(음괘:☷, ☴, ☲)은 임금이 둘에 백성이 하나니 소인의 도다.

右는 **第四章**이라.
우   제사장

* 이상은 제 4장이다.

❖ 제 5장 ❖

易曰 憧憧往來면 **朋從爾思**라하니
역왈 동동왕래   붕종이사

子曰 天下ㅣ **何思何慮**리오!
자왈 천하   하사하려

天下ㅣ **同歸而殊塗**하며 **一致而百慮**니
천하   동귀이수도   일치이백려

天下ㅣ **何思何慮**리오!
천하   하사하려

* 역(함괘 구사효)에 말하기를 "자주 자주 가고 오면 벗이 네 생각을 따른다"고 하니, 공자께서 말씀하시기를 "천하가 무엇을 생각하고 무엇을 염려하리오! 천하가 돌아가는 곳은 같아도 길이 다르며, 이루는 것은 하나지만 백 가지 생각이니, 천하가 무엇을 생각하며 무엇을 염려하리오!

日往則月來하고 **月往則日來**하야
일왕즉월래   월왕즉일래

日月이 **相推而明生焉**하며
일월   상추이명생언

寒往則暑來하고 暑往則寒來하야
한 왕 즉 서 래   서 왕 즉 한 래

寒暑ㅣ 相推而歲成焉하니
한 서   상 추 이 세 성 언

往者는 屈也요 來者는 信也니
왕 자   굴 야   래 자   신 야

屈信이 相感而利生焉하나라.
굴 신   상 감 이 이 생 언

* 해가 가면 달이 오고 달이 가면 해가 와서, 해와 달이 서로 밀쳐서 밝음이 생기며, 추위가 가면 더위가 오고 더위가 가면 추위가 와서, 추위와 더위가 서로 밀쳐서 한 해가 이루어진다. 가는 것은 굽힘이고 오는 것은 펴는 것이니, 굽히고 폄이 서로 느껴서 이로움이 생기느니라.

尺蠖之屈은 以求信也요 龍蛇之蟄은 以存身也요
척 확 지 굴   이 구 신 야   용 사 지 칩   이 존 신 야

精義入神은 以致用也요 利用安身은 以崇德也니
정 의 입 신   이 치 용 야   이 용 안 신   이 숭 덕 야

過此以往은 未之或知也니 窮神知化ㅣ 德之盛也라.
과 차 이 왕   미 지 혹 지 야   궁 신 지 화   덕 지 성 야

* 자벌레가 굽히는 것은 폄을 구하는 것이고, 용과 뱀이 움츠림은 몸을 보존하기 위함이며, 의리를 정미롭게 하여 신묘한 데 들어감은 쓰임을 이루고자 함이고, 쓰는 것을 이롭게 해서 몸을 편안히 함은 덕을 높이고자 함이니, 이것을 지나서 가는 것은 (이것 이상은) 혹 알 수 없으니, 신묘함을 궁구하고 조화를 아는 것이 덕의 성한 것이다."

易曰 困于石하며 據于蒺藜라
역 왈 곤 우 석   거 우 질 려

入于其宮이라도 不見其妻니 凶이라하니
입 우 기 궁   불 견 기 처   흉

子曰 非所困而困焉하니 名必辱하고
자왈 비소곤이곤언   명필욕

非所據而據焉하니 身必危하리니
비소거이거언   신필위

旣辱且危하야 死期將至어니 妻其可得見邪아?
기욕차위   사기장지   처기가득견야

* 역(곤괘 육삼효)에 말하기를 "돌에 곤하며 가시덤불에 웅거해 있다. 그 집에 들어가도 아내를 볼 수 없으니 흉하다"고 하니, 공자께서 말씀하시기를 "곤하지 않을 데 곤해 있으니 이름이 반드시 욕되고, 웅거할 곳이 아닌데 웅거하니 몸이 반드시 위태하리니, 이미 욕되고 또 위태해서 죽을 때가 장차 이를 것이니, 아내를 볼 수 있겠는가?"

易曰 公用射隼于高墉之上하야 獲之니 无不利라하니
역왈 공용석준우고용지상   획지   무불리

子曰 隼者는 禽也요 弓矢者는 器也요
자왈 준자   금야 궁시자   기야

射之者는 人也니
석지자   인야

君子ㅣ 藏器於身하야 待時而動이면 何不利之有리오?
군자   장기어신   대시이동   하불리지유

動而不括이라 是以出而有獲하나니 語成器而動者也라.
동이불괄   시이출이유획   어성기이동자야

* 역(해괘 상육효)에 말하기를 "공이 높은 담 위의 새매를 쏴서 얻으니(잡으니) 이롭지 않음이 없다"고 하니, 공자께서 말씀하시기를 "새매라는 것은 새이고, 활과 화살은 기구며, 쏘는 것은 사람이니, 군자가 기구를 몸에 감추어서 때를 기다리어 움직이면 무엇이 이롭지 않음이 있으리오? 움직임에 막힘이 없다. 이렇기 때문에 나아가서 얻음이 있는 것이니, 기구를 이룬 후에 움직이는 것을 말한다."

子曰 小人은 不恥不仁하며 不畏不義라.
자왈 소인 불치불인 불외불의

不見利면 不勸하며 不威면 不懲하나니
불견리 불권 불위 부징

小懲而大誡ㅣ 此ㅣ 小人之福也라.
소징이대계 차 소인지복야

易曰 屨校하야 滅趾니 无咎라하니 此之謂也라.
역왈 구교 멸지 무구 차지위야

* 공자께서 말씀하시기를 "소인은 어질지 못함을 부끄러워 하지 않으며, 의롭지 못함을 두려워하지 않는다. 이익을 보지 않으면 권하지 않으며, 위엄이 아니면 징계되지 않으니, 적게 징계해서 크게 경계시키는 것이 소인의 복이다. 역(서합괘 초구효)에 말하기를 '형틀을 신겨서 발꿈치를 멸하니 허물이 없다'고 하니 이것을 말함이다."

善不積이면 不足以成名이요 惡不積이면 不足以滅身이니
선부적 부족이성명 악부적 부족이멸신

小人이 以小善으로 爲无益而弗爲也하며
소인 이소선 위무익이불위야

以小惡으로 爲无傷而弗去也라.
이소악 위무상이불거야

故로 惡積而不可掩이며 罪大而不可解니
고 악적이불가엄 죄대이불가해

易曰 何校하야 滅耳니 凶이라하니라.
역왈 하교 멸이 흉

* "착한 것을 쌓지 못하면 이름을 이룰 수 없고, 악한 것을 쌓지 않으면 몸을 멸하게 되지 않으니, 소인이 조금 착함으로써 유익할 것이 없다하여 하지 않으며, 적은 악함으로써 해로울 것이 없다하여 버리지 않는다. 그러므로 악한 것이 쌓여서 감출 수가 없으며, 죄가 커져서 풀 수가 없으니, 역(서합괘 상구효)에 말하기를 '형틀을 메어 귀를 멸하니 흉하다'고 하니라."

子曰 危者는 安其位者也요 亡者는 保其存者也요
자왈 위자   안기위자야   망자   보기존자야

亂者는 有其治者也니 是故로 君子ㅣ 安而不忘危하며
난자   유기치자야   시고   군자   안이불망위

存而不忘亡하며 治而不忘亂이라.
존이불망망   치이불망란

是以身安而國家를 可保也니
시이신안이국가   가보야

易曰 其亡其亡이라아 繫于包桑이라하니라.
역왈 기망기망   계우포상

* 공자께서 말씀하시기를 "위태할까 걱정함은 그 지위를 편안히 하는 것이고, 망할까 걱정함은 그 존재를 보호하는 것이며, 어지러울까 걱정함은 다스림을 있게 하는 것이니, 이런 까닭에 군자가 편안하되 위태함을 잊지 않으며, 존재하되 망하게 될 것을 잊지 않으며, 다스리되 어지럽게 될 것을 잊지 않는다. 이 때문에 몸이 편안하고 국가를 보존할 수 있으니, 역(비괘 구오효)에 말하기를 '그 망할까 망할까 해야 더부룩한 뽕나무에 맨다'고 하니라."

子曰 德薄而位尊하며 知小而謀大하며
자왈 덕박이위존   지소이모대

力小而任重하면 鮮不及矣나니
역소이임중   선불급의

易曰 鼎이 折足하야 覆公餗하니
역왈 정   절족   복공속

其形이 渥이라 凶이라하니 言不勝其任也라.
기형   악   흉   언불승기임야

* 공자께서 말씀하시기를 "덕은 박한데 지위는 높으며, 지혜는 적은데 꾀하는 것은 크며, 힘은 적은데 책임이 무거우면 (흉하게 됨에) 미치지 않을 이가 적으니 (禍에까지 미칠 사람이 많다), 역(鼎괘 구사효)에 말하길 '솥의 발이 끊어져서 공의 밥을 엎으니, 얼굴이 땀에 젖어 흉하다'고 하니, 그 책임을 이기지 못함을 말한다."

子曰 知幾ㅣ 其神乎인뎌!
자왈 지기 기신호

君子ㅣ 上交不諂하며 下交不瀆하나니 其知幾乎인뎌!
군자 상교불첨 하교부독 기지기호

幾者는 動之微니 吉之先見者也니
기자 동지미 길지선현자야

君子ㅣ 見幾而作하야 不俟終日이니
군자 견기이작 불사종일

易曰 介于石이라 不終日이니 貞코 吉타하니
역왈 개우석 부종일 정 길

介如石焉커니 寧用終日이리오? 斷可識矣로다!
개여석언 영용종일 단가식의

君子ㅣ 知微知彰知柔知剛하나니 萬夫之望이라.
군자 지미지창지유지강 만부지망

* 공자께서 말씀하시기를 "기미를 아는 것은 그 신인져! 군자가 위를 사귐에 아첨하지 않으며, 아래를 사귐에 모독하지 않으니, 그 기미를 아는 것인져! 기미라는 것은 움직임의 미미한 것이니, 길한 것에 먼저 나타나는 것이니, 군자가 기미를 보고 일을 하기 때문에 날이 마칠 때까지 기다리지 않으니, 역(예괘 육이효)에 말하기를 '절개가 돌과 같은지라, 날이 마침을 기다리지 않으니, 바르고 길하다'고 하니, 절개가 돌과 같으니 어찌 날이 마칠 때까지 하리오? 판단함을 앎이라! 군자는 미미한 것도 알고 밝게 드러난 것도 알며, 부드러운 것도 알고 강한 것도 아니, 모든 사람이 우러러 보는 것이다."

子曰 顔氏之子ㅣ 其殆庶幾乎인뎌!
자왈 안씨지자 기태서기호

有不善이면 未嘗不知하며 知之면 未嘗復行也하나니
유불선 미상부지 지지 미상부행야

易曰 不遠復이라 无祗悔니 元吉이라하니라.
역왈 불원복 무지회 원길

* 공자께서 말씀하시기를 "안씨의 자식(안자)이 그 거의 가까운 져! 착하지 않음이 있으면 알지 못함이 없으며, 착하지 않음을 알면 다시 행하지 않으니, 역(복괘 초구효)에 말하기를 '멀지 않아서 회복한다. 후회하는 데 이르지 않으니, 크게 착하고 길하다'고 하니라."

天地│絪縕에 萬物이 化醇하고
천지 인온 만물 화순

男女│構精에 萬物이 化生하나니
남녀 구정 만물 화생

易曰 三人行엔 則損一人코 一人行엔 則得其友라하니
역왈 삼인행 즉손일인 일인행 즉득기우

言致一也라.
언치일야

* "하늘과 땅의 기운이 쌓임에 만물이 화해서 두텁게 엉기고, 남녀가 정기를 얽음에 만물이 화해서 생기나니, 역(손괘 육삼효)에 말하기를 '세 사람이 가는 데는 한 사람을 덜고, 한 사람이 가는 데엔 그 벗을 얻는다'고 하니, 하나를 이룸을 말한 것이다."

子曰 君子│ 安其身而後에야 動하며
자왈 군자 안기신이후 동

易其心而後에야 語하며 定其交而後에야 求하나니
이기심이후 어 정기교이후 구

君子│ 修此三者故로 全也하나니
군자 수차삼자고 전야

危以動하면 則民不與也코 懼以語하면 則民不應也코
위이동 즉민불여야 구이어 즉민불응야

无交而求하면 則民不與也하니
무교이구 즉민불여야

莫之與하면 則傷之者│ 至矣나니
막지여 즉상지자 지의

易曰 莫益之라 **或擊之**리니 **立心勿恒**이니 **凶**이라하니라.
역 왈 막 익 지   혹 격 지   입 심 물 항   흉

* 공자께서 말씀하시기를 "군자가 그 몸을 편안히 한 뒤에야 움직이며, 그 마음을 평이하게 한 뒤에야 말을 하며, 그 사귐을 정한 뒤에야 구하나니, 군자가 이 세 가지를 닦기 때문에 온전하다. 위태함으로써 움직이면 백성이 더불어 하지 않고, 두려움으로써 말하면 백성이 응하지 않고, 사귐이 없이 구하면 백성이 더불어 하지 않으니, 더불어 하는 사람이 없으면 해치는 사람이 올 것이니, 역(익괘 상구효)에 말하기를 '더하지 마라. 혹 공격할 것이니, 마음을 세워 항상하게 하지 못하니 흉하다'고 하니라."

右는 **第五章**이라.
우   제 오 장

* 이상은 제 5장이다.

❖ 제 6장 ❖

子曰 乾坤은 **其易之門邪**인뎌!
자 왈 건 곤   기 역 지 문 야

乾은 **陽物也**요 **坤**은 **陰物也**니
건   양 물 야   곤   음 물 야

陰陽이 **合德**하야 **而剛柔**ㅣ **有體**라.
음 양   합 덕   이 강 유   유 체

以體天地之撰하며 **以通神明之德**하니
이 체 천 지 지 선   이 통 신 명 지 덕

其稱名也ㅣ **雜而不越**하나 **於稽其類**엔
기 칭 명 야   잡 이 불 월   어 계 기 류

其衰世之意耶인뎌!
기 쇠 세 지 의 야

* 공자께서 말씀하시기를 "건·곤은 역의 문인져! 건은 양의 물건

이고 곤은 음의 물건이니, 음양이 덕을 합해서 강하고 부드러운 것이 체가 있다. 이(건·곤)로써 하늘과 땅의 일을 본받으며, 신령스럽고 밝은 덕을 통하니, 그 이름을 일컬음이 잡다하되 넘치지 않으나, 그 유형을 살펴보면 쇠퇴한 세상의 뜻인져!

夫易은 彰往而察來하며 (而) 微顯而闡幽하며
부역 창왕이찰래   미현이천유

(開而)當名하며 辨物하며 正言하며 斷辭하니 則備矣라.
당명   변물   정언   단사   즉비의

* 대개 역은 간 것을 밝히고 오는 것을 살피며, 작은 것을 나타내고 그윽한 것을 밝히며, 명분을 마땅하게 하며, 물건을 분별하며, 말을 바르게 하며, 말을 판단하니 곧 모두 갖추어져 있는 것이다.

※ 원문에는 "(而)微顯而闡幽하며 (開而)當名하며"로 되어 있으나, 주자의 학설에 의해 '而'자 두개를 빼고, 언해본 풀이에 의해 '開'자를 더 뺐다.

其稱名也ㅣ 小하나 其取類也ㅣ 大하며 其旨ㅣ 遠하며
기칭명야 소   기취류야 대   기지   원

其辭ㅣ 文하며 其言이 曲而中하며 其事ㅣ 肆而隱하니
기사 문   기언이 곡이중   기사   사이은

因貳하야 以濟民行하야 以明失得之報니라.
인이   이제민행   이명실득지보

* 그 이름을 일컬음은 작으나 그 종류를 취한 것은 크며, 그 뜻이 멀며, 그 (괘효의) 말이 문리(文理)가 있으며, 그 말이 곡진하면서도 맞으며, 그 일을 베풀었으되 (이치는) 숨겨 놓았으니, 의심스러운 것으로 인해서 백성의 삶을 구제해서 잃음과 얻음의 응보관계를 밝히느니라."

右는 第六章이라.
우   제육장

* 이상은 제 6장이다.

❖ 제7장 ❖

易之興也ㅣ 其於中古乎인뎌!
역 지 흥 야   기 어 중 고 호

作易者ㅣ 其有憂患乎인뎌!
작 역 자   기 유 우 환 호

* 역의 흥함이 중고시대인져! 역을 지은 사람이 근심과 걱정이 있었은져!

是故로 **履**는 **德之基也**요 **謙**은 **德之柄也**요
시 고   리   덕 지 기 야   겸   덕 지 병 야

復은 **德之本也**요 **恒**은 **德之固也**요
복   덕 지 본 야   항   덕 지 고 야

損은 **德之修也**요 **益**은 **德之裕也**요
손   덕 지 수 야   익   덕 지 유 야

困은 **德之辨也**요 **井**은 **德之地也**요
곤   덕 지 변 야   정   덕 지 지 야

巽은 **德之制也**라.
손   덕 지 제 야

* 이렇기 때문에 리(예절의 이행함)는 덕의 기초요, 겸(겸손함)은 덕의 자루요, 복(회복함)은 덕의 근본이요, 항(항상함)은 덕의 견고함이요, 손(덜어냄)은 덕의 닦음이요, 익(더함)은 덕의 넉넉함이요, 곤(곤함)은 덕의 분별함이요, 정(우물)은 덕의 땅이요, 손(공손함)은 덕의 마름질함이라.

履는 **和而至**하고 **謙**은 **尊而光**하고
리   화 이 지   겸   존 이 광

復은 **小而辨於物**하고 **恒**은 **雜而不厭**하고
복   소 이 변 어 물   항   잡 이 불 염

損은 **先難而後易**하고 **益**은 **長裕而不設**하고
손   선 난 이 후 이   익   장 유 이 불 설

困은 窮而通하고 井은 居其所而遷하고
곤   궁이통   정   거기소이천

巽은 稱而隱하니라.
손   칭이은

* 리는 화합하되 지극하고, 겸은 높되 빛나며, 복은 작되 물건을 구별하고, 항은 섞여 있되 싫어하지 않으며, 손은 먼저는 어렵되 뒤에는 쉽고, 익은 길고 넉넉하되 인위적으로 베풀지 않으며, 곤은 궁하되 통하고, 정은 그 장소에 거처하되 옮기며, 손은 맞추되 숨기니라.

※ 九德三陳卦를 정전에 배치함.

恒 (4巽)	巽 (9離)	謙 (2坤)
復 (3震)	損 (5中)	困 (7兌)
井 (8艮)	履 (1坎)	益 (6乾)

제 1진

巽 (4巽)	損 (9離)	困 (2坤)
井 (3震)	履 (5中)	復 (7兌)
恒 (8艮)	益 (1坎)	謙 (6乾)

제 2진 1진에서 2진으로 卦往함

井 (4巽)	恒 (9離)	益 (2坤)
困 (3震)	巽 (5中)	謙 (7兌)
復 (8艮)	損 (1坎)	履 (6乾)

제 3진 1진에서 3진으로 卦來함

履以和行코 謙以制禮코 復以自知코 恒以一德코
리이화행 겸이제례 복이자지 항이일덕

損以遠害코 益以興利코 困以寡怨코 井以辨義코
손이원해 익이흥리 곤이과원 정이변의

巽以行權하나니라.
손이행권

* 리로써 행동을 조화되게 하고, 겸으로써 예를 지으며, 복으로써 스스로 알고, 항으로써 덕을 한결같이 하며, 손으로써 해로움을 멀리하고, 익으로써 이로움을 일으키며, 곤으로써 원망을 적게 하고, 정으로써 의리를 분별하며, 손으로써 권도를 행하나니라.

右는 第七章이라.
우   제칠장

* 이상은 제 7장이다.

❖ 제 8장 ❖

易之爲書也ㅣ 不可遠이요 爲道也ㅣ 屢遷이라
역지위서야   불가원   위도야   누천

變動不居하야 周流六虛하야 上下ㅣ 无常하며
변동불거   주류육허   상하 무상

剛柔ㅣ 相易하야 不可爲典要요 唯變所適이니
강유   상역   불가위전요   유변소적

* 역의 글됨이 멀리할 수 없고, 도됨이 자주 옮겨간다. 변해 움직이고 거처해 있지 않아서, 육허(상하사방)에 두루 흘러서 오르고 내림에 항상함이 없으며, 강하고 부드러운 것이 서로 바뀌어서 전요(법칙과 요약)를 만들 수 없고, 오직 변화해서 가는 바니,

其出入以度하야 外內에 使知懼하며 又明於憂患與故라
기출입이도   외내   사지구   우명어우환여고

无有師保나 如臨父母하니 初率其辭而揆其方컨댄
무유사보   여림부모   초솔기사이규기방

旣有典常이어니와 苟非其人이면 道不虛行하나니라.
기유전상   구비기인   도불허행

* 그 나가고 들어옴이 법도로써 해서, 바깥과 안에 두려움을 알게 하며 또한 근심 걱정과 까닭을 밝히는지라, 가르치고 인도하는 사람은 없으나 부모와 같이 임하니, 처음에 그 말을 따라서 그 방법을 헤아려 보면 이미 법칙과 상도가 있거니와, 진실로 그 사람이 아니면 도가 헛되어 행하지 않느니라.

右는 第八章이라.
우   제팔장

* 이상은 제 8장이다.

❖ 제 9장 ❖

易之爲書也ㅣ **原始要終**하야 **以爲質也**코
역지위서야　원시요종　　이위질야

六爻相雜은 **唯其時物也**라.
육효상잡　유기시물야

其初는 **難知**요 **其上**은 **易知**니 **本末也**라.
기초　난지　기상　이지　본말야

初辭擬之하고 **卒成之終**하니라.
초사의지　졸성지종

* 역의 글됨이 처음을 근원해서 마침을 살핌으로써 바탕을 삼고, 여섯 효가 서로 섞이는 것은 오직 그 때와 물건이다. 그 처음(초효)은 알기 어렵고 그 위(상효)는 알기 쉬우니, 근본과 끝이다. 처음 말(초효사)은 비겨보고 마침내(상효사)는 끝을 이루느니라.

若夫雜物과 **撰德**과 **辨是與非**는
약부잡물　선덕　변시여비

則非其中爻면 **不備**하리라.
즉비기중효　불비

* 만약 섞여진 물건과, 덕을 가림과, 옳고 그름을 분별하는 것은, 그 가운데 있는 효(중간의 네 효, 즉 호괘)가 아니면 갖추지 못할 것이다.

噫라! **亦要存亡吉凶**인댄 **則居可知矣**어니와
희　역요존망길흉　　즉거가지의

知者ㅣ **觀其彖辭**하면 **則思過半矣**리라.
지자　관기단사　　즉사과반의

* 아! 또한 존망과 길흉을 살피고자 하면 곧 가만히 있어도 알

수 있지만, 지혜로운 사람이 그 단사를 보면 생각이 반을 지나리라 (반 이상을 알 수 있다).

二與四│同功而異位하야 **其善**이 **不同**하니
이여사 동공이이위 기선 부동

二多譽코 **四多懼**는 **近也**일새니
이다예 사다구 근야

柔之爲道│不利遠者컨마는
유지위도 불리원자

其要无咎는 **其用柔中也**일새라.
기요무구 기용유중야

* 이효와 사효가 공은 같되 자리가 달라서 그 착함이 같지 않으니, 이효는 명예가 많고 사효는 두려움이 많은 것은 (오효와) 가깝기 때문이다. 부드러운 것(음)의 도됨이 오효(임금)와 먼 것이 이롭지 않지만 육이가 허물이 없는 중요한 원인은 부드러움으로 중도를 쓰기 때문이다.

三與五│同功而異位하야 **三多凶**코 **五多功**은
삼여오 동공이이위 삼다흉 오다공

貴賤之等也일새니 **其柔**는 **危**코 **其剛**은 **勝耶**인뎌!
귀천지등야 기유 위 기강 승야

* 삼효와 오효는 공은 같으나 자리가 달라서, 삼효는 흉함이 많고 오효는 공이 많음은 귀하고 천한 차등이 있기 때문이니, 그 부드러운 것(음)은 위태하고 그 강한 것(양)은 이겨낼 것인져!

右는 **第九章**이라.
우 제구장

* 이상은 제 9장이다.

❖ 제 10장 ❖

易之爲書也ㅣ 廣大悉備하야
역지위서야   광대실비

有天道焉하며 **有人道焉**하며 **有地道焉**하니
유천도언   유인도언   유지도언

兼三才而兩之라 故로 **六**이니
겸삼재이양지   고   육

六者는 **非他也**라 **三才之道也**니
육자   비타야   삼재지도야

* 역의 글됨이 넓고 크며 다 갖추어서, 하늘의 도가 있으며 사람의 도가 있으며 땅의 도가 있다. 삼재를 겸해서 두 번 하기 때문에 여섯이니, 여섯은 다른 것이 아니라 삼재의 도다.

道有變動이라 故(로) **曰爻**요
도유변동   고   왈효

爻有等이라 故(로) **曰物**이요 **物相雜**이라 故(로) **曰文**이요
효유등   고   왈물   물상잡   고   왈문

文不當이라 故로 **吉凶**이 **生焉**하니라.
문부당   고   길흉   생언

* 도가 변동이 있기 때문에 효라고 말하고, 효가 차등이 있기 때문에 물건이라 말하며, 물건이 서로 섞여 있기 때문에 무늬라 말하고, 무늬가 마땅치 않기 때문에 길하고 흉함이 생기느니라.

※ 원문에는 "故曰爻요 故曰物이요 ~故曰文이요"로 되어 있으나 김석진 선생님의 의견에 따라 '로'자를 넣어 수정하였다.

右는 **第十章**이라.
우   제십장

* 이상은 제 10장이다.

❖ 제 11장 ❖

易之興也ㅣ 其當殷之末世周之盛德耶인더!
역지흥야 기당은지말세주지성덕야

當文王與紂之事耶인더!
당문왕여주지사야

是故로 **其辭ㅣ 危**하야 **危者를 使平**하고 **易者를 使傾**하니
시고 기사 위   위자 사평   이자 사경

其道ㅣ 甚大하야 **百物을 不廢**하나
기도 심대   백물 불폐

懼以終始면 **其要ㅣ 无咎**리니 **此之謂易之道也**라.
구이종시 기요 무구   차지위역지도야

★ 역의 흥함이 은나라의 말세와 주나라의 덕이 성할 때에 해당한져! 문왕과 주왕의 일에 해당한져! 이런 까닭에 그 말이 위태해서, 위태할까 생각하는 자를 평이하게 하고 나태한 자를 기울어지게 하니, 그 도가 심히 커서 백 가지 물건이 없는 것이 없으나, 두려워함으로써 마치고 시작하면 그 중요한 것은 허물이 없으리니, 이것을 역의 도라 이른다.

右는 **第十一章**이라.
우 제십일장

★ 이상은 제 11장이다.

❖ 제 12장 ❖

夫乾은 **天下之至健也**니 **德行**이 **恒易以知險**하고
부건   천하지지건야   덕행   항이이지험

夫坤은 **天下之至順也**니 **德行**이 **恒簡以知阻**하나니
부곤   천하지지순야   덕행   항간이지조

★ 건이라는 것은 천하의 지극히 굳센 것이니, 덕행이 항상 쉬움으로써 험한 것을 알고, 곤이라는 것은 천하의 지극히 순한 것이니,

264

덕행이 항상 간략함으로써 막힘을 아니,

能說諸心하며 能研諸(侯之)慮하야
능열저심   능연저   려

定天下之吉凶하며 成天下之亹亹者니
정천하지길흉   성천하지미미자

是故로 變化云爲에 吉事ㅣ 有祥이라.
시고   변화운위   길사   유상

象事하야 知器하며 占事하야 知來하나니
상사   지기   점사   지래

天地設位에 聖人이 成能하니
천지설위   성인   성능

人謀鬼謀에 百姓이 與能하나니라.
인모귀모   백성   여능

* 능히 마음으로 기뻐하며 능히 생각을 연마해서, 천하의 길함과 흉함을 정하며 천하가 힘쓰도록 함이니, 이렇기 때문에 변하고 화하며 말하고 행함에 있어 길한 일에 상서로움이 있다. 일을 본떠서 기구를 발명하며, 일을 점쳐서 오는 것을 안다. 그러므로 하늘과 땅이 자리를 베풀음에 성인이 공을 이루니, 사람이 꾀하며 귀신이 꾀함에 백성이 더불어 공을 이루니라.

※ 원문에는 "能硏諸侯之慮"나, 정전에 근거하여 "能硏諸慮"로 수정하였다.

八卦는 以象告하고 爻象은 以情言하니
팔괘   이상고   효단   이정언

剛柔ㅣ 雜居而吉凶을 可見矣라.
강유   잡거이길흉   가견의

* 팔괘는 상으로써 고하고 효사와 단사(괘사)는 정상(情狀)으로써 말하니, 강함과 부드러움이 섞여 있음에 길함과 흉함을 볼 수 있다.

變動은 以利言하고 吉凶은 以情遷이라.
변동   이이언   길흉   이정천

是故로 愛惡ㅣ 相攻而吉凶이 生하며
시고   애오   상공이길흉   생

遠近이 相取而悔吝이 生하며
원근   상취이회린   생

情僞ㅣ 相感而利害ㅣ 生하나니
정위   상감이이해   생

凡易之情이 近而不相得하면
범역지정   근이불상득

則凶或害之하며 悔且吝하나니라.
즉흉혹해지   회차린

* 변해서 움직임은 이로움으로써 말하고, 길함과 흉함은 정상(情狀)으로써 옮겨진다. 이때문에 사랑함과 미워함이 서로 공격해서 길함과 흉함이 생기며, 멀고 가까운 것이 서로 취해서 후회와 인색함이 생기며, 참과 거짓이 서로 느껴서 이로움과 해로움이 생긴다. 그러므로 모든 역의 뜻이 가까우면서도 서로 얻지 못하면, 흉하거나 혹 해치며 후회스럽고 인색하니라.

將叛者는 其辭ㅣ 慙하고 中心疑者는 其辭ㅣ 枝하고
장반자   기사   참   중심의자   기사   지

吉人之辭는 寡하고 躁人之辭는 多하고
길인지사   과   조인지사   다

誣善之人은 其辭ㅣ 游하고
무선지인   기사   유

失其守者는 其辭ㅣ 屈하니라.
실기수자   기사   굴

* 장차 배반하려는 사람은 그 말이 부끄럽고, 마음속에 의심하는 사람은 그 말이 가시와 같이 갈라지며, 길한 사람의 말은 적고, 조급한 사람의 말은 많으며, 거짓 선한 체 하는 사람은 그 말이 뜨고, 그 지킴을 잃은 사람은 그 말이 비굴하니라.

右는 **第十二章**이라.
우   제 십 이 장

* 이상은 제 12장이다.

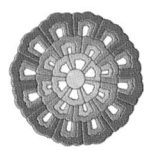
설괘전 서괘전 잡괘전

說卦傳
설괘전

❖ 제1장 ❖

昔者聖人之作易也에 **幽贊於神明而生蓍**하고
석자성인지작역야   유찬어신명이생시

參天兩地而倚數하고 **觀變於陰陽而立卦**하고
삼천양지이의수   관변어음양이입괘

發揮於剛柔而生爻하니 **和順於道德而理於義**하며
발휘어강유이생효   화순어도덕이이어의

窮理盡性하야 **以至於命**하니라.
궁리진성   이지어명

* 옛날에 성인이 역을 지을 때 그윽하게 신명을 도와 시초점 만들어 내고, 하늘은 셋으로 하고 땅은 둘로 해서 숫자를 붙이며, 음양의 변함을 봐서 괘를 세우고, 강과 유를 발휘해서 효를 낳으니, 도덕에 합하고 순해서 의리에 다스려지게 하며, 이치를 궁구하고 성품을 다함으로써 천명에 이르느니라.

右는 **第一章**이라.
우   제일장

* 이상은 제 1장이다.

❖ 제2장 ❖

昔者聖人之作易也는 **將以順性命之理**니
석자성인지작역야   장이순성명지리

是以立天之道曰陰與陽이요
시이입천지도왈음여양

立地之道曰柔與剛이요 立人之道曰仁與義니
입지지도왈유여강   입인지도왈인여의

兼三才而兩之라 故로 易이 六畫而成卦하고
겸삼재이양지   고   역   육획이성괘

分陰分陽하며 迭用柔剛이라
분음분양   질용유강

故로 易이 六位而成章하니라.
고   역   육위이성장

* 옛날에 성인이 역을 지음은 장차 성품과 천명의 이치에 순응하려는 것이니, 이렇기 때문에 하늘의 도를 세우니 이르길 음과 양이요, 땅의 도를 세우니 이르길 유와 강이요, 사람의 도를 세우니 이르길 인과 의니, 삼재를 겸해서 두 번 했기 때문에 역이 여섯 획으로 괘를 이루고, 음으로 나누고 양으로 나누며, 유와 강을 차례로 썼기 때문에 역이 여섯 자리로 문채를 이루느니라.

右는 第二章이라.
우   제이장

* 이상은 제 2장이다.

❖ 제 3장 ❖

天地ㅣ 定位에(하며) 山澤이 通氣하며 雷風이 相薄하며
천지   정위   산택   통기   뇌풍   상박

水火ㅣ 不相射하야 八卦相錯하니
수화   불상석   팔괘상착

數往者는 順코 知來者는 逆하니 是故로 易은 逆數也라.
수왕자   순   지래자   역   시고   역   역수야

* 하늘과 땅이 자리를 정함에, 산과 못이 기운을 통하며, 우레와 바람이 부딪히며, 물과 불이 서로 쏘지 않아서 팔괘가 서로 섞이니, 간 것을 세는 것은 순하고 오는 것을 앎은 거스르는 것이니, 이렇기

때문에 역은 거스려 세는 것이다.

※ 언해본에는 "天地定位하며"로 되어 있으나, 也山 李達 선생님의 의견을 따라 "天地定位에"로 수정하였다.

右는 第三章이라.
우 제삼장

* 이상은 제 3장이다.

❖ 제 4장 ❖

雷以動之코 風以散之코 雨以潤之코 日以烜之코
뇌이동지 풍이산지 우이윤지 일이환지

艮以止之코 兌以說之코 乾以君之코 坤以藏之하나니라.
간이지지 태이열지 건이군지 곤이장지

* 우레로써 움직이고, 바람으로 흩뜨리며, 비로써 적시고, 해로써 말리며, 간으로 그치고, 태로써 기뻐하며, 건으로써 주장하고, 곤으로 감추느니라.

右는 第四章이라.
우 제사장

* 이상은 제 4장이다.

❖ 제 5장 ❖

帝ㅣ 出乎震하야 齊乎巽하고 相見乎離하고 致役乎坤하고
제 출호진   제호손   상견호리   치역호곤

說言乎兌하고 戰乎乾하고 勞乎坎하고 成言乎艮하니라.
열언호태   전호건   노호감   성언호간

* 제(帝)가 진에서 나와서, 손에서 가지런히 하고, 리에서 서로 보며, 곤에서 역사(役事)를 이루고, 태에서 기뻐하며, 건에서 싸우고,

감에서 위로하며, 간에서 이루느니라.

萬物이 出乎震하니 震은 東方也라.
만물 출호진   진   동방야

* 만물이 진(☳)에서 나오니 진은 동방이다.

齊乎巽하니 巽은 東南也니
제호손   손   동남야
齊也者는 言萬物之潔齊也라.
제야자   언만물지결제야

* 손(☴)에서 가지런히 하니, 손은 동남방이니, '가지런하다'는 것은 만물이 깨끗하게 가지런히 됐다는 것을 말한다.

離也者는 明也니 萬物이 皆相見할새니 南方之卦也니
리야자   명야   만물   개상견   남방지괘야
聖人이 南面而聽天下하야 嚮明而治하니 蓋取諸此也라.
성인   남면이청천하   향명이치   개취저차야

* 리(☲)는 밝은 것이니, 만물이 다 서로 보기 때문이니, 남방의 괘니, 성인이 남쪽을 향해 천하의 말을 들어서 밝은 것을 향해서 다스리니, 대개 이것에서 취했다.

坤也者는 地也니 萬物이 皆致養焉할새
곤야자   지야   만물   개치양언
故로 曰致役乎坤이라.
고   왈치역호곤

* 곤(☷)은 땅이니, 만물이 다 땅에서 기름(養)을 이루기 때문에, '곤에서 역사를 이룬다'고 했다.

兌는 正秋也니 萬物之所說也일새 故로 曰說言乎兌라.
태   정추야   만물지소열야   고   왈열언호태

* 태(☱)는 바로 가을이니, 만물이 기뻐하는 바이기 때문에 '태에

서 기뻐한다'고 말했다.

戰乎乾은 乾은 西北之卦也니 言陰陽相薄也라.
전호건　건　서북지괘야　언음양상박야

* '건(☰)에서 싸움'은 건은 서북방의 괘니, 음과 양이 서로 부딪힌다는 말이다.

坎者는 水也니 正北方之卦也니 勞卦也니
감자　수야　정북방지괘야　노괘야

萬物之所歸也일새 故로 曰勞乎坎이라.
만물지소귀야　　고　왈노호감

* 감(☵)은 물이니, 정북방의 괘니, 위로하는 괘니, 만물이 돌아가는 바이기 때문에 '감에서 위로한다'고 했다.

艮은 東北之卦也니 萬物之所成終而所成始也일새
간　동북지괘야　만물지소성종이소성시야

故로 曰成言乎艮이라.
고　왈성언호간

* 간(☶)은 동북방의 괘니, 만물이 마침을 이루는 바고 시작을 이루는 바기 때문에, '간에서 이룬다'고 한 것이다.

右는 第五章이라.
우　제오장

* 이상은 제 5장이다.

❖ 제 6장 ❖

神也者는 妙萬物而爲言者也니
신야자　묘만물이위언자야

動萬物者ㅣ 莫疾乎雷하고 撓萬物者ㅣ 莫疾乎風하고
동만물자　막질호뢰　　요만물자　막질호풍

燥萬物者ㅣ 莫熯乎火하고 說萬物者ㅣ 莫說乎澤하고
조만물자   막한호화   열만물자   막열호택

潤萬物者ㅣ 莫潤乎水하고
윤만물자   막윤호수

終萬物始萬物者ㅣ 莫盛乎艮하니
종만물시만물자   막성호간

故로 水火ㅣ 相逮하며 雷風이 不相悖하며
고   수화   상체   뇌풍   불상패

山澤이 通氣然後에아 能變化하야
산택   통기연후   능변화

旣成萬物也하나니라.
기 성 만물야

* 신이라는 것은 만물을 묘하게 하는 것을 말하니, 만물을 움직이는 것이 우레(☳)보다 빠른 것이 없고, 만물을 흔드는 것이 바람(☴)보다 빠른 것이 없으며, 만물을 말리는 것이 불(☲)만큼 말리는 것이 없고, 만물을 기쁘게 하는 것이 못(☱) 만큼 기쁘게 하는 것이 없으며, 만물을 적시는 것이 물(☵)만큼 적시는 것이 없고, 만물을 마치게하고 시작하게 함이 간(☶)보다 성한 것이 없다. 그러므로 물과 불이 서로 따르며, 우레와 바람이 서로 거스리지 않으며, 산과 못이 서로 기운을 통한 뒤에야, 능히 변화하여 만물을 다 이루느니라.

右는 第六章이라.
우   제 육장

* 이상은 제 6장이다.

❖ 제 7장 ❖

乾은 健也요 坤은 順也요
건   건야   곤   순야

震은 動也요 巽은 入也요
진 동야 손 입야

坎은 陷也요 離는 麗也요
감 함야 리 이야

艮은 止也요 兌는 說也라.
간 지야 태 열야

* 건은 굳센 것이고, 곤은 순한 것이며, 진은 움직이는 것이고, 손은 들어가는 것이며, 감은 빠지는 것이고, 리는 걸리는 것이며, 간은 그치는 것이고, 태는 기뻐하는 것이다.

※ 팔괘의 성정(性情)을 표현한 글이다.

右는 第七章이라.
우 제 칠 장

* 이상은 제 7장이다.

❖ 제 8장 ❖

乾爲馬요 坤爲牛요 震爲龍이요 巽爲鷄요
건위마 곤위우 진위룡 손위계

坎爲豕요 離爲雉요 艮爲狗요 兌爲羊이라.
감위시 리위치 간위구 태위양

* 건은 말이 되고, 곤은 소가 되며, 진은 용이 되고, 손은 닭이 되며, 감은 돼지가 되고, 리는 꿩이 되며, 간은 개가 되고, 태는 양이 된다.

※ 팔괘를 동물에 배속한 글이다.

右는 第八章이라.
우 제 팔 장

* 이상은 제 8장이다.

❖ 제 9장 ❖

乾爲首요 **坤爲腹**이요 **震爲足**이요 **巽爲股**요
건위수　　　곤위복　　　진위족　　　손위고

坎爲耳요 **離爲目**이요 **艮爲手**요 **兌爲口**라.
감위이　　　리위목　　　간위수　　　태위구

* 건은 머리가 되고, 곤은 배가 되며, 진은 발이 되고, 손은 넓적다리가 되며, 감은 귀가 되고, 리는 눈이 되며, 간은 손이 되고, 태는 입이 된다.

※ 팔괘를 신체에 배속한 글이다.

右는 **第九章**이라.
우　　　제구장

* 이상은 제 9장이다.

❖ 제 10장 ❖

乾은 **天也**라 **故**로 **稱乎父**요
건　　천야　　고　　칭호부

坤은 **地也**라 **故**로 **稱乎母**요
곤　　지야　　고　　칭호모

* 건은 하늘이기 때문에 아버지라 일컫고, 곤은 땅이기 때문에 어머니라 일컬으며,

震은 **一索而得男**이라 **故**로 **謂之長男**이요
진　　일색이득남　　　　고　　위지장남

巽은 **一索而得女**라 **故**로 **謂之長女**요
손　　일색이득녀　　　고　　위지장녀

진은 첫 번째 구해서 남자를 얻었기 때문에 장남이라 이르고, 손은 첫 번째 구해서 여자를 얻었기 때문에 장녀라 이르며,

坎은 再索而得男이라 故로 謂之中男이요
감   재색이득남   고   위지중남

離는 再索而得女라 故로 謂之中女요
리   재색이득녀   고   위지중녀

감은 두 번째 구해서 남자를 얻었기 때문에 중남이라 이르고, 리는 두 번째 구해서 여자를 얻었기 때문에 중녀라 이르며,

---

艮은 三索而得男이라 故로 謂之少男이요
간   삼색이득남   고   위지소남

兌는 三索而得女라 故로 謂之少女라.
태   삼색이득녀   고   위지소녀

간은 세 번째 구해서 남자를 얻었기 때문에 소남이라 이르고, 태는 세 번째 구해서 여자를 얻었기 때문에 소녀라고 이른다.

※ 팔괘를 가족에 배속하여, 부모(건곤)로부터 여섯 자녀가 나오는 순서를 설명하였다.

右는 第十章이라.
우   제십장

* 이상은 제 10장이다.

❖ 제 11장 ❖

乾은 爲天 爲圜 爲君 爲父 爲玉 爲金 爲寒 爲冰
건   위천 위원 위군 위부 위옥 위금 위한 위빙
爲大赤 爲良馬 爲老馬 爲瘠馬 爲駁馬 爲木果라.
위대적 위양마 위노마 위척마 위박마 위목과

* 건(☰)은 하늘이 되고, 둥근 것이 되고, 임금이 되고, 아버지가 되고, 옥이 되고, 쇠가 되고, 추운 것이 되고, 얼음이 되고, 크게 붉은 것이 되며, 좋은 말이 되고, 늙은말이 되고, 마른말이 되고, 얼룩말이 되며, 나무의 과실이 된다.

坤은 爲地 爲母 爲布 爲釜 爲吝嗇 爲均 爲子母牛
곤　위지 위모 위포 위부 위인색 위균 위자모우

爲大輿 爲文 爲衆 爲柄이오 其於地也에 爲黑이라.
위대여 위문 위중 위병　　기어지야　위흑

* 곤(☷)은 땅이 되고, 어머니가 되고, 펴는 것이 되고, 가마솥이 되고, 인색한 것이 되고, 고른 것이 되고, 새끼 달린 어미소가 되고, 큰 수레가 되고, 문채(文彩)가 되고, 무리가 되고, 자루가 되며, 땅에 있어서는 검은 땅이 된다.

震은 爲雷 爲龍 爲玄黃 爲旉 爲大塗 爲長子 爲決躁
진　위뢰 위룡 위현황 위부 위대도 위장자 위결조

爲蒼筤竹 爲萑葦요
위창랑죽 위환위

其於馬也에 爲善鳴 爲馵足 爲作足 爲的顙이오
기어마야　위선명 위주족 위작족 위적상

其於稼也에 爲反生이요 其究ㅣ 爲健이요 爲蕃鮮이라.
기어가야　위반생　　기구　위건　위번선

* 진(☳)은 우레가 되고, 용이 되고, 검고 누런 것이 되고, 펴는 것이 되고, 큰 길이 되고, 맏아들이 되고, 결단하고 조급함이 되며, 푸른 대나무가 되고, 갈대가 되며, 말에 있어서는 잘 우는 말이 되고, 발이 흰 말이 되고, 발을 자주 움직이는 말이 되고, 이마에 흰 털이 많아 훤한 말(별박이 말)이 되며, 심는 데 있어서는 되살아나는 것이 되며, 궁극에 가서는 굳센 것이 되고, 번성하고 고운 것이 된다.

巽은 爲木 爲風 爲長女 爲繩直 爲工 爲白 爲長
손　위목 위풍 위장녀 위승직 위공 위백 위장

爲高 爲進退 爲不果 爲臭요
위고 위진퇴 위불과 위취

其於人也에 爲寡髮 爲廣顙 爲多白眼 爲近利市三
기어인야　위과발 위광상 위다백안 위근리시삼

倍요 其究ㅣ 爲躁卦라.
배   기구   위조괘

* 손(☴)은 나무가 되고, 바람이 되고, 맏딸이 되고, 먹줄이 되고, 장인(工)이 되고, 흰 것이 되고, 긴 것이 되고, 높은 것이 되고, 나아가고 물러남이 되며, 과감하지 못함(또는 열매가 없음)이 되고, 냄새가 되며, 사람에 있어서는 털이 적은 것이 되고, 이마가 넓은 것이 되고, 눈에 흰자가 많음이 되고, 이익에 가까이 해서 세 배의 이익을 남김이 되며, 궁극에 가서는 조급한 괘가 된다.

坎은 爲水 爲溝瀆 爲隱伏 爲矯輮 爲弓輪이요
감   위수 위구독 위은복 위교유 위궁륜

其於人也애 爲加憂 爲心病 爲耳痛 爲血卦 爲赤이요
기 어 인 야   위가우 위심병 위이통 위혈괘 위적

其於馬也에 爲美脊 爲亟心 爲下首 爲薄蹄 爲曳요
기 어 마 야   위미척 위극심 위하수 위박제 위예

其於輿也에 爲多眚이요 爲通 爲月 爲盜요
기 어 여 야   위다생   위통 위월 위도

其於木也에 爲堅多心이라.
기 어 목 야   위견다심

* 감(☵)은 물이 되고, 도랑이 되고, 숨어 엎드림이 되고, 굽은 것을 바로잡음이 되고, 활과 바퀴가 되며, 사람에 있어서는 근심을 더함이 되고, 심장병이 되고, 귀앓이가 되고, 피괘(血卦)가 되고, 붉은 것이 되며, 말에 있어서는 아름답게 마른 말이 되고, 마음이 급한 말이 되고, 머리를 떨군 말이 되고, 발꿈치가 엷은 말이 되고, 힘이 없어서 끄는 말이 되며, 수레에는 재앙이 많은 것이 되고, 통한 것이 되며, 달이 되고, 도적이 되며, 나무에는 굳고 심이 많은 나무가 된다.

離는 爲火 爲日 爲電 爲中女 爲甲冑 爲戈兵이요
리   위화 위일 위전 위중녀 위갑주   위과병

其於人也에 爲大腹이요 爲乾卦 爲鱉 爲蟹 爲蠃 爲蚌
기 어 인 야   위 대 복   위 건 괘 위 별 위 해 위 라 위 방

爲龜요 其於木也에 爲科上槁라.
위 귀   기 어 목 야   위 과 상 고

* 리(☲)는 불이 되고, 해가 되고, 번개가 되고, 중녀가 되고, 갑옷과 투구가 되고, 창과 병기가 되며, 사람에는 배가 큰 것이 되며, 건괘(혹 마른 괘)가 되고, 자라가 되고, 게가 되고, 소라가 되고, 조개가 되고, 거북이 되며, 나무에는 속이 비고 가지가 마른 나무가 된다.

艮은 爲山 爲徑路 爲小石 爲門闕 爲果蓏 爲閽寺
간   위 산 위 경 로 위 소 석 위 문 궐 위 과 라 위 혼 시

爲指 爲狗 爲鼠 爲黔喙之屬이요
위 지 위 구 위 서 위 검 훼 지 속

其於木也에 爲堅多節이라.
기 어 목 야   위 견 다 절

* 간(☶)은 산이 되고, 지름길이 되고, 작은 돌이 되고, 작은 문과 큰 문이 되고, 과일과 풀의 열매가 되고, 내시가 되고, 손가락이 되고, 개가 되고, 쥐가 되고, 부리가 검은 부류의 짐승이 되며, 나무에는 굳고 마디가 많은 것이 된다.

兌는 爲澤 爲少女 爲巫 爲口舌 爲毁折 爲附決이요
태   위 택 위 소 녀 위 무 위 구 설 위 훼 절 위 부 결

其於地也에 爲剛鹵요 爲妾 爲羊이라.
기 어 지 야   위 강 로   위 첩 위 양

* 태(☱)는 못이 되고, 소녀가 되고, 무당이 되고, 입과 혀가 되고, 해지고 끊어짐이 되고, 붙은 것을 결단함이 되며, 땅에는 단단하고 짠 것이 되며, 첩이 되고, 양이 된다.

右는 第十一章이라.
우   제 십 일 장

* 이상은 제 11장이다.
    ※ 설괘전은 계사전(상·하)과는 달리 11장으로 끝맺었는데, 이것은 팔괘를 세 번에 걸쳐 설명했기 때문이다. 一說(1~3장)에서는 괘의 생성원리, 二說(4~10장)에서는 괘의 위치 및 작용에 대해서, 三說(11장)에서는 괘의 體와 象을 설명하였다.

序卦傳
서괘전

❖ 상편 ❖

有天地然後에 **萬物**이 **生焉**하니
유천지연후   만물   생언

盈天地之間者ㅣ **唯萬物**이라 **故**로 **受之以屯**하니
영천지지간자   유만물   고   수지이둔

屯者는 **盈也**니 **屯者**는 **物之始生也**라.
둔자   영야   둔자   물지시생야

物生必蒙이라 **故**로 **受之以蒙**하니
물생필몽   고   수지이몽

蒙者는 **蒙也**니 **物之穉也**라.
몽자   몽야   물지치야

* 하늘(☰)과 땅(☷)이 있은 뒤에 만물이 생기니, 하늘과 땅 사이에 가득찬 것이 오직 만물이다. 그렇기 때문에 둔괘(䷂)로써 받으니, 둔은 가득참이니, 둔은 물건이 처음으로 생기는 것이다.
  물건이 생기면 반드시 어리기 때문에 몽괘(䷃)로써 받으니, 몽이라는 것은 어린 것이니, 물건의 어린 것이다.

物穉不可不養也라 **故**로 **受之以需**하니
물치불가불양야   고   수지이수

需者는 **飮食之道也**라.
수자   음식지도야

飮食必有訟이라 **故**로 **受之以訟**하고
음식필유송   고   수지이송

* 물건이 어리면 기르지 않을 수 없기 때문에 수괘(䷄)로써 받으

니, 수는 음식의 도리이다. 음식에는 반드시 송사가 있기 때문에 송괘(䷅)로써 받고,

訟必有衆起라 故로 受之以師하고
송필유중기   고   수지이사

師者는 衆也니 衆必有所比라 故로 受之以比하고
사자   중야   중필유소비   고   수지이비

* 송사는 반드시 무리로 일어나기 때문에 사괘(䷆)로써 받고, 군사는 무리니, 무리는 반드시 돕는 바가 있기 때문에 비괘(䷇)로써 받고,

比者는 比也니 比必有所畜이라 故로 受之以小畜하고
비자   비야   비필유소축   고   수지이소축

物畜然後에 有禮라 故로 受之以履하고
물축연후   유례   고   수지이리

* 비는 돕는 것이니, 도우면 반드시 쌓는 바가 있기 때문에 소축괘(䷈)로써 받고, 물건을 쌓은 뒤에 예절이 있기 때문에 리괘(䷉)로써 받고,

履而泰然後에 安이라 故로 受之以泰하고
이이태연후   안   고   수지이태

泰者는 通也니 物不可以終通이라 故로 受之以否하고
태자   통야   물불가이종통   고   수지이비

* 예절을 이행하여 태평한 다음에 편안하기 때문에 태괘(䷊)로써 받고, 태는 통하는 것이니, 물건이 끝까지 통할 수만은 없기 때문에 비괘(䷋)로써 받고,

物不可以終否라 故로 受之以同人하고
물불가이종비   고   수지이동인

與人同者는 物必歸焉이라 故로 受之以大有하고
여인동자   물필귀언   고   수지이대유

＊ 물건이 끝까지 비색할 수 만은 없기 때문에 동인괘(䷌)로써 받고, 사람과 더불어 같이 하는 사람은 물건이 반드시 모여들기 때문에 대유괘(䷍)로써 받고,

有大者는 **不可以盈**이라 **故**로 **受之以謙**하고
유대자 불가이영 고 수지이겸

有大而能謙이 **必豫**라 **故**로 **受之以豫**하고
유대이능겸 필예 고 수지이예

＊ 큰 것을 둔 자는 가득차게 할 수 없기 때문에 겸괘(䷎)로써 받고, 큰 것을 두고도 겸손할 수 있음이 반드시 즐거울 것이기 때문에 예괘(䷏)로써 받고,

豫必有隨라 **故**로 **受之以隨**하고
예필유수 고 수지이수

以喜隨人者ㅣ **必有事**라 **故**로 **受之以蠱**하고
이희수인자 필유사 고 수지이고

＊ 즐거움에는 반드시 따름이 있기 때문에 수괘(䷐)로써 받고, 기쁨으로써 사람을 따르는 자는 반드시 일이 있기 때문에 고괘(䷑)로써 받고,

蠱者는 **事也**니 **有事而後**에 **可大**라 **故**로 **受之以臨**하고
고자 사야 유사이후 가대 고 수지이림

臨者는 **大也**니 **物大然後**에 **可觀**이라 **故**로 **受之以觀**하고
임자 대야 물대연후 가관 고 수지이관

＊ 좀먹는 것(蠱)은 일이 있는 것이니, 일이 있는 뒤에 커질 수 있기 때문에 임괘(䷒)로써 받고, 임은 큰 것이니, 물건이 커진 다음에 볼 수 있기 때문에 관괘(䷓)로써 받고,

可觀而後에 **有所合**이라 **故**로 **受之以噬嗑**하고
가관이후 유소합 고 수지이서합

嗑者는 合也니 物不可以苟合而已라 故로 受之以賁하고
합자   합야   물불가이구합이이   고   수지이비

* 볼 수 있은 뒤에 합치는 바가 있기 때문에 서합괘(☲☳)로써 받고, 씹는 것(嗑)은 합하는 것이니, 물건이 구차하게 합하고만 있을 수 없기 때문에 비괘(☲☶)로써 받고,

賁者는 飾也니 致飾然後에 亨則盡矣라
비자   식야   치식연후   형즉진의

故로 受之以剝하고 剝者는 剝也니 物不可以終盡이니
고   수지이박   박자   박야   물불가이종진

剝이 窮上反下라 故로 受之以復하고
박   궁상반하   고   수지이복

* 비는 꾸미는 것이니, 꾸밈을 이룬 뒤에 형통하면 다 할 것이기 때문에 박괘(☶☷)로써 받고, 박은 깎는 것이니, 물건이 마침내 다 깎일 수 만은 없으니, 박이 위에서 궁해서 아래로 돌아오기 때문에 복괘(☷☳)로써 받고,

復則不妄矣라 故로 受之以无妄하고
복즉불망의   고   수지이무망

有无妄然後에 可畜이라 故로 受之以大畜하고
유무망연후   가축   고   수지이대축

* 회복하면 망령되지 않기 때문에 무망괘(☰☳)로써 받고, 망령됨이 없은 뒤에 쌓을 수 있기 때문에 대축괘(☶☰)로써 받고,

物畜然後에 可養이라 故로 受之以頤하고
물축연후   가양   고   수지이이

頤者는 養也니 不養則不可動이라 故로 受之以大過하고
이자   양야   불양즉불가동   고   수지이대과

* 물건이 쌓인 다음에 기를 수 있기 때문에 이괘(☶☳)로써 받고, 이는 기르는 것이니, 기르지 않으면 움직일 수 없기 때문에 대과괘(☱☴)로써 받고,

物不可以終過라 故로 受之以坎하고
물불가이종과 고 수지이감

坎者는 陷也니 陷必有所麗라 故로 受之以離하니
감자 함야 함필유소리 고 수지이리

離者는 麗也라.
리자 리야

* 물건이 끝까지 지나칠 수만은 없기 때문에 감괘(☵)로써 받고, 감은 빠지는 것이니, 빠지면 반드시 걸리는 것이 있기 때문에 리괘(☲)로써 받으니, 리는 걸리는 것이다.

右는 上篇이라.
우 상편

* 이상은 상편이다.

❖ 하편 ❖

有天地然後에 有萬物하고 有萬物然後에 有男女하고
유천지연후 유만물 유만물연후 유남녀

有男女然後에 有夫婦하고 有夫婦然後에 有父子하고
유남녀연후 유부부 유부부연후 유부자

有父子然後에 有君臣하고 有君臣然後에 有上下하고
유부자연후 유군신 유군신연후 유상하

有上下然後에 禮義有所錯니라.
유상하연후 예의유소조

夫婦之道ㅣ 不可以不久也라 故로 受之以恒하고
부부지도 불가이불구야 고 수지이항

* 하늘과 땅이 있은 뒤에 만물이 있고, 만물이 있은 뒤에 남녀가 있으며, 남녀가 있은 뒤에 부부가 있고, 부부가 있은 뒤에 부자가 있으며, 부자가 있은 뒤에 군신(인군과 신하)이 있고, 군신이 있은 뒤에 위와 아래가 있으며, 위와 아래가 있은 뒤에 예의를 둘 바가

있느니라. 부부의 도(☳)가 오래하지 않을 수 없기 때문에 항괘(☳)로써 받고,

恒者는 久也니 物不可以久居其所라
항자 구야 물불가이구거기소

故로 受之以遯하고
고 수지이돈

遯者는 退也니 物不可以終遯이라 故로 受之以大壯하고
돈자 퇴야 물불가이종돈 고 수지이대장

* 항은 오래하는 것이니, 물건이 오래 그 처소에만 있을 수 없기 때문에 돈괘(☳)로써 받고, 돈은 물러나는 것이니, 물건이 끝까지 물러날 수 만은 없기 때문에 대장괘(☳)로써 받고,

物不可以終壯이라 故로 受之以晉하고
물불가이종장 고 수지이진

晉者는 進也니 進必有所傷이라 故로 受之以明夷하고
진자 진야 진필유소상 고 수지이명이

* 물건이 끝까지 건장(壯)해서 가만히 있을 수 만은 없기 때문에 진괘(☳)로써 받고, 진은 나아가는 것이니, 나아가면 반드시 상하는 것이 있기 때문에 명이괘(☳)로써 받고,

夷者는 傷也니 傷於外者l 必反其家라
이자 상야 상어외자 필반기가

故로 受之以家人하고 家道l 窮必乖라 故로 受之以睽하고
고 수지이가인 가도 궁필괴 고 수지이규

* 명이는 상하는 것이니, 바깥에서 상한 사람은 반드시 집으로 돌아오기 때문에 가인괘(☳)로써 받고, 집안의 도가 궁하면 반드시 어긋나기 때문에 규괘(☳)로써 받고,

睽者는 乖也니 乖必有難이라 故로 受之以蹇하고
규자 괴야 괴필유난 고 수지이건

蹇者는 難也니 物不可以終難이라 故로 受之以解하고
건자   난야   물불가이종난   고   수지이해

* 건는 어그러지는 것이니, 어그러지면 반드시 어려움이 있기 때문에 건괘(☳)로써 받고, 건은 어려운 것이니, 물건이 끝까지 어려울 수 만은 없기 때문에 해괘(☳)로써 받고,

解者는 緩也니 緩必有所失이라 故로 受之以損하고
해자   완야   완필유소실   고   수지이손

損而不已면 必益이라 故로 受之以益하고
손이불이   필익   고   수지이익

* 해는 느그러지는 것이니, 느그러지면 반드시 잃는 바가 있기 때문에 손괘(☳)로써 받고, 덜기를 말지 않다보면 반드시 유익하게 할 것이기 때문에 익괘(☳)로써 받고,

益而不已면 必決이라 故로 受之以夬하고
익이불이   필결   고   수지이쾌

夬者는 決也니 決必有所遇라 故로 受之以姤하고
쾌자   결야   결필유소우   고   수지이구

* 유익하게 함을 그치지 않다보면 반드시 척결될 것이기 때문에 쾌괘(☳)로써 받고, 쾌는 척결하는 것이니, 척결하면 반드시 만나는 바가 있을 것이기 때문에 구괘(☳)로써 받고,

姤者는 遇也니 物相遇而後에 聚라 故로 受之以萃하고
구자   우야   물상우이후   취   고   수지이취

萃者는 聚也니 聚而上者를 謂之升이라
취자   취야   취이상자   위지승

故로 受之以升하고
고   수지이승

* 구는 만나는 것이니, 물건이 서로 만난 뒤에 모이기 때문에 취괘(☳)로써 받고, 취는 모이는 것이니, 모여서 올라가는 것을 오른다(升)고 하기 때문에 승괘(☳)로써 받고,

升而不己면 必困이라 故로 受之以困하고
승이불이　필곤　　고　수지이곤

困乎上者ㅣ 必反下라 故로 受之以井하고
곤호상자　필반하　고　수지이정

* 오르기를 그치지 않으면 반드시 곤하기 때문에 곤괘(䷮)로써 받고, 위에서 곤한 사람은 반드시 아래로 돌아오기 때문에 정괘(䷯)로써 받고,

---

井道ㅣ 不可不革이라 故로 受之以革하고
정도　불가불혁　　고　수지이혁

革物者ㅣ 莫若鼎이라 故로 受之以鼎하고
혁물자　막약정　　고　수지이정

* 우물의 도는 개혁하지 않을 수 없기 때문에 혁괘(䷰)로써 받고, 물건을 변혁하는 것은 솥 만한 것이 없기 때문에 정괘(䷱)로써 받고,

---

主器者ㅣ 莫若長子라 故로 受之以震하고
주기자　막약장자　고　수지이진

震者는 動也니 物不可以終動하야 止之라
진자　동야　물불가이종동　　　지지

故로 受之以艮하고
고　수지이간

* 그릇을 주관하는 사람은 맏아들 만한 사람이 없기 때문에 진괘(䷲)로써 받고, 진은 움직이는 것이니, 물건이 끝까지 움직일 수 만은 없어서 그치기 때문에 간괘(䷳)로써 받고,

---

艮者는 止也니 物不可以終止라 故로 受之以漸하고
간자　지야　물불가이종지　　고　수지이점

漸者는 進也니 進必有所歸라 故로 受之以歸妹하고
점자　진야　진필유소귀　　고　수지이귀매

* 간은 그치는 것이니, 물건이 끝까지 그칠 수 만은 없기 때문에

점괘(䷴)로써 받고, 점은 나아가는 것이니, 나아가면 반드시 돌아오는 바가 있기 때문에 귀매괘(䷵)로써 받고,

得其所歸者ㅣ 必大라 故로 受之以豊하고
득기소귀자 필대 고 수지이풍

豊者는 大也니 窮大者ㅣ 必失其居라
풍자 대야 궁대자 필실기거

故로 受之以旅하고
고 수지이려

* 돌아올 바를 얻은 자는 반드시 크기 때문에 풍괘(䷶)로써 받고, 풍은 큰 것이니, 큰 것이 궁극에 간 자는 반드시 그 거처를 잃을 것이기 때문에 려괘(䷷)로써 받고,

旅而无所容이라 故로 受之以巽하고
여이무소용 고 수지이손

巽者는 入也니 入而後에 說之라 故로 受之以兌하고
손자 입야 입이후 열지 고 수지이태

* 나그네로 다녀서 용납받을 데가 없기 때문에 손괘(䷸)로써 받고, 손은 들어가는 것이니, 들어간 뒤에 기뻐하기 때문에 태괘(䷹)로써 받고,

兌者는 說也니 說而後에 散之라 故로 受之以渙하고
태자 열야 열이후 산지 고 수지이환

渙者는 離也니 物不可以終離라 故로 受之以節하고
환자 리야 물불가이종리 고 수지이절

* 태는 기뻐하는 것이니, 기뻐한 뒤에 흩어지기 때문에 환괘(䷺)로써 받고, 환은 떠나는 것이니, 물건이 끝까지 떠날 수 만은 없기 때문에 절괘(䷻)로써 받고,

節而信之라 故로 受之以中孚하고
절이신지 고 수지이중부

有其信者는 必行之라 故로 受之以小過하고
유기신자   필행지 고   수지이소과

* 절도가 있으면 믿기 때문에 중부괘(䷼)로써 받고, 믿음이 있는 사람은 반드시 행하기 때문에 소과괘(䷽)로써 받고,

有過物者는 必濟라 故로 受之以旣濟하고
유과물자   필제 고   수지이기제

物不可窮也라 故로 受之以未濟하야 **終焉**하니라.
물불가궁야   고   수지이미제   종언

* 물건(보통사람)을 지남(뛰어남)이 있는 사람은 반드시 건너기 때문에 기제괘(䷾)로써 받고, 물건이 궁할 수(끝날 수) 없기 때문에 미제괘(䷿)로써 받아서 마치니라.

右는 下篇이라.
우   하편

* 이상은 하편이다.

雜卦傳
잡괘전

乾剛坤柔요 **比樂師憂**라.
건강곤유   비락사우

臨觀之義는 **或與或求**라.
임관지의   혹여혹구

* 건(☰)은 강하고 곤(☷)은 부드러우며, 비(☷)는 즐겁고 사(☷)는 근심스럽다. 임(☷)·관(☷)의 의의는 혹 주고 혹 구한다.

屯은 **見而不失其居**요 **蒙**은 **雜而著**라.
둔   현이불실기거   몽   잡이저

震은 **起也**요 **艮**은 **止也**라.
진   기야   간   지야

* 둔(☷)은 나타나되 그 거처를 잃지 않으며, 몽(☷)은 섞여 있으되 드러난다. 진(☷)은 일어남이고, 간(☷)은 그침이다.

損益은 **盛衰之始也**라.
손익   성쇠지시야

大畜은 **時也**요 **无妄**은 **災也**라.
대축   시야   무망   재야

* 손(☷)·익(☷)은 성하고 쇠함의 시작이다. 대축(☷)은 때이고, 무망(☷)은 재앙이다.

萃는 **聚而升**은 **不來也**라.
취   취이승   불래야

謙은 **輕而豫**는 **怠也**라.
겸   경이예   태야

* 취(☱)는 모이는 것이고, 승(☷)은 오지 않는 것이다. 겸(☷)은 가볍게 하고, 예(☷)는 게으름이다.

噬嗑은 食也요 賁는 无色也라.
서합 식야 비 무색야

兌는 見而巽은 伏也라.
태 현이손 복야

* 서합(☲)은 먹는 것이고, 비(☲)는 색이 없는 것이다. 태(☱)는 나타나는 것이고, 손(☴)은 엎드리는 것이다.

隨는 无故也요 蠱則飭也라.
수 무고야 고즉칙야

剝은 爛也요 復은 反也라.
박 난야 복 반야

* 수(☱)는 연고가 없고, 고(☶)는 경계해야 한다. 박(☶)은 익어지는 것이고(익어서 떨어진다), 복(☷)은 돌아오는 것이다.

晉은 晝也요 明夷는 誅也라.
진 주야 명이 주야

井은 通而困은 相遇也라.
정 통이곤 상우야

* 진(☲)은 낮이고, 명이(☷)는 베는 것이다. 정(☵)은 통하고, 곤(☱)은 서로 만남이다.

咸은 速也요 恒은 久也라.
함 속야 항 구야

渙은 離也요 節은 止也라.
환 리야 절 지야

* 함(☱)은 빠른 것이고, 항(☳)은 오래하는 것이다. 환(☴)은 떠나는 것이고, 절(☵)은 그치는 것이다.

解는 緩也요 蹇은 難也라.
해　완야　건　난야

睽는 外也요 家人은 內也라.
규　외야　가인　내야

* 해(☳)는 늦추는 것이고, 건(☵)은 어려운 것이다. 규(☲)는 바깥이고, 가인(☲)은 안이다.

否泰는 反其類也라.
비태　반기류야

大壯則止요 遯則退也라.
대장즉지　돈즉퇴야

* 비(☷)·태(☰)는 그 부류를 반대로 함이다. 대장(☳)은 그치는 것이고, 돈(☶)은 물러가는 것이다.

大有는 衆也요 同人은 親也라.
대유　중야　동인　친야

革은 去故也요 鼎은 取新也라.
혁　거고야　정　취신야

* 대유(☲)는 무리이고, 동인(☲)은 친하는 것이다. 혁(☱)은 옛 것을 버림이고, 정(☲)은 새 것을 취함이다.

小過는 過也요 中孚는 信也라.
소과　과야　중부　신야

豐은 多故요 親寡는 旅也라.
풍　다고　친과　려야

* 소과(☳)는 지나친 것이고, 중부(☴)는 믿음이다. 풍(☳)은 연고가 많은 것이고, 친함이 적은 것은 려(나그네:☶)다.

離는 上而坎은 下也라.
리　상이감　하야

小畜은 寡也요 履는 不處也라.
소축   과야   리   불처야

* 리(☰)는 올라가고, 감(☵)은 내려온다. 소축(䷈)은 적은 것이고, 리(䷉)는 거처하지 않는 것이다.

需는 不進也요 訟은 不親也라. 大過는 顚也라.
수   부진야   송   불친야   대과   전야

* 수(䷄)는 나아가지 않는 것이고, 송(䷅)은 친하지 않은 것이다. 대과(䷛)는 넘어지는 것이다.

姤는 遇也니 柔遇剛也요
구   우야   유우강야

漸은 女歸니 待男行也라.
점   여귀   대남행야

* 구(䷫)는 만나는 것이니, 부드러운 것이 강한 것을 만남이고, 점(䷴)은 여자가 시집감이니 남자를 기다려 가는 것이다.

頤는 養正也요 旣濟는 定也라.
이   양정야   기제   정야

歸妹는 女之終也요 未濟는 男之窮也라.
귀매   여지종야   미제   남지궁야

* 이(䷚)는 바름을 기르는 것이고, 기제(䷾)는 정해진 것이다. 귀매(䷵)는 여자의 마침이고, 미제(䷿)는 남자의 궁함이다.

夬는 決也라 剛決柔也니
쾌   결야   강결유야

君子道長이요 小人道憂也라.
군자도장   소인도우야

* 쾌(䷪)는 척결하는 것이다. 강한 것이 부드러운 것을 척결함이니, 군자의 도가 자라고 소인의 도가 근심스러운 것이다.

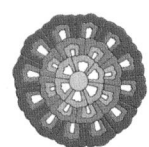

부록

역전서 역서 신도태을경 도록모음

易傳序
역 전 서

易은 **變易也**니 **隨時變易**하야 **以從道也**라.
역 변역야 수시변역 이종도야

* 역은 변하여 바뀌는 것이니, 때를 따라 변하여 바뀜으로써 도를 따르는 것이다.

其爲書也ㅣ **廣大悉備**하야
기위서야 광대실비

將以順性命之理하고 **通幽明之故**하며
장이순성명지리 통유명지고

盡事物之情하야 **而示開物成務之道也**니
진사물지정 이시개물성무지도야

聖人之憂患後世ㅣ **可謂至矣**로다!
성인지우환후세 가위지의

* 그 글됨이 (세상의 이치를) 넓고 크게 다 갖추어, 장차 성명의 이치에 순응하고 유명의 연고를 통하며 사물의 뜻을 다함으로써, 물건을 열고 일을 이루는 도를 보이니, 성인의 후세를 근심하고 걱정하심이 지극하다 할 것이다.

去古雖遠이나 **遺經**이 **尙存**이어늘
거고수원 유경 상존

然而前儒는 **失意以傳言**하고 **後學**은 **誦言而忘味**하야
연이전유 실의이전언 후학 송언이망미

自秦而下로 **蓋无傳矣**라.
자진이하 개무전의

* 비록 지나간 옛날은 멀지만 오히려 전해진 경전이 있거늘, 지난

날의 선비는 의미를 잃고 말만을 전했고, 뒤에 배우는 사람은 말만을 외우고 참뜻을 잃어서, 진(秦)나라 이래로는 전함이 없었다.

予生千載之後하야 **悼斯文之湮晦**하야 **將俾後人**으로
여 생 천 재 지 후   도 사 문 지 인 회   장 비 후 인

沿流而求源일새 **此傳所以作也**라.
연 류 이 구 원   차 전 소 이 작 야

* 내가 공자님의 천년 후에 태어나서 이 글이 끊긴 것을 슬퍼하여, 장차 후세 사람으로 하여금 흐름을 거슬러 올라 근원을 구하게 하기 위해, 이 『정전』을 짓는 것이다.

易有聖人之道ㅣ四焉하니
역 유 성 인 지 도   사 언

以言者는 **尙其辭**하고 **以動者**는 **尙其變**하고
이 언 자   상 기 사   이 동 자   상 기 변

以制器者는 **尙其象**하고 **以卜筮者**는 **尙其占**하나니
이 제 기 자   상 기 상   이 복 서 자   상 기 점

吉凶消長之理와 **進退存亡之道ㅣ備於辭**하니
길 흉 소 장 지 리   진 퇴 존 망 지 도   비 어 사

推辭考卦면 **可以知變**이요 **象與占**은 **在其中矣**라.
추 사 고 괘   가 이 지 변   상 여 점   재 기 중 의

* 역에는 성인의 도가 넷 있으니, 역으로써 말(言)하는 자는 그 글(辭)을 숭상하고, 역으로써 행동하는 자는 그 변화를 숭상하며, 역으로써 그릇을 만드는 자는 그 상을 숭상하고, 역으로써 점치는(卜筮) 자는 그 점을 숭상한다. 길흉소장의 이치와 진퇴존망의 도가 글(辭)에 갖추어져 있으니, 글(辭)을 미루어 보고 괘를 고찰해 보면 변화를 알 수 있을 것이고, 상과 점도 그 가운데 있다.

君子ㅣ居則觀其象而玩其辭하고
군 자   거 즉 관 기 상 이 완 기 사

動則觀其變而玩其占하나니
동 즉 관 기 변 이 완 기 점

得於辭라도 **不達其意者** | **有矣**어니와
득 어 사   부 달 기 의 자   유 의

未有不得於辭而能通其意者也라.
미 유 부 득 어 사 이 능 통 기 의 자 야

* 군자가 거처할 때면 그 상을 관찰하고 그 글을 음미하며, 움직일 때는 그 변화를 관찰하고 그 점을 음미한다. 글을 얻더라도 그 뜻에 통달하지 못한 자도 있지만, 글을 얻지 못하면서 그 뜻을 통할 수 있는 사람은 없다.

至微者는 **理也**요 **至著者**는 **象也**니
지 미 자   이 야   지 저 자   상 야

體用이 **一源**이요 **顯微无間**이라.
체 용   일 원   현 미 무 간

觀會通하야 **以行其典禮**면 **則辭无所不備**라.
관 회 통   이 행 기 전 례   즉 사 무 소 불 비

* 지극히 은미한 것은 이치이고, 지극히 드러난 것은 상이니, 체와 용이 한 근원이며, 드러나고 미미한 것에 간격이 없다. 모이고 통함을 봐서 그 전례로써 행하면, 글에 갖추어지지 않음이 없다.

故로 **善學者** | **求言**에 **必自近**이니
고   선 학 자   구 언   필 자 근

易於近者는 **非知言者也**라.
이 어 근 자   비 지 언 자 야

予所傳者는 **辭也**니 **由辭以得其意**는 **則在乎人焉**이라.
여 소 전 자   사 야   유 사 이 득 기 의   즉 재 호 인 언

* 그러므로 잘 배우는 자는, 말을 구함에 반드시 가까운 데서부터 하니, 가까운 데를 업신여기는 자는 말을 아는 것이 아니다. 내가 전하고자 하는 것은 글(辭)이니, 글로 인하여 그 뜻을 얻는 것은 사람(독자)에게 달렸다.

有宋元符二年 己卯正月庚申에 **河南 程頤正叔**은
유 송 원 부 이 년 기 묘 정 월 경 신   하 남 정 이 정 숙

序하노라.
서

* 「송나라」「원부」 2년 기묘년 정월 경신일에 「하남땅」의 〈정이·정숙〉은 서하노라.

　　※ 정이程頤(1033~1107) : 북송北宋 때의 이기철학理氣哲學을 처음으로 주창한 대학자로, 이천伊川 선생이라고 불리우며, 정숙은 자字이다.

　　※ 원부는 북송 철종哲宗의 세 번째 연호로, 원부 2년은 서기로 1099년에 해당한다.

易 序
역 서

易之爲書ㅣ 卦爻彖象之義備而天地萬物之情이
역지위서 괘효단상지의비이천지만물지정

見하니 聖人之憂天下來世ㅣ 其至矣로다!
현 성인지우천하래세 기지의

先天下而開其物하고 後天下而成其務라.
선천하이개기물 후천하이성기무

* 역의 글됨이 괘·효·단·상의 뜻이 갖추어 있고, 천지 만물의 정이 나타나 있으니, 성인이 천하와 오는 세상을 걱정하심이 지극하도다! 천하에 앞서서는 그 물건을 열고, 천하에 뒤에 해서는 그 일을 이루셨다.

是故로 極其數하야 以定天下之象하며 著其象하야
시고 극기수 이정천하지상 저기상

以定天下之吉凶하니 六十四卦와 三百八十四爻ㅣ
이정천하지길흉 육십사괘 삼백팔십사효

皆所以順性命之理하며 盡變化之道也라.
개소이순성명지리 진변화지도야

* 이런 까닭에 그 수를 극도로 해서 천하의 상을 정하며, 그 상을 드러내서 천하의 길흉을 정하니, 64괘와 384효가 모두 성명의 이치에 순하며, 변화의 도를 다하게 하는 것이다.

散之在理則有萬殊하고 統之在道則无二致니
산지재리즉유만수 통지재도즉무이치

所以易有太極하니 是生兩儀라.
소이역유태극 시생양의

* 흩어서 이치로 보면 만 가지로 다르고, 모아서 도로 보면 두 가지가 아니니, 그렇기 때문에 역에 태극이 있으니 이것이 양의를 낳는다.

太極者는 道也요 兩儀者는 陰陽也니
태극자 도야   양의자   음양야

陰陽은 一道也요 太極은 无極也라.
음양   일도야   태극   무극야

萬物之生이 負陰而抱陽하야 莫不有太極하며
만물지생   부음이포양   막불유태극

莫不有兩儀하니 絪縕交感에 變化不窮이라.
막불유양의   인온교감   변화불궁

* 태극은 도이고, 양의는 음과 양이니, 음양은 한 도이며 태극은 무극이다(정해진 극이 없다). 만물의 생겨남이 음을 (뒤에) 지고 양을 (앞으로) 안아서, 태극이 있지 않음이 없으며, 양의가 있지 않음이 없으니, 음양이 서로 화합해 사귀어 느낌에 변화가 무궁하다.

形一受其生하고 神一發其智하야 情僞ㅣ 出焉에
형일수기생   신일발기지   정위   출언

萬緖ㅣ 起焉하니 易所以定吉凶而生大業이라.
만서   기언   역소이정길흉이생대업

* 형체가 한 번 그 생명을 받고 신이 한 번 그 지혜를 발하여, 참과 거짓이 나옴에 만 가지 단서가 일어나니, 역으로써 길흉을 정하고 대업을 내는 것이다.

故로 易者는 陰陽之道也요
고   역자   음양지도야

卦者는 陰陽之物也요 爻者는 陰陽之動也니
괘자   음양지물야   효자   음양지동야

卦雖不同이나 **所同者**는 **奇偶**요
괘수부동   소동자   기우

爻雖不同이나 **所同者**는 **九六**이라.
효수부동   소동자   구륙

* 그러므로 역은 음양의 도이고, 괘는 음양의 물상이며, 효는 음양의 동하는 것이니, 괘가 비록 같지 않으나 같은 것은 양괘(奇)와 음괘(偶)이고, 효가 비록 같지 않으나 같은 것은 9(양효)와 6(음효)이다.

是以로 **六十四卦爲其體**하고
시이   육십사괘위기체

三百八十四爻ㅣ **互爲其用**하야
삼백팔십사효   호위기용

遠在六合之外하고 **近在一身之中**하야
원재육합지외   근재일신지중

暫於瞬息과 **微於動靜**에 **莫不有卦之象焉**하며
잠어순식   미어동정   막불유괘지상언

莫不有爻之義焉하니 **至哉**라 **易乎**여!
막불유효지의언   지재   역호

其道ㅣ **至大而无不包**하고 **其用**이 **至神而无不存**이라.
기도   지대이무불포   기용   지신이무부존

* 이런 까닭으로 64괘가 체가 되고 384효가 서로 용이 되어, 멀리는 육합의 밖에 있고 가까이는 한 몸가운데 있어서, 눈 깜짝하고 숨 한 번 쉬는 잠깐 사이와 동하고 정하는 미세한 것에도 괘의 상이 있지 않음이 없으며, 효의 뜻이 있지 않음이 없으니, 지극하도다 역이여! 그 도가 지극히 커서 감싸지 않는 것이 없고, 그 쓰임이 지극히 신묘하여 존재하지 않는 데가 없도다.

時固未始有一而卦未始有定象하고
시고미시유일이괘미시유정상

事固未始有窮而爻亦未始有定位하니
사 고 미 시 유 궁 이 효 역 미 시 유 정 위

以一時而索卦면 **則拘於无變**이니 **非易也**요
이 일 시 이 색 괘   즉 구 어 무 변   비 역 야

以一事而明爻면 **則窒而不通**이니 **非易也**요
이 일 사 이 명 효   즉 질 이 불 통   비 역 야

知所謂卦爻彖象之義而不知有卦爻彖象之用이면
지 소 위 괘 효 단 상 지 의 이 부 지 유 괘 효 단 상 지 용

亦非易也라.
역 비 역 야

* 때는 처음부터 하나만 있지 않고, 괘는 처음부터 정해진 상이 있지 않으며, 일은 처음부터 곤궁함이 있지 않고, 효 또한 처음부터 정해진 위(位)가 있지 않다. 한 때로서 괘를 찾으면 변화가 없음에 구애되니 역이 아니고, 한 가지 일로써 효를 밝히면 막혀서 통하지 않으니 역이 아니며, 이른바 괘·효·단·상의 뜻을 알더라도 괘·효·단·상의 쓰임을 알지 못하면 역시 역이 아니다.

故로 **得之於精神之運**과 **心術之動**하야
고   득 지 어 정 신 지 운   심 술 지 동

與天地合其德하며 **與日月合其明**하며
여 천 지 합 기 덕   여 일 월 합 기 명

與四時合其序하며 **與鬼神合其吉凶然後**에야
여 사 시 합 기 서   여 귀 신 합 기 길 흉 연 후

可以謂之知易也라.
가 이 위 지 지 역 야

* 그러므로 정신의 운용과 마음의 움직임에서 체득해서, 천지와 그 덕을 합하며, 일월과 그 밝음을 합하며, 사시와 그 차례를 합하며, 귀신과 그 길흉을 합한 뒤에야 역을 안다고 말할 수 있는 것이다.

雖然이나 易之有卦는 易之已形者也요
수연　역지유괘　역지이형자야

卦之有爻는 卦之已見者也니
괘지유효　괘지이현자야

已形已見者는 可以言知어니와
이형이현자　가이언지

未形未見者는 不可以名求니 則所謂易者ㅣ 果何如
미형미현자　불가이명구　즉소위역자　과하여

哉아? 此ㅣ 學者所當知也라.
재　차　학자소당지야

* 비록 그렇지만, 역에 괘가 있는 것은 역이 이미 형상화 된 것이고, 괘에 효가 있는 것은 괘가 이미 나타난 것이다. 이미 형상하고 이미 나타난 것은 안다고 말할 수 있지만, 형상하지 않고 나타나지 않은 것은 무어라 이름을 구할 수 없으니, 이른바 역은 과연 어떠한 것인가? 이는 배우는 자가 마땅히 알아야 할 바이다.

　* 이 글은 작자가 확실하지는 않으나, 「역전서」와 마찬가지로
　　정자程子의 작이라는 설이 유력하다.

역서

神道太乙經
신도태을경

* 『날마다 젊어지는 절기체조』에 부록으로 소개된 글로, 도를 통하고 싶거나 하늘의 보호를 받고 싶을 때 외우면 효험을 보는 경문입니다. 신도태을경은 북극성을 중심으로 28수가 동서남북 36부部의 하늘을 원형이정元亨利貞의 순차에 따라 나누어 다스리는 형상을 그리고 있습니다. 또 이 도면을 인체에 비유하면 '신성대제태을현수'는 머리에 해당하고, '공경태상지귀신'은 목이 되며, 가운데 '무상옥청황'을 인체의 하단전으로 보고 사방의 '성군'이 몸통을 이루고 있으며, '유아묘만법'으로부터 아랫부분은 완전가부좌를 틀고 앉은 하체에 해당한다고 볼 수 있습니다.

  경문의 내용이 도교용어(신성대제태을현수, 무상옥청황)와 불교용어(한산동자, 습득동자, 실탈태자) 그리고 유교용어(원형이정, 통천, 삼십육)가 섞여 있어 유불선이 서로 혼용되어있고, 도면은 물론 경문의 출처도 확실치 않습니다. 이번에 선보이는 도면은 也山 李達선생께서 소장(또는 직접 그리셨다는 설도 있음)하고 있었다는 도면을 바탕으로 새로 편집한 것입니다.

① **神聖大帝太乙玄叟**
   신 성 대 제 태 을 현 수

   하늘의 신성한 큰 임금님 태을현수(태을 큰 늙은이)시여!

② **於我降說 範圍靈極 咸拱太上 渾包一心**
   어 아 강 설 범 위 영 극 함 공 태 상 혼 포 일 심

   立紀正中 由造位分
   입 기 정 중 유 조 위 분

   저에게 내려서 말씀해 주십시오. 신령의 끝간 범위와 다함께 두

손을 공경해 받드는 크고 높은 신령에 대해! 흩트러진 마음을 모으며, 바르고 중화로운 기틀을 세우며, 지위와 분수를 베풀어주시니

③ **恭敬太上之貴神 是故我今禮慈悲**
  공경태상지귀신 시고아금례자비

  공손하게 공경하는 크게 높은 귀한 신이십니다. 이런 까닭으로 제가 예를 갖추고 자비를 구하오니

  * 『현무발서玄武發書』에는 "신성대제 태을현수 어아강설 범위제신 이어함공 태을혼포 일심입기 정중유조 위분공경 태을지귀신 시고아금 례자실비(神聖大帝 太乙玄叟 於我降說 範圍諸神 異於咸供 太乙渾包 一心立紀 靜中由造 爲分恭敬 太乙之鬼神 是故我今 禮慈悉備)"로 되어있다.

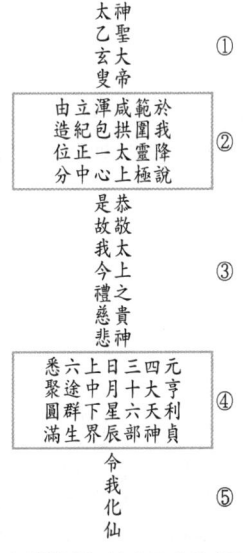

④ **元亨利貞 四大天神**
  원형이정 사대천신

  三十六部 日月星辰
  삼십육부 일월성신

  上中下界 六途群生
  상중하계 육도군생

  悉聚圓滿
  실취원만

원형이정의 네 큰 천신과 36부의 일월성신, 상계 중계 하계의 세상에 여섯 갈래의 길을 가는 뭇 생명들이 다 원만하게 모여서

  * 『현무발서玄武發書』에 의해서 '四天神'을 '四大天神'으로 고쳤다.

⑤ **令我化仙**
영 아 화 선

저에게 신선되기를 명하옵소서!

> *『현무발서』에는 "원형이정 사대천신 삼십육부 일월성신 상중하계 육도군생 위취원만 령아선화(元亨利貞 四大天神 三十六部 日月星辰 上中下界 六道群生 委就圓滿 令我仙化)"으로 되어있다.

⑥ **日青琉璃淨界 箕尾心房氏亢角 星君**
　왈 청 유 리 정 계　기 미 심 방 저 항 각　성 군

拾得童子 寒山童子 眞宗王 主世也
습 득 동 자　한 산 동 자　진 종 왕　주 세 야

말씀하시기를 "동방에는 청유리의 맑은 세상이 있으니 기미심방저항각의 일곱 별자리의 일곱 성군이 있고, 습득동자와 한산동자와 진종왕이 다스리노라."

> *『현무발서』에는 '拾得童子 寒山童子 眞宗王 主世也'가 '습득동자 한산동자 진정왕 주세야(拾得童子 寒山童子 眞正王 住世也:습득동자와 한산동자와 진정왕이 거주하시는 세상이니라)'로 되어있다. 여기서 '진정왕'은 '진종왕'의 오기로 보인다.

⑦ **日赤琉璃淨界 軫翼張星柳鬼井 星君**
　왈 적 유 리 정 계　진 익 장 성 류 귀 정　성 군

婆羅門女 婆羅樹密女 眞正王 主世也
바 라 문 녀　바 라 수 밀 녀　진 정 왕　주 세 야

말씀하시기를 "남방에는 적유리의 맑은 세상이 있으니, 진익장성류귀정의 일곱 별자리의 일곱 성군이 있고, 바라문녀와 바라수밀녀와 진정왕이 다스리노라."

> *『현무발서』에는 '婆羅門女 婆羅樹密女 眞正王 主世也'가 '巴羅門女 巴修密女 眞正王 住世也(巴羅門女 巴修密女

眞正王 住世也:파라문녀와 파수밀녀와 진정왕이 거주하시는
세상이니라)'로 되어있다.

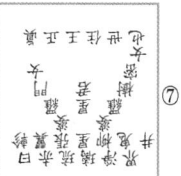

⑧ **日白琉璃淨界 參觜畢昴胃婁奎 星君**
왈 백 유리 정 계 삼 자 필 묘 위 루 규 성 군

婆羅樹大王 安樂國氏 御覽聖女 主世也
바라수대왕 안락국씨 어람성녀 주세야

말씀하시기를 "서방에는 백유리의 맑은 세상이 있으니, 삼자필

묘위루규의 일곱 별자리의 일곱 성군이 있고, 바라수대왕과 안락국씨와 어람성녀가 다스리노라."

* '婆羅樹大王 安樂國民 御覽聖女 主世也'를 『현무발서』의 '파라수대 안락국씨 어염묘녀 주세야(巴羅修大 安樂國氏 魚鹽妙女 住世也:파라수대와 안락국씨와 어염묘녀가 거주하시는 세상이니라)'로 되어있는 문장에 의해 '안락국민'을 안락국을 다스리는 사람이란 뜻의 '안락국씨'로 바꾸었다.

* 왕생론往生論에는 "만약 선남 선녀가 5념(五念:禮拜, 讚歎, 作願, 觀察, 迴向 또는 隨願)을 수양하여 성취한다면 반드시 안락국토安樂國土에 태어나서 아미타불阿彌陀佛을 보게 될 것"이라고 하였다.

⑨ **日黑琉璃淨界 璧室危虛女牛斗 星君**
  왈 흑유리정계 벽실위허여우두 성군

  善願長子 眞應善女 悉達太子 主世也
  선원장자 진응선녀 실달태자 주세야

말씀하시기를 "북방에는 흑유리의 맑은 세상이 있으니, 벽실위허여우두의 일곱 별자리의 일곱 성군이 있고, 선원장자와 진응선녀와 실달태자가 다스리노라."

* 『현무발서』에는 '善願長子 眞應善女 悉達太子 主世也'가 '선원장자 진공현녀 위달태자 주세야(善原長者 眞空玄女 委達太子 住世也:선원장자와 진공현녀와 위달태자가 거주하시는 세상이니라)'로 되어있다.

⑩ **日黃琉璃淨界 无上玉淸皇 統天 三十六**
  왈 황유리정계 무상옥청황 통천 삼십육

말씀하시기를 "중앙에는 황유리의 맑은 세상이 있으니, 무상옥청황(더 이상 높을 수 없는 옥청궁의 임금)께서 36계의 하늘을 다스리시노라."

* 『현무발서』에는 '无上玉淸皇'이 '無上玉淸王무상옥청왕'

으로 되어있다.

⑪ 遺我妙萬法 往登毗盧境 生來解此心
유아묘만법 왕등비로경 생래해차심

저에게 신묘한 만가지 법을 내리시어 비로경에 오르게 하시고, 저에게 오시어 이 마음을 자유롭게 해주시옵소서!

* 『현무발서』에는 '遺我妙萬法'이 '遺我妙備法(유아묘비법: 저에게 신묘함을 갖춘 법을 내리시어)'로 되어있다.

⑫ 誦明太乙經惠我說汝
송명태을경 혜아설여

태을경을 밝게 외워 읊으오니, 저에게 당신의 뜻을 설법하시는 은혜를 베푸소서!

* 『현무발서』에는 '惠我說汝'가 '惠我說余秘密呪(혜아설여비밀주:저에게 은혜를 베풀어 당신의 비밀스런 주문을 말씀해주십시오!)'로 되어있다.

* 『현무발서』에는 여기서 주문이 마무리 되었고, 이와같은 내용의 태을주(신도태을경)를 독송하고 이어서 태을경太乙經을 독송하라고 되어있다.

生來解此心	遺我妙萬法	⑪往登毗盧境

汝說我惠經乙太明誦⑫

與我通神	昭昭之靈	⑬宿星之神

娑婆訶	唵急急如律令	麻森婆那羅羅帝	唵急急如律令	⑭娑婆訶

⑬ 宿星之神 昭昭之靈 與我通神
수성지신 소소지령 여아통신

○○별자리 신의 밝고 밝은 영이시여! 저에게 신을 통하게 하십시오!

* '수성지신'의 '宿'는 28수중 그날에 해당하는 별을 넣어 읽

는다.

예를들어 2005년 1월 20일이라면 규수奎宿가 맡아 다스리는 날이므로, '宿' 대신에 '奎'를 넣어서 "규성지신 소소지령 여아통신"이라고 읽는다.

⑭ **唵 急急如律令 娑婆呵吘**
옴 급급여율령 사바하훔

唵 麻森那羅帝 婆羅婆羅
옴 마삼나라제 바라바라

唵 急急如律令 娑婆呵吘
옴 급급여율령 사바하훔

옴 급급여율령(급하고 급하게 하시기를, 율령이 시행되듯 하옵소서!) 사바하 훔 옴 나삼나라제 바라바라 옴 급급여율령 사바하 훔

1. 대성괘 이름 및 찾는 법

상괘\하괘	1坎	2坤	3震	4巽	6乾	7兌	8艮	9離
1坎	감 29	사 7	해 40	환 59	송 6	곤 47	몽 4	미제 64
2坤	비 8	곤 2	예 16	관 20	비 12	취 45	박 23	진 35
3震	둔 3	복 24	진 51	익 42	무망 25	수 17	이 27	서합 21
4巽	정 48	승 46	항 32	손 57	구 44	대과 28	고 18	정 50
6乾	수 5	태 11	대장 34	소축 9	건 1	쾌 43	대축 26	대유 14
7兌	절 60	림 19	귀매 54	중부 61	리 10	태 58	손 41	규 38
8艮	건 39	겸 15	소과 62	점 53	돈 33	함 31	간 52	려 56
9離	기제 63	명이 36	풍 55	가인 37	동인 13	혁 49	비 22	리 30

「64괘 환산표」의 가로줄은 상괘를, 세로줄은 하괘를 나타내고, 괘의 그림 밑에 있는 글씨는 괘명과 괘의 순서를 나타내는 숫자이다.

2. 하도를 지고 나온 용마

3. 하도에 숫자를 배열함.

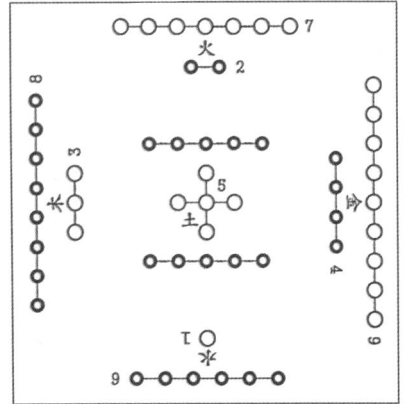

4. 낙수에서 나온 신구(거북)

5. 낙서에 숫자를 배열함.

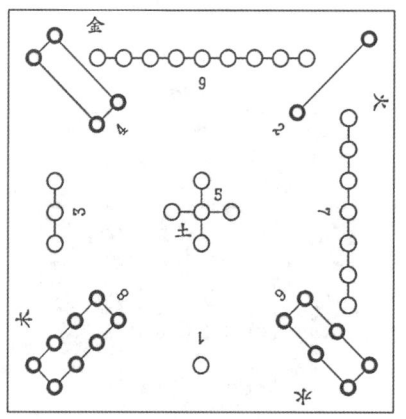

6. 태극하도

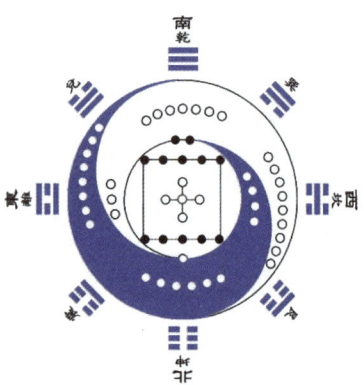

7. 64괘 방원도

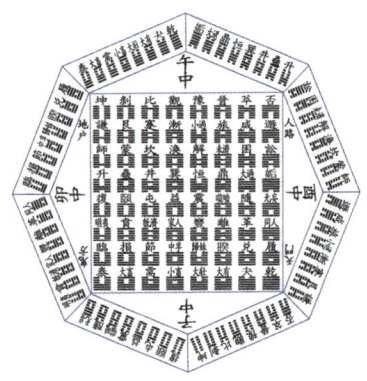

8. 복희 선천 팔괘

9. 문왕 후천 팔괘

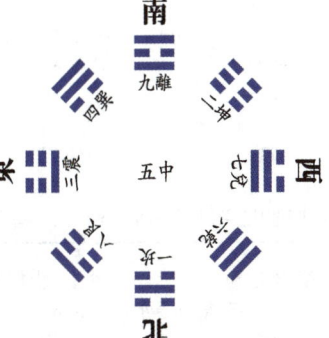

대유학당 출판물 안내

자세한 사항은 대유학당으로 문의해 주십시오
전화 : 02-2249-5630/ 02-2249-5631
입금계좌 : 국민은행 805901-04-370471 예금주-윤상철
서적구입 : www.daeyou.or.kr

주역

▶ 주역입문(2019년판)	김수길·윤상철 지음	16,000원
▶ 시의적절 주역이야기	윤상철 지음	15,000원
▶ 대산주역강해(전자책)	김석진 지음	60,000원
▶ 대산주역강의(전3권)	김석진 지음	90,000원
▶ 주역전의대전역해(상/하)	김석진 번역	90,000원
▶ 주역인해	김수길·윤상철 번역	20,000원
▶ 대산석과(대산의 주역인생 60년)	김석진 지음	20,000원

주역 활용

▶ 황극경세(전5권)	윤상철 번역	200,000원
▶ 하락리수(전3권)	김수길·윤상철 번역	90,000원
▶ 하락리수 전문가용 CD	윤상철 총괄	550,000원
▶ 대산주역점해	김석진 지음	35,000원
▶ 주역점비결(2019 신간)	김수길·윤상철 번역	25,000원
▶ 매화역수(2019년판)	김석진 지음	25,000원
▶ 팔자의 시크릿	윤상철 지음	16,000원
▶ 육효증산복역(전2권)	김선호 지음	50,000원
▶ 개인운세력(1년분)	윤상철 총괄	50,000원
▶ 팔괘카드 셋트	윤상철 총괄	20,000원
▶ 초씨역림(자천우지 동전 포함)	초연수 원저/윤상철 번역	180,000원

음양오행학

▶ 오행대의(전2권)	김수길·윤상철 번역	44,000원
▶ 어디, 역학공부 좀 해 볼까?	이연실 지음	20,000원
▶ 관상학사전	박중환 편저	50,000원

	▸ 2021 천문류초(신간)	김수길·윤상철 번역	30,000원
	▸ 태을천문도	윤상철 총괄	100,000원
	▸ 연해자평(번역본)	오청식 번역	50,000원

기문육임

- ▸ 기문둔갑신수결(전자책) — 류래웅 지음 — 16,000원
- ▸ 이것이 홍국기문이다(전2권) — 정혜승 지음 — 53,000원
- ▸ 육임입문123(전3권) — 이우산 지음 — 80,000원
- ▸ 육임입문 720과 CD — 이우산 감수 — 150,000원
- ▸ 육임을 알면 미래가 보인다 — 이우산 지음 — 22,000원
- ▸ 대육임필법부 — 이우산 평주 — 35,000원
- ▸ 2023~2025 택일민력 — 최인영 지음 — 17,000원

자미두수

- ▸ 별자리로 운명 읽기(전5권) — 이연실 지음 — 125,000원
- ▸ 자미두수 입문 — 김선호 지음 — 25,000원
- ▸ 중급자미두수(전3권) — 김선호 지음 — 60,000원
- ▸ 실전자미두수(전2권) — 김선호 지음 — 50,000원
- ▸ 자미두수 전서(상/하) — 김선호 번역 — 100,000원
- ▸ 자미심전 1, 2 — 박상준 지음 — 55,000원
- ▸ 심곡비결(전자책) — 김선호 번역 — 50,000원
- ▸ 자미두수 전문가용 CD — 대유학당 총괄 — 500,000원

손에 잡히는 경전

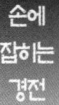

총 16권 출시 / 9×15cm
288~336쪽 / 비닐커버
2도 인쇄 / 각권 10,000원

- ▸ 주역점
- ▸ 주역인해(원문+정음+해석)
- ▸ 대학 중용(원문+정음+해석)
- ▸ 경전주석 인물사전
- ▸ 도덕경/음부경
- ▸ 논어(원문+정음+해석)
- ▸ 절기체조
- ▸ 맹자(원문+정음+해석)
- ▸ 주역신기묘산
- ▸ 자미두수
- ▸ 관세음보살
- ▸ 사자소학 추구
- ▸ 시경(1~3)

공역자 약력

번역 德山 金秀吉(金萬基)

- 41년 충남 공주에서 출생.
- 7세부터 14세까지 伯父인 索源 金學均선생으로부터 千字文을 비롯하여 童蒙先習·通鑑·四書와 詩經·書經 등을 배움.
- 26세부터 41세까지 국세청 근무. 42세~현재 세무사.
- 89년부터 대산선생으로부터 易經을 배움.
- 『周易傳義大全譯解』 책임편집위원.
- 편저에 『周易入門』, 編譯에 『梅花易數』, 『동이음부경 강해』, 『하락리수』, 『오행대의』, 『천문류초』, 『소리나는 통감절요』, 『집주완역 대학』, 『집주완역 중용』 등

편집위원 乾元 尹相喆

- 성균관대학교 철학 박사.
- 87년부터 대산선생 문하에서 四書 및 易經 등을 수학. 『대산주역강해』・『대산주역점해』・『미래를 여는 주역』・『주역전의대전역해』 등의 편집위원.
- 저서에 『후천을 연 대한민국』, 『세종대왕이 만난 우리별자리』, 『시의적절 주역이야기』, 『팔자의 시크릿』, 『주역점비결』, 번역에 『하락리수』, 『오행대의』, 『천문류초』, 『매화역수』, 『황극경세』, 『초씨역림』 등이 있음.

주역상경(周易上經)

1/중천건 重天乾	2/중지곤 重地坤	3/수뢰둔 水雷屯	4/산수몽 山水蒙	5/수천수 水天需	6/천수송 天水訟
7/지수사 地水師	8/수지비 水地比	9/풍천소축 風天小畜	10/천택리 天澤履	11/지천태 地天泰	12/천지비 天地否
13/천화동인 天火同人	14/화천대유 火天大有	15/지산겸 地山謙	16/뇌지예 雷地豫	17/택뢰수 澤雷隨	18/산풍고 山風蠱
19/지택림 地澤臨	20/풍지관 風地觀	21/화뢰서합 火雷噬嗑	22/산화비 山火賁	23/산지박 山地剝	24/지뢰복 地雷復
25/천뢰무망 天雷无妄	26/산천대축 山天大畜	27/산뢰이 山雷頤	28/택풍대과 澤風大過	29/중수감 重水坎	30/중화리 重火離

※ 1에서 30까지 아라비아 숫자는 상경의 순서를 쓴 것이다.
중천건괘(1)와 중지곤괘(2), 산뢰이괘(27)와 택풍대과괘(28), 중수감괘(29)와 중화리괘(30)는 부도전괘이므로 서로 배합되는 괘끼리 짝을 이루고, 나머지 괘는 도전괘로 짝을 이룬다.

주역하경(周易下經)

31/택산함 澤山咸	32/뇌풍항 雷風恒	33/천산돈 天山遯	34/뇌천대장 雷天大壯	35/화지진 火地晉	36/지화명이 地火明夷
37/풍화가인 風火家人	38/화택규 火澤睽	39/수산건 水山蹇	40/뇌수해 雷水解	41/산택손 山澤損	42/풍뢰익 風雷益
43/택천쾌 澤天夬	44/천풍구 天風姤	45/택지취 澤地萃	46/지풍승 地風升	47/택수곤 澤水困	48/수풍정 水風井
49/택화혁 澤火革	50/화풍정 火風鼎	51/중뢰진 重雷震	52/중산간 重山艮	53/풍산점 風山漸	54/뇌택귀매 雷澤歸妹
55/뇌화풍 雷火豊	56/화산려 火山旅	57/중풍손 重風巽	58/중택태 重澤兌	59/풍수환 風水渙	60/수택절 水澤節
61/풍택중부 風澤中孚	62/뇌산소과 雷山小過	63/수화기제 水火旣濟	64/화수미제 火水未濟		

※ 31에서 64까지 아라비아 숫자는 하경의 순서를 쓴 것이다.

상경의 마지막 괘가 30번이므로, 31번부터 시작했다. 풍택중부괘(61)와 뇌산소과괘(62)는 부도전괘이므로 배합괘로 짝을 이루고, 나머지 32괘는 도전괘로 짝을 이루고 있다.